Heidemarie Bennent-Vahle

Gelassen bleiben – vor allem, wenn der Druck zunimmt

Eine philosophische Ermutigung

VERLAG KARL ALBER

Onlineversion
Nomos eLibrary

Die Deutsche Nationalbibliothek verzeichnet diese Publikation in
der Deutschen Nationalbibliografie; detaillierte bibliografische
Daten sind im Internet über http://dnb.d-nb.de abrufbar.
ISBN 978-3-495-99308-8 (Print)
ISBN 978-3-495-99309-5 (ePDF)

1. Auflage 2024
© Verlag Karl Alber – ein Verlag in der Nomos Verlagsgesellschaft mbH & Co. KG,
Baden-Baden 2024. Gesamtverantwortung für Druck und Herstellung bei der Nomos
Verlagsgesellschaft mbH & Co. KG. Alle Rechte, auch die des Nachdrucks von Auszü-
gen, der fotomechanischen Wiedergabe und der Übersetzung, vorbehalten. Gedruckt
auf alterungsbeständigem Papier (säurefrei). Printed on acid-free paper.

Besuchen Sie uns im Internet
verlag-alber.de

Über die Geduld

Man muss den Dingen
die eigene, stille
ungestörte Entwicklung lassen,
die tief von innen kommt
und durch nichts gedrängt
oder beschleunigt werden kann,
alles ist austragen – und
dann gebären …
Reifen wie der Baum,
der seine Säfte nicht drängt
und getrost in den Stürmen des Frühlings steht,
ohne Angst,
dass dahinter kein Sommer
kommen könnte.
Er kommt doch!
Aber er kommt nur zu den Geduldigen,
die da sind, als ob die Ewigkeit
vor ihnen läge,
so sorglos, still und weit …
Man muss Geduld haben
Mit dem Ungelösten im Herzen,
und versuchen, die Fragen selber lieb zu haben,
wie verschlossene Stuben,
und wie Bücher, die in einer sehr fremden Sprache
geschrieben sind.
Es handelt sich darum, alles zu leben.
Wenn man die Fragen lebt, lebt man vielleicht allmählich,
ohne es zu merken,
eines fremden Tages
in die Antworten hinein.

(Rainer Maria Rilke, 1875–1926)

Inhaltsverzeichnis

0. Hinführung 11
Balsam für die Seele – Besonnenheit und Gelassenheit 11
Vom Wert der Tugend 17
Noch einige Bemerkungen vorweg 18

I. Grundelemente des Philosophierens über
 Tugenden 23
Wichtigkeit der Tugendlehre 23
Eine realistische Praxis der Freiheit? 25
Frühe Tugendbildung 29
Tugendethische Gesichtspunkte 31
Ein System der Tugenden? 35
Mut und Tapferkeit – ihr unverzichtbarer Wert 37
Mut und Gelassenheit – ein besonderes Zusammenspiel . . . 41
Gesellschaftliche Ausblicke 45

II. Besonnenheit und Gelassenheit – zwei
 herausragende Tugenden 49
 1. Vorab: Besonnenheit 49
   Verstand oder Vernunft? 54
   Vernunft und Würde 56
   Takt – Gespür – Respekt 58
   Eine neue Bildungsherausforderung 61
 2. Gelassenheit – historische Einblicke 64
   Ein Thema für uns heute? 64
   Einige begriffliche Abwägungen 68
   Stoische Gelassenheit – Seneca 70

Gegen den Zorn 75
Verachtung des Schicksals – eine Auswahl stoischer
Übungen 84
Ein tragfähiges Ideal? 89
Gelâzenheit – eine mönchische Tugend 94
Gelassenheit und Verstandeskühle – im Sog der
Verweltlichung 95
Ein tiefsitzender Dualismus 99
Neue Perspektiven 101
»Alle Weisheit ist langsam« (Christian Morgenstern) ... 103
Gelassenheit und Technikkritik 107
Das richtige Maß 110
Eine bedenkliche Wende 113

3. Die Kraft der Gelassenheit – konkrete Ausblicke 116
   Der Geist der Verträglichkeit 117
   Gesteigerte Aufmerksamkeit 121
   Ehrlichkeit vor sich selbst 126
   Den Wert des Gegebenen erkennen 127
   Ein Ethos der Begrenztheit und Nachsicht 129
   Ein schonungsvoller Modus 131
   Weiterführende Reflexion 135
   Passivitätskompetenz und Autonomie 137

4. Gelassenheit und Trost 142
   Was tröstet uns? 142
   Tod, Trauer, Trost 148
   ›Nunc stans‹ – das stehende Jetzt 152
   Umgang mit der Grenze 153
   Zuträgliche Einsichten 155

5. Berührbarkeit und Glück 161
   Natürlicher Moralsinn und individuelles Glück ... 165
   Die Logik des Genießens 170

6. Wieviel Stoizismus brauchen wir? 176
   Zuschauer unserer selbst 176
   Hannah Arendt – Personsein und Pluralität 180
   Umgang mit intensiven Impulsen – Emotionen und
   Vernunft 184
   Mit Gefühl denken – eine libidinöse Moral 189

**III. Abschließende Überlegungen – Wege zur
Gelassenheit** 193

    Heraustreten aus der Enge 197
    Gesellschaftliche Neuausrichtung 200

Anmerkungen 209

Literaturliste 217

0. Hinführung

Es gibt keinen Grund zu glauben, daß man mehr durch fremde Schmeichelei als durch eigene ins Verderben gerate. Wer hat es je gewagt, sich selbst die Wahrheit zu sagen?
(Seneca, 4. v. Chr. – 65 n. Chr.)

Balsam für die Seele – Besonnenheit und Gelassenheit

Manch ein hochfliegender Gedanke, der vor langer Zeit über das menschliche Glück geäußert wurde, steht quer zum gegenwärtigen Geist der Zeit. Adam Smith beispielsweise, ein großer Kenner der menschlichen Natur, vertrat in seinen Werken die Auffassung, dass jenseits einer Grundhaltung zwischenmenschlicher Rücksichtnahme keinerlei Chance auf Seelenruhe gegeben sei, so sehr man sich auch bemühen mag, innere Spannungen durch wildes Toben und lautes Gebrüll abzutragen. Selbst der Applaus von Menschen aus dem Nahbereich vermag, wie Smith behauptet, vielfach nur einen löchrigen Schleier der Selbsttäuschung über uns zu werfen, hinter welchem die bohrende Frage nach unserer tatsächlichen Liebenswürdigkeit niemals ganz verstummt. Wer ehrlicher Selbstbefragung Stand halte, müsse genau dies schon bald erkennen. Es seien vor allem uneingestandene Ängste, die uns an fraglichen Stellen Zuflucht suchen und schließlich jeden Unsinn glauben lassen. In Anbetracht derartiger Befunde entfaltete Smith in seiner *Theorie der ethischen Gefühle* sein großes Plädoyer für Selbstbeherrschung und eine distanziert-gefasste Betrachtung emotionaler Abläufe.[1]

Er war in dieser Angelegenheit genau derselben Überzeugung wie sein antikes Weisheitsvorbild Seneca, welcher schon vor zweitausend Jahren klarsichtige Analysen zu der Frage vornahm, woher Verdrossenheit und Lebensunmut in den Seelen seiner Zeitgenossen rühren. Bereits Seneca beschrieb Verhaltensweisen rastloser Ehrsucht und Zügellosigkeit, welche Menschen zwischen freudiger Erregung

0. Hinführung

und dumpfer Depression hin- und herschwanken lassen, so dass sie schließlich in »einem engen Kerker ohne Ausweg« landeten, worin Trübsinn und Mattigkeit, aber auch feindselige Missgunst restlos Besitz von der Seele ergreifen. Gegen Lebensekel und Überdruss an sich selbst empfahl der antike Lehrer einen Weg der Tugend, dessen zentrales Merkmal in der geistigen Orientierung an Freundschaft, Gemeinsinn und Pflichterfüllung lag. Angestrebt wurde eine Lebensweise, in der »man es sich als Vorsatz genommen hat, sich seinen Mitbürgern und Mitmenschen nützlich zu erweisen«. Dies – so die Überzeugung Senecas – »ist für den die beste Schulung und bringt dem zugleich einen persönlichen Fortschritt, der sich mitten in seine Pflichten stürzte und nach besten Kräften dem Gemeinwesen wie dem Einzelnen diente«. (Seneca 2013, S. 28) Dass sittliches Verhalten und gesellschaftliche Pflichterfüllung anhaltende Zufriedenheit mit sich selbst bewirken, offenbart sich als durchgängiges Leitmotiv stoischen Denkens, eine Idee, die über die Jahrhunderte hinweg tradiert und in vielen Varianten ausbuchstabiert wurde.

Es lohnt sich, dem nachzugehen, nicht zuletzt, weil vieles darauf hinweist, dass der Stoizismus heute erneut en vogue ist.[2] Für das gesamte 20. Jahrhundert ist ein Wiederaufleben der Tugendethik zu konstatieren, wobei gegenwärtig vor allem die stoische Variante enormen Aufwind erfährt. Vornehmlich die stoische Kategorie der Gelassenheit ist brandaktuell. Im englischsprachigen Raum findet sich beispielsweise der Internet-Blog *Stoicism Today* und auch in Deutschland formiert sich seit geraumer Zeit ein Verbund von Interessierten, die sich intensiv mit stoischem Gedankengut befassen und dieses ganz konkret auswerten. (www.stoa-heute.de) Vielfältige, teilweise widersprüchliche Aspekte kommen in diesen Strömungen zum Tragen. So nahm der Stoizismus Einfluss auf die kognitive Verhaltenstherapie, ebenso wird ihm eine geistige Nähe zum Buddhismus zugesprochen. Zahllose Lebensratgeber schöpfen Anweisungen aus den stoischen Lehren. Hier entfaltet sich ein breites, buntes Spektrum, beginnend bei einem Stoizismus für Selbstoptimierer, der den erfolgsgekrönten Radikalneustart verspricht und sich nahtlos in den spätmodernen Turbokapitalismus einfügt, bis hin zu extrem konservativen Bewegungen, die im (vermeintlichen) Rückbezug auf antike Lehren bedenkliche antifeministische und rassistische Inhalte verbreiten. In der Regel werden hier wie dort einzelne Gedanken aus den Kontexten der antiken Lehre herausgelöst oder auf griffige pragmatische Imperative reduziert. Den vielfach damit verbundenen Fehlurteilen wäre entgegenzuwirken, indem wir später präziser auf den Gesamtzusammenhang der stoischen Welthaltung eingehen und so das Fundament ›echter‹ stoischer Gelassenheit freilegen. Durch genaueres Hinsehen entgehen wir nicht nur der Gefahr einer fragwürdigen Instrumentalisierung antiker Lebenskunst, sondern können zugleich besser verstehen, wie hochgesteckt die Ideale und Zielsetzungen hier tatsächlich sind. Im Grunde genommen muss man nämlich einräumen, dass die stoischen Lehren ihre volle Überzeugungskraft nur innerhalb der komplexen Systematik antiker Weltanschauungen entwickeln konnten. Für die Gelassenheit bedeutet dies vorab gesagt Folgendes: Wie jede Tugend entfaltet sie sich nur da, wo das menschliche Selbst mittels seiner rationalen Anlagen unermüdlich darauf hinarbeitet, mit einer als umfassend vorgestellten, vernunftdurchwirkten Gesamtordnung in Einklang zu treten.

Bevor wir näher auf dieses ambitionierte Ziel eingehen, sind zunächst einige Themen anzusprechen, die für die besonderen Lebensumstände innerhalb der gegenwärtigen westlichen Gesellschaften relevant sind. Nehmen wir die allgemeinen Leitlinien der Stoiker zur Kenntnis, so drängen sich umgehend bestimmte Fragen auf, die in Anbetracht aktueller Problemlagen und Herausforderungen keinesfalls übergangen werden dürfen: Welche Relevanz kann, nachdem knapp zweitausend Jahre oder sogar mehr verstrichen sind, den stoischen Lehren vom gelingenden Leben zugesprochen werden? Hat sich unser Wissen und Weltbild nicht radikal verändert? Teilen wir z. B. die Gedanken Senecas vom Selbstfortschritt durch Pflichterfüllung? Finden heutige Menschen wirklich Gefallen an Vorschlägen, die sie in radikaler Weise zu Mäßigung und Selbstbeherrschung auffordern, und dies angeblich zu ihrem eigenen Vorteil? Sehen sie den Königsweg zum Glück nicht vielmehr darin, ihre Persönlichkeit so weit wie möglich ungehemmt auszuleben, sich kreativ zu entfalten und erfolgsorientiert zu optimieren? Drängt es sie nicht in erster Linie zu exquisiten sinnlichen Genüssen sowie zu exzessiven Thrills und Höhenflügen aller Art? Und hoffen sie nicht ganz im Gegensatz zu den stoischen Lehrmeistern, gerade auf diese oder ähnliche Weise Glück und innere Kraft zu gewinnen? Sind Ruhe und Gelassenheit nicht allenfalls im Anschluss an dieses grenzenlose Auskosten erstre-

0. Hinführung

benswert? Anders gesagt: Wollen sich viele nicht vor allem austoben, möglichst alles ›rauspowern‹, um auf diese Weise emotionalen Stress, Frust und Anspannung abzubauen? Liegt nicht genau hierin die heute ›angesagte‹ Vorgehensweise, um sich auf kommunikative Erfolge und berufliche Spitzenleistungen vorzubereiten? Selbst da, wo es explizit und nachdrücklich um Gelassenheit geht, wäre zu fragen: Wird dem Ruhemodus in vielen Kontexten nicht primär eine instrumentelle und taktische Funktion zugeschrieben, die letztlich wenig mit dem zu tun hat, was die alten Philosophen propagierten und anstrebten?

Doch auch Gegenfragen könnten erhoben werden, die vielleicht nicht weniger berechtigt sind. Sie könnten in etwa lauten: Gibt es in wichtigen Lebensangelegenheiten überhaupt dieses Entweder-Oder von Lust und Tugend, von persönlichen Interessen und sozialer Verantwortung? Will sagen: Müssen wir uns notwendigerweise entscheiden zwischen *entweder* freizügiger bzw. zielstrebiger Selbstentfaltung *oder* einer überstrengen, pflichtbewussten Einhaltung von Contenance- und Anstandsregeln? Ist es nicht vielmehr so, dass wir erst dann wirklich umsichtig und verantwortungsvoll agieren können, wenn wir uns auch unseren leiblich-emotionalen Regungen und Wünschen aufmerksam zuwenden? Und gilt nicht umgekehrt ebenso, dass wir erst dann ein besonderes Selbstgefühl innerer Weite, Ruhe und Stärke entwickeln können, wenn wir auch unserer sozialen Natur Rechnung tragen, wenn wir also mehr in Betracht ziehen als nur die eigenen spontanen Wünsche und höchstpersönlichen Anliegen?

Erkennbar ist gegenwärtig, dass viele sich emotional überfordert fühlen und danach sehnen, entspannter und gelassener im Leben zu stehen. Hinzu kommen zahllose Krisen, die Verunsicherung, Besorgnis und Angst auslösen. Sie gefährden zunehmend die innere Balance von Menschen, die seit längerem daran gewöhnt waren, ein Leben in weitgehender Ruhe und Sicherheit zu führen. Zweifelsohne lässt sich behaupten, dass mittlerweile in vielen sozialen und politischen Kontexten eine besonnene und wohlbedachte Vorgehensweise angeraten ist. Nicht zuletzt vor diesem Hintergrund gibt es derzeit eine wahre Flut von Veröffentlichungen zum Thema der Gelassenheit. Nur zum Teil handelt es sich hierbei um philosophisch-literarische Aufarbeitungen, sehr viel häufiger stößt man auf psychologisch oder spirituell ausgerichtete Ratgeber, die mit griffigen Handreichungen das Wunschziel innerer Balance in hoffnungsvolle Nähe zu rücken scheinen.

Ich kann und will über derartige Bücher kein allgemeines Urteil fällen, denn ich habe nur wenige von ihnen wirklich gelesen. Dennoch kann ich nicht umhin anzumerken, dass der ein oder andere Titel mich ein wenig skeptisch stimmt. Da liest man z. B. ›gelassen werden auf Knopfdruck‹ oder ›ganz entspannt die Stürme des Alltags meistern‹. Das klingt in der Tat höchst vielversprechend, denn es werden gezielte Techniken und Verfahren präsentiert, mit denen wir – so heißt es – schnell und effektiv unangenehme innere Erregungszustände in den Griff bekommen können. Sofern dies durch mentale Übungsprogramme erreicht werden könnte, wäre dagegen aus meiner Sicht nicht das Mindeste einzuwenden. Es wäre begrüßenswert, über geeignete Mittel zu verfügen, um sich selbst in Momenten innerer Aufruhr effektiv herabdimmen zu können. Ob dies allerdings so ohne Weiteres ›auf Knopfdruck‹ gelingen kann, möchte ich vorerst dahingestellt sein lassen.

Grundsätzlich gebe ich Folgendes zu bedenken: Auch wenn wir, wie noch darzulegen ist, ohne eine konkrete Übungspraxis niemals auskommen können, sollten wir allzu griffigen Strategien, die zur Gelassenheit führen (bzw. dies verheißen), mit Zurückhaltung begegnen. Techniken sind Werkzeuge – Tools, wie man heute sagt –, deren Verwendung vor allem dann sinnvoll ist, wenn wir bereits einigermaßen verstehen, worauf genau wir hinauswollen. Wer z. B. einen Hammer richtig handhaben will, muss nicht nur ein klar definiertes Arbeitsziel haben, er hat zudem einiges an Materialkunde zu erlernen, weil die Beschaffenheit des jeweils zu bearbeitenden Stoffes ein maßgeblicher Einflussfaktor ist. Präzise Zielvorgaben, praktisches Wissen und ein Gespür für vorhandene ›Texturen‹ sind gleichermaßen von Belang, wenn es um komplexe innere Wirklichkeiten geht, wenn wir z. B. herausfinden wollen, was es im Einzelnen mit unserer Anspannung, Wut oder Angst auf sich hat und wie wir damit umgehen sollten.

Zu inneren Regungen und Anwandlungen gilt es zunächst einmal ganz grundsätzlich eine wache mentale Einstellung zu finden. Vor allem müssen wir über unsere Absichten und Ziele Klarheit gewinnen, um zu erkennen, auf welche Weise das Üben von Gelassenheit in unser Leben eingebracht werden soll/kann. Je nachdem, wie wir uns einstellen, begreifen wir Gelassenheit sehr unterschiedlich: entweder tatsächlich als tiefgreifende Charaktertugend oder nurmehr als eine Selbstregulierungskompetenz, die wir bei Bedarf zielorientiert aufrufen, zum Einsatz bringen und auch wieder abstellen können. Eine dritte Möglichkeit könnte darin liegen, in der Gelassenheit vornehmlich eine Wohlfühlkategorie zu sehen, d.h. sie als ein besonderes Erleben zu begreifen, welches wir als Pendant zu stressigen Alltagsanforderungen in der Freizeit kultivieren. In diesem Fall wäre das Streben nach temporärer Seelenruhe ein Wert in sich selbst und wir würden nicht sehr weit über den besonderen Moment des Selbstgenusses hinausdenken.

Die sich hierin abzeichnenden Unterschiede müssen später genauer dargelegt werden. Doch schon jetzt ist klarzustellen, dass eine philosophische Betrachtungsweise ihren Fokus nicht allein auf effektive Selbstberuhigungstechniken und eine Methodik des Wohlbehagens legen kann. Vielmehr werden wir uns damit befassen, welchen Stellenwert Gelassenheit in unserer menschlichen Existenz einnehmen sollte bzw. unter welchen Voraussetzungen Gelassenheit *tatsächlich als Tugend* verstanden werden kann. Damit verbindet sich notwendigerweise die Frage, warum gerade dieser Tugend in der gegenwärtigen Zeit hohe Relevanz beizumessen ist.

Bevor im Weiteren einige grundlegende Dinge zur Bestimmung der Tugendkategorie ausgeführt werden, wäre zunächst eine allgemeine Feststellung zu treffen: Gelassenheit als Tugend lässt sich kaum fassen, ohne auf diverse andere Tugenden, insbesondere aber auf die Besonnenheit, Bezug zu nehmen. Augenfällig ist, dass sich zur Besonnenheit nicht annähernd so viele ›marktgängige‹ Titel finden lassen wie zur Gelassenheit. Überhaupt ist Besonnenheit eine Kategorie, die in weitaus geringerem Maße – jedenfalls in dieser nominalen Form – Verwendung findet. Man spricht zwar hier und da davon, dass eine ›besonnene Handlungsweise‹ angeraten sei – diesbezüglich finden sich viele erfolgsverheißende Ratschläge –, Besonnenheit als Gesamthaltung scheint indes, anders als die Gelassenheit, eher aus der Mode gekommen zu sein. Ein Grund hierfür liegt vermutlich in dem Tatbestand, dass mit dem Wort ›Besonnenheit‹ automatisch die Notwendigkeit anstrengender (ethischer) Selbstkorrekturen assoziiert wird. Dominierend ist der Verdacht, dass wir es hier mehr mit einer anspruchsvollen Arbeit an uns selbst und weniger mit einer Selbstbeglückungstechnik bzw. einer erfolgsverheißenden Strategie zu tun haben. Dies ist vorerst nur eine Mutmaßung. Es kann natürlich kein Zweifel daran bestehen, dass sich zentrale Anteile einer besonnenen Vorgehensweise durchaus erfolgstaktisch instrumentalisieren und verwerten lassen.

Vom Wert der Tugend

Besonnenheit und Gelassenheit sind eng ineinander verwoben, sind verschwisterte Tugenden, die wechselseitig aufeinander verweisen, ohne dass sich definitiv behaupten ließe, die eine Haltung sei Voraussetzung der anderen oder umgekehrt. Beide bezeichnen spezifische Umgangsweisen mit unseren instabilen spontanen Stimmungen, Affekten und Emotionen. Fraglos handelt es sich um nahe beieinander liegende Charaktertugenden, denen seit jeher hohe Bedeutung für ein gelingendes Leben zugemessen wird. Hierfür können nahezu alle antiken Philosophieschulen als Beispiel dienen.

Um beide Haltungen und ihr Zusammenspiel eingehender zu erläutern, ist es in einem ersten Schritt notwendig, einige grundlegende Dinge darzulegen, um den Begriff der ›Tugend‹ zu erläutern. Es geht hier um Gesichtspunkte, die wir unbedingt präzisieren müssen, wenn wir unsere Kernfrage in angemessener Weise beantworten wollen, die Frage nämlich, warum gerade heute Tugenden wie Gelassenheit und Besonnenheit für ein gelingendes Leben zentral geworden sind. Von Tugenden wird hauptsächlich in der Philosophie gesprochen, dies schon seit den Anfängen der westlichen Tradition in der griechischen und römischen Antike. Der Weg des philosophischen Nachdenkens ist unverzichtbar, denn wir wollen verstehen, worauf es zu guter Letzt in unserer menschlichen Existenz ankommt.

Aktuelle Krisenlagen, die eine große Anzahl von Menschen aus dem Gleichgewicht bringen, führen unter veränderten Vorzeichen die Notwendigkeit einer Tugendausbildung vor Augen. Dies gilt sowohl für den Erziehungs- und Bildungsbereich als auch im Blick auf eine ›nachdenkliche‹ Ausformung entsprechender Haltungen an uns selbst. Außer Frage steht, dass wir dabei vieles aus den überlieferten Lehren der Philosophie schöpfen können. Ebenso wichtig aber ist es anzuerkennen, dass der moderne Wissensstand psychologischer und neurologischer Forschungen uns gerade da ein revidiertes Tugendkonzept abverlangt, wo es um eine adäquate Bewertung der menschlichen Emotionalität geht. Vor diesem Hintergrund ist es mir ein besonderes Anliegen, mit Hilfe neuzeitlicher TugendtheoretikerInnen die prinzipielle Vereinbarkeit von sinnlich-emotionalen Freuden und moralischen Zielsetzungen zu akzentuieren. Genau genommen gilt es zu zeigen, dass eine rigide, lustfeindliche Pflichterfüllung, die ein Ausleben persönlicher Neigungen per se hintanstellt, dem Anliegen der Tugendbildung gerade nicht zuträglich ist.

Noch einige Bemerkungen vorweg

Bis hierher habe ich temporeich, gleichsam mit Siebenmeilenstiefeln, das Gelände der Gelassenheit durchmessen, habe eine Vielzahl von Fragegesichtspunkten aufgeworfen und sogar schon einige Antworten anklingen lassen. Betonen möchte ich jedoch, dass es mir insgesamt weniger um rüttelfeste Antworten geht als darum, ein Aufmerken und Weiterdenken zu veranlassen. Gleichwohl ich nachfolgend nähere Reflexionen durchführe, gleichwohl ich verschiedene Phänomene genauer zu fassen suche, Unterscheidungen vornehme, Behauptungen aufstelle und auch einige Definitionsversuche anstrenge, liegt mir viel daran, den Diskurs offen zu halten. Ganz bewusst weise ich das philosophische Postulat einer stringenten, quasi lückenlosen, widerspruchsfreien Argumentation zurück, die sich von vorneherein gegen Einwände abzuschotten sucht. Natürlich werde ich um schlüssige Argumente bemüht sein, aber ich beabsichtige nicht, den schier endlosen gedanklichen Verästelungen des philosophischen Diskurses Genüge zu tun, um das Thema historisch und systematisch erschöpfend zu behandeln. Folglich ist mir bewusst, dass zu vielen Punkten weiteres zu sagen wäre.

Vorderstes Anliegen ist für mich, die ›subkutane‹ Verflochtenheit aller hier angeführten thematischen Gesichtspunkte durchscheinen zu lassen. Deshalb sind Wiederholungen, das erneute Aufgreifen gedanklicher Elemente an unterschiedlichen Textstellen unvermeidlich, ja notwendig. Intendiert wird nicht eine stramme Gradlinigkeit der Gedankenführung, sondern eher ein ›eindringliches‹ Wissen, mithin ein Erkennen, das sich Einlass zu unserer Innerlichkeit verschafft. Selbst in Fragen der Ethik ist der akademische Diskurs häufig durch ein selbstverständliches Nebeneinander von Einsicht und

›dennoch nicht daran-glauben‹ gekennzeichnet. Als VertreterInnen Philosophischer Praxis müssen wir uns hingegen, wie ich meine, um veränderte Formen des Erkennens bemühen, was ganz neue Herausforderungen und Stolpersteine mit sich bringt. ›Eindringliches‹ Wissen verlangt es, dem Gesagten durch Repetition und Anschaulichkeit Nachdruck zu verleihen.

Wer sich hierauf einlassen will, benötigt heute mehr denn je die Bereitschaft, bestehende Strukturen und Verhältnisse in grundsätzlicher Weise kritisch zu beleuchten. Deshalb setzt ein Nachdenken über Gelassenheit seinerseits schon ein gewisses Maß an Gelassenheit voraus. Gelingen kann es nur, wenn wir der geläufigen problematischen Egostruktur, die von Gefühlen chronischer Angestrengtheit und angespannter Unrast erfasst ist, entgegenwirken. Im Modus der Getriebenheit trägt jede Gegenwart den Makel der Vorläufigkeit oder besser des Vorlaufens auf das eigentliche, wahre, noch ausstehende Ziel hin und muss deshalb schnellstens überwunden werden. Geht es aber um ein philosophisches Nachfragen, so verlangt dies zunächst einmal, in der Gegenwart auszuharren, den Raum des Gegebenen zu öffnen, auch das Unangenehme einzulassen. Lebensnahes Philosophieren benötigt per se den Mut zu dieser Form der Gelassenheit.

Auszuschlagen ist das mittlerweile unerschöpfliche Angebot an schnellen Lösungskonzepten und scheinoptimistischen Versprechungen. Um den Schwierigkeiten des Lebens angemessen zu begegnen bzw. um nicht gleich jedem vordergründigen Reiz kopflos nachzujagen, muss ein Mensch zunächst einmal, wie Nietzsche schreibt, »*sehen* lernen – dem Auge die Ruhe, die Geduld, das An-sich-herankommen-lassen angewöhnen; das Urtheil hinausschieben, den Einzelfall von allen Seiten umgehen und umfassen lernen.« (Nietzsche 1988c, S.108) Erst indem man sich darin übt, innezuhalten und Entscheidungen auszusetzen, wird ein Raum des Erkennens ermöglicht. Auf diese Weise bewahrt man sich beispielsweise auch vor falschen Annahmen über Reichweite und Effektivität des eigenen Handelns. Zudem lässt sich ein illusorisches Sicherheitsdenken überwinden, das auch Unverfügbares wie Verlust und Leid restlos zu beherrschen sucht. Solchen Tendenzen setzt der buddhistische Lehrer Frank Ostaseski eine andere Haltung gegenüber, wenn er schreibt: »Wir überwinden unseren Schmerz nicht. Wir gehen hindurch und werden davon transformiert.« (Ostaseski 2017, S. 223)

0. Hinführung

Hier benötigen wir Formen innerer Umkehr, denn der kulturbedingte Drang, vorwärts zu preschen und dabei alles zu umschiffen bzw. auszumerzen, was Leiden bereitet, zeitigt inzwischen hochproblematische Konsequenzen: Er stimuliert einen selbstbetrügerischen Perfektionismus, fördert damit Gefühle der Unzulänglichkeit und steigert reaktiv das Empfinden von Unglück und Schmerz. Das gesellschaftliche Klima verändert sich, zwischenmenschliche Isolation nimmt zu, so dass sich Umgangsweisen elementarer Freundlichkeit und Zugewandtheit allmählich verlieren. Selbst Höflichkeit und Takt, die allein das soziale Miteinander im öffentlichen Raum erträglich machen, verschwinden von der Bildfläche. Verstärkt werden diese Probleme durch Konkurrenzdenken, obsessive Konsumorientierung und ungehemmte Kommunikation in sozialen Medien.

Gelassenheit, die im Folgenden näher zu erläutern wäre, ist – wohlverstanden – ein wesentlicher Schritt auf einem Weg heraus aus der bedrückenden Enge von (Selbst)Überforderung und zwischenmenschlicher Entfremdung. Was sich in ruhiger Betrachtung zeigt, ist in etwa Folgendes: Gleichwohl wir fundamental voneinander verschiedene Individuen mit je einzigartigen Prägungen sind, ähneln wir einander in existenziellen Erfahrungen, die unsere Grundnatur betreffen. Dass wir im Wesentlichen nur scheinbar geschieden sind, erfahren wir in ruhigen, unverstellten Begegnungen mit anderen, wenn wir gemeinsam den Raum der Gelassenheit betreten. Wir erkennen: Wesentlich für zwischenmenschliches Gelingen sind in letzter Instanz eben nicht Abgrenzung und objekthafter Umgang, sondern Verbundenheit, rückversicherndes Sprechen und geduldige Unterredung. Um wirkliche Verbundenheit von romantischen Verschmelzungsillusionen zu unterscheiden, ist temporäre Absonderung gleichwohl unerlässlich. Doch »die Unabhängigkeit ist ein Steg und kein Wohnraum«, sagt Martin Buber, weil im Sich-Verbinden das wahre Fundament des Lebens liegt. (Buber 2005, S. 26)

Die größte Herausforderung liegt nun aber darin, sich dem Diktat des zielfixierten Aktionismus und zweckrationalen Denkens entgegenzustemmen, um das in uns liegende Potential gelassener Betrachtung wachzurufen. Erst in der Kultivierung kontemplativer Fähigkeiten tritt der besondere Wert der Untätigkeit zutage. Im Auskosten des Nutzlosen, im Ab- und Ausschweifenden – etwa in Naturerkundungen oder festlichen Stunden – offenbaren sich besondere Quellen des Glücks. Noch wichtiger aber ist: Nur wer im Innehalten

Kräfte der Aufmerksamkeit entfaltet und steigert, vermag besonnen, d. h. im eigentlichen Sinne konstruktiv-menschlich, zu handeln. Wollen wir der wirklichen Welt näherkommen, um adäquat agieren zu können, verlangt uns dies eine Bewegung zum ›Nichtselbst‹ hin ab. Für Iris Murdoch, die diesen Gedanken vertritt, liegt moralische Freiheit deshalb nicht in der Verfolgung glasklar definierter Absichten, sondern sie vollzieht sich gebunden an eine aufmerksame – ›souveräne‹ – Hinwendung zu je einzigartigen Realitäten. Sie liegt in der Bereitschaft, umsichtig, ehrlich und geduldig wahrzunehmen, was *tatsächlich* der Fall ist – eine Art des Sehens, die unweigerlich eine Zurücksetzung des Selbst voraussetzt. Auf diese Weise wird die besondere Eigenart anderer augenfällig. Je mehr man aber realisiert, dass andere Bedürfnisse und Wünsche haben, die ebenso fordernd sind wie die eigenen, desto schwerer fällt es, Personen als Sachen zu behandeln. Das ›mächtige Energiesystem‹ unseres Willens, angetrieben durch egozentrische Ziele und ehrgeizige Vorstellungen, flaut ab. An die Stelle von Blendung und Einbildung tritt ein ›Realismus des Mitgefühls‹. (Murdoch 2023, S. 82ff.)

I. Grundelemente des Philosophierens über Tugenden

Wie manche Medizin, ohne daß man sie einnimmt oder aufträgt, durch den bloßen Geruch schon wirkt, so spendet Tugend schon aus der Ferne und aus der Verborgenheit ihren Nutzen, (...).
(Seneca, 4 v. Chr. – 65 n. Chr.)

Wichtigkeit der Tugendlehre

Philosophierende – oder besser die meisten Philosophierenden – setzen nicht einfach voraus, dass man schon weiß, was mit bestimmten Begriffen gemeint ist. Sie verwenden sprachliche Elemente also nicht unhinterfragt und unkritisch, indem sie sich ganz selbstverständlich auf den gängigen Sprachgebrauch verlassen. Vielmehr erläutern sie ihre jeweiligen Kategorien in Abgrenzung zu verwandten Termini, um auf diese Weise unterschiedliche Phänomene der Wirklichkeit präziser zu fassen und gegeneinander abzugrenzen. Wenngleich wir mit derartigen sprachanalytischen Erläuterungen niemals an einen Endpunkt der Eindeutigkeit gelangen können, weil man das In-Frage-Stehende stets nur einzukreisen und nuancierter abzustecken vermag, bietet diese Vorgehensweise dennoch beträchtliche Erkenntnisgewinne. Denn indem wir einzelne Gegebenheiten feinkörniger gegenüber anderen – verwandten oder ähnlichen – absondern, schaffen wir sprachliche Möglichkeiten für eine differenziertere Umgangsweise mit der Wirklichkeit. Wir bauen filigrane Gerüste, deren Teilelemente präzise miteinander verbunden und gegeneinander abgesteckt werden, um tragfähige Kernbedeutungen herauszuschälen, die dazu verhelfen, uns einander verständlicher zu machen und bessere Orientierungen für die gemeinsame Lebenspraxis zu finden.

Blicken wir nun genauer auf die beiden uns beschäftigenden Tugenden. – Sowohl im Bedeutungsbereich der Besonnenheit als auch in dem der Gelassenheit finden sich jede Menge sinnverwandte Begriffe, welche vielleicht etwas Ähnliches meinen, dabei aber möglicherweise auf je eigene Art bestimmte Aspekte überbetonen und andere aussparen. Es ist durchaus denkbar, dass das Wesentliche einer ursprünglichen Kernbedeutung an den Rand gedrängt wird oder ganz aus dem Blick gerät. Um das Spektrum bedeutungsähnlicher Phänomene zu entfalten, wären zunächst einmal einige sinnverwandte Begriffe zu nennen, auf die man später Bezug nehmen kann, wenn beide Tugenden exakter umrissen werden: Zum Bedeutungsfeld der Besonnenheit gehören Mäßigung, Beherrschtheit, Klugheit, Umsicht, Reflektiertheit, Weisheit, rechnende Vernünftigkeit, Genauigkeit, Pedanterie und Kontrolliertheit. Nicht selten wird Besonnenheit auch mit Gelassenheit gleichgesetzt. Als Gegenbegriffe tauchen neben Unbesonnenheit folgende Kategorien auf: Unüberlegtheit, Impulsivität, Leichtsinn, Unmäßigkeit, Unerschrockenheit oder auch Willensschwäche. Blicken wir auf die mit Gelassenheit als gleichartig assoziierten Begriffe, so wären innere Ruhe, Gleichmut, Gefasstheit, Coolness, Selbstgenügsamkeit, Abgeklärtheit, Ungerührtheit oder auch Arroganz zu nennen. Der Gegenbegriff ›Ungelassenheit‹ findet im normalen Sprachgebrauch keine Verwendung. Hier spricht man eher von Unruhe, Aufgeregtheit, Erregung, Entrüstung, aber auch von Unmut oder Verdrossenheit. Ich werde nicht dazu übergehen, diese Begriffsskalen pedantisch auszuleuchten. Es soll lediglich ein Eindruck von der Vielschichtigkeit beider Tugenden vermittelt werden.

Zunächst ist die folgende Frage zu beantworten. Was veranlasst viele Denker und Denkerinnen überhaupt dazu, Besonnenheit und Gelassenheit als *Tugenden* zu bezeichnen? Unter welchen Voraussetzungen spricht man von einer Tugend? Was kann auch heute noch dazu bewegen, diesen altertümlich anmutenden Oberbegriff zu verwenden? Denn schließlich birgt dies Risiken, weil das Wort ›Tugend‹ für viele auf Anhieb keineswegs positiv besetzt ist, sondern mit moralischer Strenge oder/und emotionaler Gedrücktheit verknüpft wird. Wäre es nicht klüger, wenn man stattdessen von Haltungen oder Kompetenzen spräche, um den Verdacht moralinsaurer Belehrungen von vorneherein zurückzudrängen?

Warum also greife ich auf den Begriff der ›Tugend‹ zurück? Die Antwort ist schlicht, macht aber ein fundamentales Unterscheidungskriterium geltend: Der Begriff Tugend gehört seit jeher in den

Bereich der Ethik. Wenn man also von Besonnenheit als *Tugend* spricht, dann meint man nicht einfach nur, dass die jeweilige Person sich besinnt, d. h. sich eine Angelegenheit gründlich überlegt, sich mithin selbstreflektiert verhält, ganz unabhängig davon, welche Zwecke sie dabei verfolgt. Von einer *Tugend* ist dann die Rede, wenn dieses sich besinnende Nachdenken auf *das Gute* gerichtet ist, d. h. wenn die Überlegung und das Agieren auch am Wohl anderer Menschen bzw. am Gemeinwohl interessiert sind. Dies bedeutet: Der/die Tugendhafte orientiert sich am sittlich Guten, er/sie richtet seinen/ihren Willen an dem aus, was er oder sie als angemessen und wertvoll im überindividuellen Sinn erachtet. Damit nun verknüpft sich eine ganze Reihe von tugendspezifischen Komponenten, die ich im Folgenden summarisch umreißen möchte.

Grundsätzlich ist vorauszusetzen, dass eine Person für ihr Verhalten verantwortlich oder wenigstens doch *mit*verantwortlich ist. Wenngleich es gute Gründe gibt, den individuellen Entscheidungsfreiraum nicht allzu groß zu veranschlagen, baut eine Tugendorientierung dennoch darauf, dass normalerweise ein Spielraum für freie Abwägungen gegeben ist, so gering die Spannweite hier manchmal auch erscheinen mag. Wer Persönlichkeitsbildung im Sinne der Tugend anstrebt, weist mithin eine Weltsicht zurück, welche Menschen als restlos determiniert durch Gene bzw. durch soziale und individuell-biografische Umstände ansieht, sie also darauf reduziert, bloße Produkte innerer oder äußerer Faktoren zu sein. Man wird vielmehr davon ausgehen, dass stets, wenn auch in unterschiedlichem Ausmaß, die Möglichkeit besteht, zu den Gegebenheiten in Distanz zu treten, d. h. mit Überlegung auf das Zustoßende zu reagieren. Tugendlehren verlangen von jeder einzelnen Person, Verantwortung für sich selbst und das eigene Leben zu übernehmen. Dies ist ein Gedanke, den wir im Blick auf die besondere Würde des Menschen konturieren müssen.

Eine realistische Praxis der Freiheit?

Besonders hoch wurde die Freiheitsfähigkeit in der stoischen Lehre angesetzt. Man sah dies in der naturgegebenen Bestimmung des Menschen als Vernunftwesen begründet. Um die Macht heftiger Affekte zu durchbrechen, kam es nach stoischer Überzeugung einzig und allein darauf an, eine adäquate Beurteilung der Wirklichkeit vorzunehmen. Wer der Vernunft folgend zu den richtigen Erkenntnissen gelangt, wer den sinnvollen Gesamtzusammenhang aller Dinge nachvollzieht, transformiert sich gewissermaßen ›notwendigerweise‹ und bekundet darin seinen freien Willen gegenüber allen Einflussfaktoren. Nach der Vorstellung der Stoiker vermag keine Emotion eine unwiderruflich determinierende Macht über uns zu gewinnen. Zwar erschüttern viele Emotionen durchaus die gesamte Person, oft fällt ihnen eine enorme handlungsmotivierende Macht zu, leitend ist jedoch der Gedanke, dass wir diese Mechanismen durchbrechen können. Wir müssen nur begreifen, dass Emotionen nichts als subjektive »Meinungen« sind, die »fehlerhafte defizitäre kognitive Einstellung(en)« über die Welt abbilden. (Schriefl 2021, S. 147f.) Durchschauen wir die falschen Sichtweisen, die in unseren Emotionen enthalten sind, und verweigern wir diesen unsere Zustimmung, so wird sich unsere Verfassung schon bald grundlegend verändern. Das heißt: Wir müssen nur mittels unserer Vernunft den Lebenszusammenhang in der richtigen Weise betrachten, z. B. indem wir zwischen wertvollen und wertlosen Dingen zu unterscheiden lernen, sodann werden alle heftigen Affekte verschwinden und Gemütsruhe stellt sich ein. Viele äußere Einflüsse und Umstände, die uns vormals gefangen hielten, werden unerheblich und wir durchlaufen nach und nach einen Prozess der Selbsttransformation, der unser gesamtes Leben fundamental verändert. Anders gesagt: Wer wirklich erfasst, was gut und dauerhaft von Wert ist, durchbricht die Macht der Emotionen, gewinnt Charakterfestigkeit und wird all sein Handeln dementsprechend ausrichten.

Entscheidend ist hier wie auch in anderen Tugendlehren, dass der Mensch als durch und durch sozial verfasstes Lebewesen angesehen wird, nämlich als ein Wesen, das auf Gemeinschaft angewiesen ist, das von Natur aus danach strebt, sich an anderen zu orientieren und sich auf deren Belange hin umzuorientieren. Aristoteles, dessen *Nikomachische Ethik* als frühes Hauptwerk der Tugendphilosophie gilt, definierte den Menschen als *zoon politikon*, d. h. als ein auf Gemeinschaft hin angelegtes Wesen. Auch wenn in späteren Tugendlehren das persönliche Glück des Einzelnen allmählich stärker akzentuiert wurde, blieben die Notwendigkeit politischer Verantwortung sowie der Anspruch zwischenmenschlicher Rücksichtnahme davon unberührt. Wie Seneca darlegt, kommt es im gesellschaftlichen Engagement nicht primär darauf an, um jeden Preis ehrgeizig den Ruhm öffentlicher Ämter anzustreben, sondern darauf, ein realistisches Selbstbild zu gewinnen, um auf dieser Basis die eigenen Potentiale adäquat zu bemessen: »Vor allem ist es nötig, sich selbst richtig einzuschätzen, da wir in der Regel uns einbilden, mehr zu können, als tatsächlich der Fall ist.« (Seneca 2013, S. 39) Dies habe zu geschehen, um die Grenzen eigener Verpflichtungen illusionslos abzustecken und »mit Augenmaß etwas ausfindig zu machen, worin man sich dem Staat nützlich erweisen kann«. (Ebd., S. 33) Senecas Ausführungen legen nahe, dass dies auch jenseits politischer Ehrenämter im privaten Bereich möglich ist, z.B. indem man anderen durch seine Verhaltensweisen ein Vorbild gibt. »Wie manche Medizin, ohne daß man sie einnimmt oder aufträgt, durch den bloßen Geruch schon wirkt, so spendet die Tugend schon aus der Ferne und aus der Verborgenheit ihren Nutzen, ob sie sich nun frei bewegt und ganz über sich verfügen kann oder ob sie nur mit Erlaubnis aus dem Haus darf und gezwungen wird die Segel einzuholen, (...).« (Ebd., S. 35)

Für ethische Orientierung im Sinne der Tugend ist ausschlaggebend, dass die betreffende Person nicht notgedrungen oder sogar wider Willen einer von außen auferlegten Moralvorschrift folgt, sondern dass sie eine moralische Lebensausrichtung für sich selbst als gut und richtig anerkennt, also mit ihrem *ganzen* Sein dahintersteht, sich damit identifiziert. Dies beinhaltet in jeder Situation eine aktive innere Beteiligung an der Auslotung und Abstimmung angemessener Verhaltensweisen. Tugend realisiert sich als eigenmotivierte Praxis unablässiger realitätsbezogener Abwägungen, die sich der Idee des Guten im überindividuellen Sinne verpflichtet weiß. Philosophieren bedeutet also vor allem, *ein tugendhafter Mensch zu werden*. Wichtig ist nicht, kluge Gedanken zur Schau zu stellen, um eine große Zuhörerschaft in Bann zu schlagen, sondern wichtig ist, das eigene Innere mit höchster Sorgfalt in alle Richtungen zu überprüfen und zu modellieren. Es reicht folglich nicht aus, einfach nur zu *wissen*, was Tugend ist, sondern es gilt tatsächlich tugendhafter zu *werden*. »Die Philosophie will uns innerlich formen und bilden«, schreibt Seneca an den jungen Lucilius. (Seneca 1999a, S. 44) Hierzu bedarf die Seele unermüdlicher Übung, genauso wie das Spielen eines Instrumentes nur durch kontinuierliches Training erlernt werden kann. Diese Analogie wird in den antiken Schulen wiederholt aufgegriffen. Im Übrigen betont man, dass sich eine solche Übungspraxis auf wenige

I. Grundelemente des Philosophierens über Tugenden

Lehren beschränken kann, deren Beherzigung früher oder später in eine kohärente Lebensführung einmünden wird. An schlüssigen, nachvollziehbaren Grundhaltungen, die sich immer wieder auf neue Art zeigen, ist demnach der Weise zu erkennen, während die Nichtweisen sich sprunghaft und widerspruchsvoll durchs Leben bewegen. (Siehe hierzu: Horn 2016, S. 277)

Über stete Einübung einer Orientierung am Guten etablieren sich allmählich zeitlich beständige ethische Verhaltensweisen – Tugenden eben als quasi charaktergebundene Eigenschaften. Aristoteles beschrieb diesen Vorgang folgendermaßen: »Mit einem Wort: aus gleichen Einzelhandlungen erwächst schließlich die gefestigte Haltung. Darum müssen wir unseren Handlungen einen bestimmten Wertcharakter (wörtlich: eine bestimmte Qualität) erteilen, denn je nachdem, (wie) sie sich gestalten, ergibt sich die entsprechende feste Grundhaltung. Ob wir also gleich von Jugend auf in dieser oder jener Richtung uns formen – darauf kommt (es) nicht wenig an, sondern sehr viel, ja alles.« (Aristoteles 1969, S. 35) Spricht man von Tugenden, so denkt man also keinesfalls an die Einhaltung fremdverfügter, von außen diktierter Moralvorschriften, sondern an innere Dispositionen, die sich kontinuierlich durch eine eigenständige moralische Praxis aufbauen und konsolidieren.

Das Kerngeschehen des Philosophierens liegt in stetiger moralischer Selbstbesinnung, welche nach und nach Früchte trägt. Keinesfalls meint es bloße ›Vielwisserei‹, etwa im Anhäufen wissenschaftlicher Kenntnisse. Seneca betont: Wer mehr wissen will, als notwendig ist, wer also Ballastwissen anhäuft, verliere sehr schnell das Hauptziel sittlicher Vervollkommnung aus den Augen. Er werde leicht »unleidlich im Umgang, geschwätzig« und schließlich sogar »selbstgefällig.« (Seneca 1999a, S. 145) Das ehrgeizige Streben nach totem Fachwissen, dem keinerlei praktische Anwendungsmöglichkeit zufällt, zeige, dass es der betreffenden Person an realistischer Einschätzung ihrer begrenzten Ressourcen mangele. Hier laure – wie Seneca nachdrücklich bemerkt – die Gefahr philosophischer Überheblichkeit: »Für viele Menschen wurde die Philosophie zu einer Gefahr, weil sie aus ihrer Beschäftigung mit der Philosophie die Berechtigung ableiteten, sich anderen gegenüber unverschämt und hochfahrend zu benehmen.« (Seneca 1999a, S. 161) Letztlich formiere sich das geistige Wesen des Menschen eben nicht durch einen großen Wissensschatz, sondern über konsequentes und beharrliches

Trainieren der Vernunftanlagen innerhalb der konkreten Lebenswirklichkeit. Der Zweck des Philosophierens liege nicht in intellektueller Freizeitbeschäftigung, um Kurzweil und vergnügliche Debattierstunden zu finden, sondern darin, »Charakterfehler abzulegen oder sich Regeln fürs praktische Leben anzueignen, nach denen sich (...) moralisches Verhalten ausrichten« lässt. (Ebd., S. 168/169)

Frühe Tugendbildung

Vor diesem Hintergrund wird nachvollziehbar, wie entscheidend vor allem *frühe* Tugendbildung ist. Doch es ist nie zu spät. Bereits die antiken Lehren betonen den Wert einer Schulung in jungen Jahren. Mittlerweile sind wir in dieser Frage um vieles besser belehrt als frühere Generationen. Differenzierte entwicklungspsychologische Studien unterrichten uns heute sehr genau über die verschiedenen Stadien der Persönlichkeitsbildung. Unübersehbar wird, dass moralische Problemstellungen ohne Bezug zu empirisch-psychologischen Gesichtspunkten kaum angemessen thematisiert und gemeistert werden können. Auf der Basis abstrakter Argumentationen lassen sich vielleicht ethische Normen festlegen, ohne erfahrungsgeleitete Erkenntnisse kann indes kaum befriedigend beantwortet werden, wie – unter welchen Umständen und auf welche Weise – sich derartige Wertmaßstäbe tatsächlich in der Persönlichkeit verankern lassen. Deshalb muss ein tugendethischer Standpunkt gegenwärtig sinnvollerweise auf dem Fundament grundlegender psychologischer und pädagogischer Kenntnisse weiterentwickelt werden. Gehen wir diesen Weg, so ergibt sich folgender Rückschluss: Äußere Faktoren besitzen zwar keine determinierende Macht, wirken sich aber dennoch begünstigend oder beeinträchtigend auf den Entwicklungsprozess hin zu freier Selbstlenkung und Verantwortungsübernahme aus.

Um den Wert früher, wohlüberlegter pädagogischer Einflussnahme auf die Persönlichkeit, vor allem angesichts destruktiver Emotionen, wusste allerdings schon Seneca, denn er konstatierte: »(...) es ist leicht, die noch zarten Seelen in eine gesetztere Ordnung zu bringen, während die Störungen, die mit uns herangewachsen sind, sich nur schwer zurechtstutzen lassen.« (Seneca 2007, S. 113) Idealerweise ist es die Kindheitsphase, in der unter normalen Umständen eine grundlegende Fähigkeit zur Selbststeuerung entwickelt wird.

Jedes weiterführende Konzept emotionaler Selbstkontrolle setzt ein früh angelegtes Basisvermögen voraus, das problematische Impulse oder Affekte im Dienst geforderter oder gewünschter Ziele abzufangen und einzudämmen weiß. Dieses elementare Vermögen kann als zentrales Merkmal einer ausgewogenen Persönlichkeit gelten. Fehlt es oder ist es nur rudimentär vorhanden – was offensichtlich immer häufiger vorkommt –, ist von einem bedenklichen, manchmal sogar pathologischen Strukturmangel auszugehen, durch den auch das Wohlergehen der Betroffenen selbst maßgeblich beeinträchtigt ist. »Menschen mit funktionierender Selbststeuerung erleben signifikant mehr Glück und weniger Leid, Angst und Depressivität als jene, denen diese fehlt«, konstatiert der Neurobiologe und Psychotherapeut Joachim Bauer. (Bauer 2015, S. 35)

Nicht unwichtig ist an dieser Stelle auch der Hinweis darauf, dass ein guter Lehrer weniger durch Worte als durch eine vorbildhafte Lebensführung wirkt, wobei er auch mit Selbstkritik nicht sparsam umgeht. Ein solcher Lehrer nimmt durch sein Beispiel ganz unwillkürlich Einfluss auf sein Umfeld. So gesehen kommt einer philosophischen Ausrichtung des Lebens eine gleichsam ansteckende Wirkung zu – ein Gedanke, der seit der Aufklärung innerhalb vieler pädagogischer Konzepte hohen Rang einnimmt. Heute weiß man nicht zuletzt durch empirische Studien besser denn je, dass intentionale pädagogische Einflüsse wirkungslos bleiben, wenn sie im Gegensatz zu dem Beziehungsverhalten und der gelebten Praxis der Erziehenden stehen: »Ein abwertender, zynischer und beschämender Erziehungsstil kann inhaltlich auf Friedfertigkeit gerichtet sein – die Botschaft ist aber Herabsetzung Anderer, (...)«, konstatiert Rainer Dollase und markiert mit Nachdruck das Gewaltsame einer solchen Erziehungspraxis. (Dollase 2013, S. 22) Wer zur Selbstformung auf ein höheres Gut hin einladen will, muss das Wertvolle einer solchen Praxis also unbedingt vorleben und spürbar machen.

Die natürlichen Anlagen des Menschen – heute würde man sahen ›die neuronalen Voraussetzungen unseres Gehirns‹ – erlauben grundsätzlich den Aufbau einer Praxis korrigierender Selbstbezüglichkeit. Wir können dieses Vermögen trainieren, es durch Phantasie, absichtsvolles Durchdenken, wache Selbstbeobachtung und gezieltes Selbstexperiment ausbauen und erweitern. Tun wir dies, so aktivieren wir neuronale Verschaltungsmuster, lockern gewissermaßen unsere Hirnstrukturen und werden flexibler. Der Raum der

Freiheit vergrößert sich. Willensfreiheit ist, so Hubert, »eine psychosoziale Praxis, die sich neuronal etabliert hat.« Anders gesagt: Wir sind nicht von vorneherein im Besitz eines freien Willens, sondern wir haben die neuronale Veranlagung dazu, eine Lebensform der praktischen Willensbildung zu kultivieren, in der sich ein Stück Freiheit realisiert. Dies können wir natürlich schneller und nachhaltiger in einem Umfeld erlernen, das uns darin unterstützt und stimuliert. »Je stärker ein Kind gefördert wird, über sich selbst nachzudenken, Alternativen durchzuspielen und gemäß seinen eigenen Absichten zu handeln, desto stärker werden seine Hirnzentren trainiert, die mit Willensbildung und Willensstärke zu tun haben.« (Hubert 2006, S. 205f.)

Das Potential zur Willensfreiheit kann nur durch eine gesellschaftlich vermittelte Freiheitspraxis aktiviert und realisiert werden. In Folge dieser Praxis entwickeln sich beweglichere Verschaltungsmuster in unseren Hirnströmen. Ähnlich wie ein Ausdauertraining uns den Bizeps zum Heben schwerer Lasten verschafft, verhilft uns das nachhaltige Üben der Freiheit zu einem »Gehirnmuskel«, der es uns fortan erleichtert, selbstbestimmter zu leben. Willensfreiheit ist, wie wir sehen, demzufolge bedingt, denn wir können es darin unabhängig vom sozialen Umfeld unserer Kindheit nur schwerlich zu etwas bringen. Im Extremfall kann jemand völlig festgefahren sein und muss langwierige Übungs-/Therapiephasen durchlaufen.

Tugendethische Gesichtspunkte

Tugendethisch betrachtet dreht sich alles darum, etwas ›Edles‹ aus den individuellen Anlagen eines Menschen zu machen. Die primäre (pädagogische) Aufgabe besteht darin, eine Motivationsgrundlage für die *eigenständige* Orientierung am Guten zu schaffen. Schon Aristoteles stellte fest, dass Menschen zwar besondere Anlagen von Natur aus mitbringen, gut und schlecht aber eben *nicht* von Natur aus sind. Ob jemand gute oder schlechte Verhaltensweisen – Tugenden oder Laster – ausbilde, ergebe sich aus der aktiven Formung seines Charakters, für die jeder erwachsene Mensch bis zu einem gewissen Grad selbst verantwortlich sei. Zwar habe ein jeder aufgrund seiner physischen und psychischen Beschaffenheit einen unterschiedlich starken Hang zu bestimmten Affektlagen wie etwa Zorn oder Angst, entscheidend sei aber, wie er mit diesen Anlagen verfahre. Demnach hat es ein aufbrausendes Naturell zweifellos schwerer mit der Ausbildung von Besonnenheit als ein sanftes Gemüt, doch zugleich sollte ihm einsichtig werden, dass es sich gerade deshalb in höherem Maße um Besonnenheit bemühen müsse, weil nur so ein für andere und es selbst tolerabler Weg innerhalb der menschlichen Gemeinschaft einzuschlagen sei. Im Blick auf irrationale Affekte schreibt Aristoteles: »Und wir werden auch nicht wegen solcher Regungen gelobt oder getadelt – man lobt ja nicht einen, der Angst oder Zorn fühlt, und getadelt wird andererseits nicht das Zornigwerden schlechthin, sondern eine gewisse Form des Zornigwerdens (...).« (Aristoteles 1969, S. 42) Nicht das Aufkommen starker Affekte liegt in unserer Hand, sondern allein, wie wir mit ihnen umgehen. Einzig hierauf kann sich alle Kritik richten. Es muss deshalb unser Ziel sein, uns immer wieder *auf bewusste und nachdenkliche Weise* zu den eigenen Veranlagungen und Talenten zu verhalten, so dass sich allmählich ein Kurs etabliert, in dem Fühlen, Denken und Wollen den jeweiligen Umständen entsprechend aufeinander abgestimmt sind. Erst diese Ausprägung von Verhaltensgewohnheiten – Tugenden eben – macht die Qualität der menschlichen Lebensführung aus. Nur wenn es – zumindest anteilig – auch an den Menschen selbst liegt, wie sie sich zu ihren Prägungen durch Natur und Herkunft verhalten, ist es überhaupt sinnvoll, den Charakter von Menschen kritisch zu bewerten. Und nur dann ist es auch angebracht, von Tugend zu sprechen.

Auch wenn es aufschlussreiche und lohnende philosophische Textquellen gibt, die zu einer klugen und umsichtigen Lebensweise anregen, muss man, um zur Einsicht zu gelangen, keineswegs zwangsläufig ein hochgebildeter Intellektueller sein. Ausdrücklich betont Seneca, dass eine edle Gesinnung im Prinzip jedem offensteht, da es in dieser Angelegenheit primär auf die Bereitschaft zu ständiger praktischer Übung ankomme. Denn anders als der Körper könne der Geist auch ohne Nahrungszuführung aus sich selbst heraus wachsen. »Er gibt sich selbst Nahrung und formt sich selbst«, heißt es, notwendig sei einzig eine grundsätzliche Willensentscheidung dafür, den Weg der sittlichen Vervollkommnung einzuschlagen: »Was dich gut machen kann, liegt in dir. Was hast du nötig, um gut zu werden? Nur den Willen dazu.« (Seneca 1999a, S. 125)

Und dennoch gibt es im Bereich der Tugenden keinen festen und sicheren Besitz. Immer wieder sind wir mit neuen, unvorhergesehenen Herausforderungen konfrontiert. Angesichts unerwarteter negativer Erfahrungen, etwa überraschender Attacken durch andere Menschen, müssen sich Tugenden stets neu bewähren und ausprägen. Deshalb bedürfen sie, wie Martin Seel formuliert, »einer lebenslangen Wartung« (Seel 2011, S. 240). Tugenden entwickeln sich auf der Basis eines kontextsensiblen Moralverhaltens und müssen immer auch kontextsensibel bleiben, sie dürfen keine starren, unflexiblen Haltungen und Handlungsmuster werden. Mithin muss man immer wieder neu nachdenken, Maßstäbe variieren und modifizieren. Betrachtet man vor diesem Hintergrund tradierte Tugendlehren, so wird man aus heutiger Sicht möglicherweise an einigen Stellen Korrekturen vornehmen wollen/müssen. Insbesondere erscheint ein Zustand der Affektlosigkeit, wie ihn die Stoiker propagierten, gegenwärtig nicht nur wenig erstrebenswert, sondern eben auch – nicht zuletzt auf der Basis wissenschaftlicher Erkenntnisse – gänzlich unrealistisch.

Weil Tugenden in der umrissenen Weise Dispositionen darstellen, die aus einer unermüdlichen Praxis hervorgehen, lassen sie sich nicht auf direktem Wege intentional anstreben. Vielmehr bauen sie sich eher beiläufig und unwillkürlich über das Verfolgen ethischer Ziele auf. Der moderne Tugendtheoretiker Otto Friedrich Bollnow schreibt: »(...) die Tugenden aber sind gewissermaßen das Sediment, das sich im wiederholten sittlichen Verhalten des Menschen ablagert, sind die ungewollt sich dabei ausbildende innere Form, oder in einem anderen Bild: der Pfad, der sich bildet, indem er begangen wird.« (Bollnow 2009, S. 137)[3] Wer sich allzu tugendhaft präsentieren will, erliegt schnell der Gefahr eines ethischen Narzissmus, d. h. einer moralischen Selbstgefälligkeit, die sich in eindrucksvollen Inszenierungen vornehmlich gegen die Schlechtigkeit anderer abzusetzen sucht. Solche Selbstprofilierungen in Verbindung mit moralisierenden Äußerungen könnten eine Erklärung dafür bieten, warum viele Menschen mit dem Begriff ›Tugend‹ eher negative Assoziationen verknüpfen. Sie erblicken darin Attitüden aufgesetzter, demonstrativer Selbstermächtigung, verursacht durch Ressentiment und Minderwertigkeitsimpulse. Nimmt man ernst, dass Tugenden nicht direkt angestrebt werden können, dann muss allerdings auch die gesamte Ratgeberliteratur, die allzu praktikable zielgerichtete Techniken und Trainings anbietet, fraglich erscheinen.

Zudem wäre zu sehen: Weil Tugenden sich über Erfahrung und Selbsterprobung ausprägen, konfigurieren sie sich immer auch über Erfahrungen des Nichtgelingens, Unvermögens, Irrens und Scheiterns. Demnach gehört es zu einer Tugendhaltung unbedingt dazu, eigene Grenzen und Unzulänglichkeiten einzuräumen und zu wissen, was man sich zumuten darf bzw. welchen Herausforderungen man besser aus dem Weg gehen sollte. An dieser Stelle wird nachvollziehbar, wie hilfreich ein selbstrelativierender Humor sein kann, der einem überernsten, vermessenen Selbstbild entsagt. Ein solcher Humor, der gleichsam wie eine Art Übertugend wirkt, verhindert jede Form moralinsaurerer Verkniffenheit, mit der man vornehmlich andere drangsaliert. (Hierzu: Bennent-Vahle 2020b).

Das Vollbild einer Tugend lässt sich begrifflich niemals abschließend definieren. Deshalb ist man nie fertig damit, gelassen oder besonnen zu werden. Verbesserungen, neue Einsichten und Kehrtwenden sind stets denkbar, weil es ganz unmöglich ist, zukünftige Herausforderungen abzusehen und die eigenen Reaktionen im Vorfeld genau abzuschätzen. Erst recht lässt sich vorab kaum ermessen, ob und wieweit es uns im Extremfall gelingen wird, überhaupt die Fäden in der Hand zu behalten. Das Leben ist unberechenbar und immer wieder können wir auch von uns selbst überrascht werden, weshalb man Geduld und Nachsicht mit sich selbst braucht, aber eben auch Humor, um den eigenen Unzulänglichkeiten ohne Resignation oder verbissene Schamabwehr zu begegnen.

Die thematisierten Schwierigkeiten und Unwägbarkeiten bei der Ausbildung tugendgemäßer Verhaltensweisen rücken im neuzeitlichen Denken zunehmend in den Fokus. Dies hat mit den Individualisierungsprozessen als Grundstrom der Moderne zu tun. An die Stelle einer rationalen Wahrheitswelt bzw. einer religiösen Überwelt, die das Vernünftige/Gebotene in allgemeingültiger Weise garantiert und den Menschen so prinzipiell wahrheitsfähig macht, sind fundamental andere Vorstellungen getreten. Kaum mehr lässt sich eine ›unverwüstliche‹ Wahrheitsinstanz zugrunde legen, so dass man sich auf festverfügte allgemeingültige Maßstäbe des Sittlichen berufen könnte. Stattdessen ist man herausgefordert, das Gebotene und Angemessene in Auseinandersetzung mit vielen situativen Faktoren immer wieder aufs Neue sorgsam auszuloten. Im Zuge einer wachsenden Enttraditionalisierung erfahren sich die meisten als unwiderruflich in eine Welt permanenten Wandels involviert. Letztlich muss in Krisenmomenten jede(r) aus sich heraus selbsttätig Orientierung finden, was wechselnde Empfindungen nach sich zieht – ein Hin- und Hergerissensein zwischen stolzer Selbstbehauptung und massiver Verunsicherung. Dementsprechend sieht sich ein zeitgemäßes Tugendverständnis mit grundlegend neuen Schwierigkeiten konfrontiert. Die zentrale Frage lautet: Was ist vernünftig, wenn die Wahrheit versiegelt scheint?

Für die meisten Menschen heute ist zudem keinesfalls ausgemacht, dass Tugendverhalten die Basis für ein glückliches Leben stiftet. Umso besser ist man mittlerweile über den ambivalenten Charakter einer jeden Tugendsuche unterrichtet. Von jeder erstrebenswerten Ausrichtung kann es nicht nur ein Zuwenig, sondern eben auch ein Zuviel geben, wodurch das Positive unmerklich ins Negative abzugleiten droht. So ist es fraglos gut, Jähzorn und zügelloser Impulsivität entgegen zu treten, doch zu viel bzw. falsch ausgerichtete Besonnenheit und Gelassenheit laufen Gefahr in Gleichgültigkeit, Hartherzigkeit oder heuchlerischem Getue zu enden.

Ein System der Tugenden?

Die Ideengeschichte zeigt, dass es kaum gelingen kann, die verschiedenen Tugenden – es gibt hier eine beachtliche Anzahl – ein für alle Mal in ein festes, unverrückbares System zu pressen. Selbst der Grundstock an Kardinaltugenden unterlag, historisch betrachtet, signifikanten Wandlungen. So unterscheiden sich die Kerntugenden innerhalb der antiken Philosophie – bei Platon: Besonnenheit/Mäßigung, Mut, Gerechtigkeit und Weisheit/Klugheit – von zentralen mönchischen Tugenden wie Gehorsam, Armut und Ehelosigkeit. Thomas von Aquin, der große Tugendtheoretiker des Mittelalters, definiert einen Kernbestand von sieben Haupttugenden, indem er dem tradierten platonischen Kanon die Tugenden Glaube, Liebe und Hoffnung hinzufügt. Das Reich der Tugenden ist unabsehbar und unterliegt zumindest insofern dem historischen Wandel, als zeitbedingt immer wieder neue Akzente gesetzt und Verschiebungen vorgenommen wurden. Tugenden, die einst in vorderster Reihe standen, treten später in den Hintergrund, andere gewinnen im Zuge gesellschaftlicher Veränderungen enorme Bedeutung.

Dies lässt sich nicht zuletzt an den beiden in diesem Band thematisierten Tugenden recht gut erkennen. An ihnen zeigt sich, dass eine Tugend niemals für sich alleinsteht, sondern dass eine jede Teil eines komplexen Netzes ineinander verwobener und aufeinander verweisender Elemente ist. Besonnenheit und Gelassenheit gelten als ›Tugenden des Abstandes‹, d. h. sie bezeichnen mentale Haltungen, die einer von irrationalen Kräften getriebenen Lebensweise entgegentreten. Angestrebt wird die Bereitschaft zu bewusster Selbstdistanzierung, um ein freies Darüberstehen zu initiieren und eine Basis der Eigenverantwortung aufzubauen. Es handelt sich um Tugenden, die den in den Leidenschaften liegenden Gefahren der Halt- und Maßlosigkeit entgegenwirken. Damit aber stehen sie mit gegenwärtigen Tendenzen in Konflikt, welche die Leidenschaften zum obersten Richtmaß eines erfüllten Menschenlebens erheben. Ein Generalverdacht lautet, dass durch die Kultivierung derartiger Tugenden die heute allerorts propagierte rückhaltlose Hingabe an eine Sache behindert wird. Hinzu kommt, dass viele es im Zuge der Durchführung eigener Projekte als nachteilig und hinderlich ansehen, allzu umfangreiche ethische Abwägungen vornehmen zu müssen. Solange der Rahmen geltender rechtlicher Bestimmungen berücksichtigt wird, erscheint ihnen vielmehr ein gesunder Egoismus ratsam, der allein beruflichen Erfolg und persönliches Glück realisierbar macht. Dass tugendgemäßes Verhalten einen ›Glückslieferanten‹ eigener Art darstellen könnte, findet (jenseits einer neu aufbereiteten Tugendethik) immer noch zu wenig Anklang innerhalb der heutigen Gesellschaft.

Beide Tugenden des Abstandes verweisen aufeinander. Will man sie näher erläutern, so müssen weitere Tugenden hinzutreten. Vor allem aber bedarf Gelassenheit der Besonnenheit und die Besonnenheit umgekehrt der Gelassenheit. Ein Sprichwort sagt: »Besonnenheit trägt die Gelassenheit in sich, denn alles besonnene Tun ist die Kehrseite des Lassens.« Bollnow markiert den Unterschied ähnlich, wenn er sagt: »Gelassen ist der Mensch im Hinnehmen, besonnen aber im Handeln.« (Bollnow 2009, S. 195) Offenbar muss man, um besonnen zu sein, innehalten, man muss ›lassen‹ können, d. h. Handlungsabläufe unterbrechen und aus Verrichtungszwängen temporär heraustreten können. Gemeint ist auch, dass Besonnenheit uns in grundlegender Form dazu veranlasst, fortan mit sehr viel mehr Zurückhaltung handelnd in die Welt einzugreifen. Agieren wir in diesem Sinne überlegter und umsichtiger, wird dies fraglos zur Folge haben, dass unsere Lebensweise insgesamt in ruhigeren und kontemplativeren Bahnen verläuft. Wie es Heideggers Kategorie der ›verweilenden Weite‹ vorsieht, werden wir gelassen, indem wir uns blinden Tätigkeitstrieben zeitweilig entziehen, von erfolgsfixierter Geschäftigkeit ablassen, um im Zurückstellen gängiger Weltdeutungen der erscheinenden Wirklichkeit der Dinge schrittweise näher zu kommen. Dieses verharrende, unumwundene Hinschauen und das geduldige Standhalten werden später vertiefend thematisiert.

Gelassenheit und Besonnenheit als Tugenden im Selbstverhältnis stehen in engem Zusammenhang mit dem Streben nach Gerechtigkeit und Fairness. Wer nach außen hin konstruktiv und verantwortungsbewusst wirken will, wer freie und gerechte Verhältnisse schaffen will, benötigt unweigerlich ein gewisses Quantum an Freiheit gegenüber den eigenen Bedürfnissen und inneren Impulsen. Mäßigung des Selbst und mitfühlendes soziales Empfinden sind eng miteinander verkoppelt, beides bedingt sich quasi wechselseitig. Wir müssen das Persönliche und das Politische/Soziale zusammendenken. Dies ist ein Gedanke, der heute mehr denn je an Bedeutung gewinnt. Der Philosoph Hans-Georg Gadamer hat hierfür eine treffende Formulierung gefunden, wenn er sagt: »Die innere Verfassung des Menschen und seine Gemeinschaftsfähigkeit sind im Grunde eins.«[4] (Gadamer 1983, S. 136) Ebenso wenig wie es gelingen kann, eine Haltung kritischer Selbstdistanzierung ohne lebendiges Interesse an anderen aufzubauen, können umgekehrt spontane soziale Regungen zu einem höheren Gerechtigkeitssinn verfeinert werden, wenn jemand nicht in der Lage ist, von sich selbst Abstand zu nehmen und affektive Triebkräfte zu bearbeiten.

Mut und Tapferkeit – ihr unverzichtbarer Wert

Tapferkeit gehört schon bei Platon zu den Kardinaltugenden. Sie zeichnet denjenigen aus, der feindseligen Bedrohungen standhält und am Ende sogar sein Leben für die Anliegen des Gemeinwesens riskiert. Wie steht es heute damit? Fällt dieser alten Tugend auch unter den Bedingungen der Moderne noch ein besonderer Stellenwert zu? Dies mag auf Anhieb nicht unbedingt einleuchten. Man möchte einwenden, dass Tapferkeit doch wohl eher ein alter Zopf ist und noch dazu eine fragliche Angelegenheit, denn spontan ordnen wir diese Haltung dem Bereich des Kriegerischen zu, über den sich die meisten Menschen im ›postheroischen‹ Zeitalter normalerweise nicht mehr definieren wollen. Die aktuellen Kriege zeigen indes, dass soldatisches Heldentum mitten in Europa wieder gefordert ist.

Abgesehen davon sprechen wir heute lieber von Mut, Mumm oder Tatkraft, wenn wir in diese Richtung denken. Hier taucht natürlich umgehend die Frage auf, unter welcher Voraussetzung die innere Kraft couragierter Selbstüberwindung überhaupt als Tugend ausgezeichnet werden darf. Denn schließlich überwindet auch ein Bergsteiger oder Bungeespringer seine Ängste. Wer im Sport über sich hinauswächst, kann ganz unterschiedliche Ziele haben: gesteigerten Selbstgenuss, die Suche nach Fitness, mitunter auch nach außerordentlichen Kicks oder nach der Bewunderung anderer. Gleichfalls ist es keineswegs eine Seltenheit, dass Menschen bei der Verfolgung krimineller Absichten äußerst waghalsig zu Werke gehen, oftmals sogar draufgängerisch ihr Leben riskieren. Hier liegt der Antrieb üblicherweise in purem Eigennutz und materieller Gewinnsucht. Mutiges Agieren schließt also jede Menge Beweggründe mit ein, die wir nicht unbedingt alle auf Anhieb als tugendhaft adeln würden.

Wollen wir Mut als *Tugend* verstehen, so reicht es offenbar nicht aus, dass eine Person ihre Ängste bezwingt. Wie bei allen Charakter*tugenden* muss die innere Leistung der Selbstüberwindung auch hier in den Dienst einer guten und ehrenwerten Sache treten. Erst die Ausübung mutiger Handlungen im Dienst von Gerechtigkeit, Fairness, zwischenmenschlicher Fürsorge oder im Blick auf andere höhere Ziele kann als Tugend bezeichnet werden. Hier bietet sich die alte Kategorie der Tapferkeit an, denn als tapfer wurden ursprünglich diejenigen angesehen, die bei der Realisierung höherer Werte ihre Furcht vor Gefahren besiegten. Die größte Herausforderung lag seit jeher in der Todesbedrohung. Schon Aristoteles schrieb: »Welchen Formen des Angsterweckenden gegenüber bewährt sich der Tapfere? (...) Das Schwerste aber ist der Tod: er ist das Ende und nichts mehr kann, so glaubt man, dem Toten geschehen, weder Liebes noch Leides.« (Aristoteles 1969, S. 72)

Mut und Tapferkeit – ihr unverzichtbarer Wert

Vor diesem Hintergrund nimmt Tapferkeit bei Aristoteles eine Sonderstellung im Tugendkanon ein, was in den Folgeperioden vielfach ähnlich beurteilt wurde. Da Tapferkeit dem Menschen in der Tat Beträchtliches abverlangt, in letzter Instanz eben auch der Furcht vor Vernichtung zu trotzen, kann man zu dieser Tugend kaum durch eine argumentative Verkoppelung von Tugend und Glück motivieren. Denn was kann Glück noch bedeuten, wenn man am Ende sein Leben opfern muss? Auf welcher Bühne sollte das Glück noch in Erscheinung treten? Ein Heldentod mag zu Ehre und Ruhm gereichen, doch er widerspricht, wie schon Aristoteles bemerkt, einer ›runden‹ Glücksvorstellung, die das eigene Überleben unbedingt miteinschließen sollte.

In der Glücksfrage wichen die Auffassungen antiker Schulen merklich voneinander ab. Nicht nur Aristoteles vertrat den Standpunkt, dass es im Blick auf ein gelingendes Leben nicht ausreicht, einzig und allein auf Tugend zu setzen. Er machte klar: Für ein gelingendes Leben benötigen wir durchaus auch andere Güter, z. B. Gesundheit, Wohlstand und Freundschaften, mithin Güter, deren Erlangung letztlich niemals einzig und allein in unserer Hand liegen kann. Gestehen wir uns aber zu, immer auch von der Welt abhängige, bedürftige und verletzliche Wesen zu sein, so offenbart sich der im stoischen Denken erstrebte Endzustand vollkommener Emotionslosigkeit als illusionäres und damit fragliches Ziel. Wir müssen einräumen, dass es zahllose Dinge gibt, vor allem aber viele lebendige Mitwesen, die uns höchst wichtig sind, von deren Dasein und Agieren folglich, wenn auch nicht alles, so doch zumindest ein Mehr oder Weniger unserer Lebensfreude abhängt.

Ungeachtet solcher Gewichtungen stimmen die meisten DenkerInnen der Antike darin überein, dass Tugendverhalten das unverzichtbare Kernelement eines gelingenden Lebens ist. Im Falle der Tapferkeit kam es im Wesentlichen darauf an, das persönliche Handeln auf höhere Ziele/Werte hin auszurichten, als da sind: eine gerechte Gesellschaft, die Überwindung von Armut und Unfreiheit – kurzum das Wohl aller Menschen. Deshalb wurde Tapferkeit mit bereitwilliger Selbstaufopferung oder wenigstens doch mit maßvoller Zurückhaltung in Verbindung gebracht. Ob jemand wirklich tapfer ist, zeigt sich im Übrigen erst unter erschwerten Bedingungen. Tatsächlich gibt es Menschen, deren Mut lange unerkannt bleibt und erst in Krisensituationen zur Geltung kommt. Umgekehrt finden sich andere, die als hoch angesehene, ehrwürdige Persönlichkeiten gelten, dem Druck extremer Belastungen in prekären Lagen aber nicht standzuhalten vermögen. Sie weichen aus, knicken ein und werden immer wieder auch zu Mitläufern oder begehen schlimme Handlungen. Im Aufkommen eines Unrechtsregimes zeigt sich nicht selten ein solches Unvermögen. Angesichts persönlicher Gefährdungen muss sich die edle Gesinnung erst bewähren, doch oft genug erweist sie sich als substanzlos oder fragil. Den eigenen Ansprüchen treu zu bleiben, wenn man mit dem Tod bedroht wird, ist die wohl schwierigste ›Mutprobe‹. Niemand kann hier für sich selbst die Hand ins Feuer legen.

Nicht nur politische Extremsituationen fordern die Tapferkeit heraus. Auch in freien und demokratischen Gesellschaften bieten sich hinreichend Anlässe für Initiativen der Furchtlosigkeit und Zivilcourage, z. B. wenn es heißt, auf die Gefahr von Karriereeinbußen hin KollegInnen zu schützen oder wichtige Unternehmenswerte zu verteidigen, nicht minder, wenn es darum geht, ungeachtet rechtsextremistischer Drohgebärden engagiert den Kampf gegen Diskriminierung und Menschenrechtsverletzungen fortzusetzen. Nicht zuletzt die Ausübung beruflicher Tätigkeiten, bei denen man anderen dient, während man sich selbst großen Risiken aussetzt – etwa der Einsatz im Katastrophenschutz oder die (Intensiv)Krankenpflege in Pandemien –, können als Formen der Tapferkeit gelten.

Für eine standfeste Haltung im Geiste der Tugendethik ist entscheidend, dass Menschen sich als GestalterInnen verstehen und konstruktiv auf gesellschaftliche Verhältnisse Einfluss zu nehmen suchen. Es reicht keineswegs aus, unter dem Label der Gelassenheit persönliche Widerstandskräfte auf- und auszubauen und sich in eine innere Festung zurückzuziehen, währenddessen man den Problemen der Welt den Rücken zukehrt. Psychische Resilienz ist wichtig, doch sie sollte kein Selbstzweck sein, vor allem kein Abwehrmechanismus, der vom beherzten Handeln abhält. Erst recht wäre eine Pose der Unerschütterlichkeit problematisch, in der man sich selbstgefällig über die trivialen Scharmützel und Bedrängnisse der unerlösten Anderen erhebt.

Mut und Gelassenheit – ein besonderes Zusammenspiel

Für Gelassenheit, die uns die Zügelung von Zorn, Angst, Eifersucht usw. abverlangt, benötigen wir eine besondere Form der Tapferkeit. Wer von starken Affekten dieser Art umgetrieben wird, begeht nicht selten höchst wagemutige und riskante Handlungen. Nicht von ungefähr spricht man hier von ›Zornesmut‹. Doch gerade in solchen Fällen kann, wie schon Aristoteles hervorhob, eigentlich nicht von Tapferkeit im Tugendsinne gesprochen werden, weil hier keinerlei Selbstüberwindung im Spiel ist und erst recht keine Selbstbezähmung erfolgt. Tugendhaft-mutige Akte bestünden angesichts einer negativ aufgeladenen Affektlage vielmehr darin, dem vorwärtspreschenden Zorneselan kraft höherer Einsicht gleichsam ›beherzt‹ entgegenzutreten. Dies hieße, sich selbst zu bändigen, um die Situation in Ruhe zu prüfen und eine adäquate bzw. umsichtige Bewältigung der Problemlage anzustrengen. Senecas Schrift über den Zorn, auf die ich weiter unten näher eingehen werde, bietet viele interessante Anknüpfungspunkte für eine beherzte, vernunftgeleitete Bewältigung gerade dieser heftigen Emotion, die, wie er augenfällig macht, ungemein destruktive Auswirkungen auf das soziale Leben hat. Genau an dieser Stelle wird die tragende Funktion der Tapferkeit im Tugendverhalten erkennbar.

Ebenso wie ein politisches Engagement für Freiheit und soziale Gerechtigkeit auf diese Tugend angewiesen ist, benötigen wir elementare Standhaftigkeit und innere Größe, um der drängenden Macht des Emotionalen entgegenzutreten und eine gelassen-besonnene Haltung aufzubauen. Im Zorn sind wir stets überzeugt, im Recht zu sein, und hinterfragen uns nicht. Üblicherweise erleben wir die Dinge dann aus einer hochgradig subjektiv verengten Perspektive, in der wir uns selbst absolut setzen. Es verlangt eine besondere Art des Mutes, wenn wir stattdessen (probeweise) von unserer Sicht abzurücken und die Möglichkeit von Irrtum oder Parteilichkeit einzuräumen versuchen, um einen neutraleren Standpunkt anzustreben. Dieser Mut umschließt den »Willen zur Unwissenheit«, dem Nietzsche zu Recht eine lebenserhaltende und lebensfördernde Relevanz zuschrieb: »Es ist dir nöthig, zu begreifen, daß ohne diese Art Unwissenheit das Leben selber unmöglich wäre, daß sie eine Bedingung ist, unter welcher das Lebendige allein sich erhält und gedeiht: eine große, feste Glocke der Unwissenheit muß um dich

I. Grundelemente des Philosophierens über Tugenden

stehn.« (Nietzsche 1988e, S. 228) Dieses Postulat Nietzsches scheint auf Anhieb unvereinbar mit dem heute allgegenwärtigen Drängen nach ›lässiger‹ Souveränität und unbeirrbarer Selbstbehauptung.[5] Doch es steht außer Frage, dass wir uns auf dem Pfad der Tugend couragiert aufkommenden Verunsicherungen stellen müssen. Ja, wir müssen bewusst die vorwärtspreschende Energie emotionaler Antriebe durchbrechen, um subjektive Befangenheit zu überwinden und eine neutralere Sichtweise aufzubauen. Zugleich müssen wir unsere ›beschaulichen‹ Fähigkeiten stärken.

Folgen wir der Diagnose des Psychologen Martin Dornes, so erleben wir gegenwärtig eine enorme Zunahme des ›postheroischen‹ Charaktertypus. Dieser folgt weitgehend ungefiltert affektiven Impulsen und mutet sich anderen rückhaltlos zu. Weder nimmt er abwägende Regulierungen spontaner Affekte vor, noch hält er sich auch unter schwierigen Umständen an Zusagen und Versprechen oder folgt zunächst einmal erprobten Wertentscheidungen. Es kennzeichnet diesen Typus, aus emotionaler Befindlichkeit heraus blind loszustürmen, die Verhältnisse lautstark anzuprangern, Bestehendes aus den Angeln zu heben und andere dabei rücksichtslos anzugehen. Während man vorgibt, eine authentische, gradlinige, lebensvolle Existenz zu realisieren, wird viel Porzellan zerschlagen. Zwar lässt sich zu Recht sagen, dass in diesem Modus auf den ersten Blick Zugewinne an persönlicher Gestaltungsmacht zu verbuchen sind, doch die Verlustseite des Unterfangens bleibt oft ausgeblendet, weil sich Negativfolgen häufig erst auf lange Sicht kundtun. Problematisch ist ein freimütiger emotionaler Lebensstil vor allem deshalb, weil man wie ein Fähnchen im Wind flattert, es aber dennoch vermeidet, über die Relativität der eigenen Weltsicht tiefergehend nachzudenken. Dies mündet in fragwürdige Verhaltensweisen, die heute weit verbreitet sind. Während man faktisch im höchsten Maße eindimensional auf die Dinge blickt, werden übereilte Rückschlüsse aus ungeprüften Vorannahmen zu normativen Wahrheiten überhöht, mit denen man fordernd an andere herantritt. Kennzeichnend hierfür ist ein polarisierendes Denken, das holzschnittartig zwischen richtig und falsch scheidet, Verfeindungsstrukturen nährt und damit eine aufgeschlossene Klärung von Problemlagen verhindert.

Tugendorientierung verlangt hingegen die grundsätzliche Bereitschaft, eine bloß ichfixierte, einseitig-perspektivische Weltsicht zu überwinden. Wer dies heute mit Nachdruck vertritt, wer also z. B.

einen kritisch-reflektierenden Umgang mit Emotionen postuliert, braucht fraglos Mut, einerseits weil Selbstdistanzierung zunächst stets Unsicherheiten hervorruft, andererseits aber auch, weil man sich im Tugendmodus automatisch gegen den Geist der Zeit stellt und unbeliebt macht. Es braucht, wenn man so will, den Mut zur Tugend, den Mut umzudenken und sich heute ›angesagten‹ Denkweisen entgegenzustellen. Dazu gehört auch eine Auffassung, die Emotionen als untrügliche Primärquellen des Wahren und Echten versteht. Notwendig wäre, unverzagt dem sozialen Druck solcher Denkmoden standzuhalten und insbesondere dem gängigen Kult ›hipper‹ Selbstoptimierung zu entsagen. Auf die fundamentale Bedeutung des Mutes in diesem Sinne verweist der Tugendethiker Peter Geach, insofern er herausstellt, dass die Ausübung *jeder* anderen Tugend Mut verlangt. Weil die Welt so ist, wie sie ist, kann keine Tugend bestehen, wo es an Mut fehlt[6] – weder auf der großen Bühne der Politik, noch im persönlichen Bereich. Wenn Ingeborg Bachmann über die ›Tapferkeit vor dem Freunde‹ spricht, so ist auch hier gemeint, dass uns in der individualisierten Gesellschaft ein gewisses Stehvermögen anderen gegenüber abverlangt wird, oftmals eben auch im Umgang mit engen Freunden und Vertrauten.

Doch es geht nicht allein darum, sich in konkreten Fällen der Gängelung durch andere entgegenzustellen. Vielleicht noch größeren Mut benötigt wohl die Bereitschaft, gewissen existenziellen Grundtatsachen ins Auge zu blicken. So gilt es ehrlich einzuräumen, dass wir unaufhebbar affektiv von der Welt betroffene (also emotional verstrickte) Wesen sind und zugleich, dass unsere emotionale Eingebundenheit in die Welt für uns selbst niemals restlos objektivierbar und durchschaubar ist. Gleichwohl sind wir fraglos dazu befähigt, in Selbstdistanz zu gehen und versachlichend nachzudenken. Unter Einbeziehung eines erweiterten Spektrums von persönlichen Erfahrungen und Tatsachenkenntnissen können wir reflektierte Selbstzuschreibungen vornehmen und unsere Verantwortlichkeit präziser erfassen. Diese Distanz nehmende Selbstüberprüfung macht unser Menschsein im Wesentlichen aus, obwohl uns darin unabänderlich Grenzen gesetzt sind und wir die komplexen Modalitäten des Seins niemals vollumfänglich geistig zu durchdringen vermögen. Gerade in der Akzeptanz dieser Begrenztheit beweisen wir Mut, denn in diesem Fall nehmen wir eine grundlegende Selbstrelativierung vor, die es fortan verbietet, eigene Erkenntnisse absolut zu setzen bzw. sie resolut weiterer diskursiver Erörterung zu entziehen.

Vernunftgeleitetes Denken erschließt nicht *den einen* Wahrheitsweg, so wie es offenbar die Stoiker und viele andere Denker sahen, sondern es verlangt uns ab, gefundene ›Evidenzen‹ oder vermeintliche ›Wahrheiten‹ für weitere Überprüfungen offen zu halten, gegebenenfalls sogar zu akzeptieren, dass es mehr als eine Wahrheit gibt. Nimmt man Abstand von der Idee eines zeitlosen Vernunftwissens, so bezeichnet Vernunft fortan einen Prozess grundlegender Besinnung durch Abstand nehmendes Innehalten, welches Sichtwechsel und aufmerksame dialogische Betrachtung in Gang setzt. Dies gilt insbesondere in Wertfragen bzw. im Ringen um angemessene ethische Orientierungen. Wollen wir z. B. wissen, was Gerechtigkeit im Einzelfall bedeutet oder welchen Freiheiten wir zustimmen würden und welchen nicht, so sind Herangehensweisen bedeutsam, die einen von Mitgefühl getragenen Perspektivwechsel vornehmen und demzufolge keinesfalls nur den eigenen Erfahrungshintergrund gelten lassen. (Siehe: Bennent-Vahle 2020a). Dies kann nach meinem Ermessen nur dann gelingen, wenn wir unverzagt und vorbehaltlos anerkennen, dass unser handlungsorientiertes, schöpferisches Selbst von einem lassenden, innehaltenden Selbst getragen und genährt ist, wenn wir zudem die soziale Eingebundenheit und den Widerfahrnischarakter unserer Existenz nicht ausblenden. Infolgedessen wäre immer auch abzuwägen, ob Unterlassen, Nichthandeln oder Sichfügen nicht mitunter weitaus bessere Optionen sind.

Diese Art von Mut können wir fassen, wenn wir ein Grundvertrauen in die Vernunftanlage aller Menschen aufrechterhalten – trotz negativer Erfahrungen, trotz wiederkehrender Zweifel, trotz unleugbarer Verunsicherung und Frustration. Wir agieren als OptimistInnen, d.h. wir bewahren einen Vernunft-Mut, auch wenn wir vielleicht zeitweise hinreichend Anlass hätten, zu PessimistInnen zu werden. In Anbetracht desolat erscheinender Lagen verrennen wir uns nicht in aggressivem (Re)Aktionismus oder verfangen uns in hektischer Betriebsamkeit, wir erstarren nicht in lähmender Verzweiflung, Niedergeschlagenheit oder Zynismus. Wir rüsten gewissermaßen als selbstgewisse, tatendurstige Subjekte ab, d.h. wir stärken unsere rezeptiven und kommunikativen Potentiale, indem wir innehalten und vernünftigen Verständigungsprozessen über die Wirklichkeit Vorrang erteilen.

Dieser Mut ist elementar, denn er trägt und motiviert alle anderen Tugenden. Er verweist auf radikale Korrekturen im praktischen Selbstverständnis, so dass sich ein zielfixierter Lösungsaktionismus verbietet, zu verstehen als ein ichgelenkter Drang, welcher ohne (die immer notwendige) moralische Umsicht vorangaloppiert. Bedeutsam werden hingegen die hohen Verhaltensideale des Innehaltens und Unterlassens. Hier weiß der/die Handelnde um sein/ihr Eingewobensein in passiv Wirkendes. Im Ringen um Veränderung ist er/sie sich der Macht des Unverfügbaren bewusst, ebenso wie er/sie bei der Umsetzung durchkalkulierter Planungen den Einbruch unberechenbarer Spontaneitäten berücksichtigt. Eine solche Praxis abwägender Zurückhaltung vermag bei der Bewältigung akuter Krisen mehr Spielraum zu verschaffen, Spielraum, den wir benötigen, um aufnahmefähig für größere Ausschnitte der Wirklichkeit zu werden. In diesem Sinne wirkt die alte Tugend der Gelassenheit erkenntnisfördernd, weil durch sie erst »die subjektive Vernunft fähig wird, eine ›objektive‹ in sich zu vernehmen. Das große Denken der Antike wurzelt in der Erfahrung enthusiastischer Gelassenheit, wenn auf dem Gipfel des Gedachthabens der Denker beiseite tritt und sich durchdringen läßt vom ›Sichzeigen‹ der Wahrheit.« (Sloterdijk 1983, S. 941) Der Mut zu dieser Gelassenheit ist umso wünschenswerter, wenn wir einräumen, dass auch Prozesse naturwissenschaftlicher Erkenntnis unaufhaltsam weiter voranschreiten, so dass Wahrheiten, die in Stein gemeißelt schienen, immer wieder ausgehebelt wurden. Erst recht brauchen wir diesen Mut, wenn wir die Vielzahl ethischer und politisch-sozialer Konzepte berücksichtigen, die innerhalb der Moderne bestimmend wurden.

Gesellschaftliche Ausblicke

Wir gelangen zu einer veränderten Sicht auf das gesellschaftliche Miteinander, indem wir eine Denkweise verabschieden, die die ›wahre‹ Person leichthin mit einem frei wählenden Willen identifiziert und dem Menschen umfassende Verantwortung für das eigene Schicksal zuschreibt. Wie der Philosoph Michael Sandel in seinen Büchern darlegt, transportiert diese Auffassung eine hochproblematische meritokratische Logik – ein »Wohlstandsevangelium«, das Reichtum, sozialen Erfolg und Gesundheit der Verfügungsmacht des Einzelnen zuschreibt und überdies als Anzeichen von Tugend wertet. (Sandel 2020)

Ein Tugendverständnis, das der Gelassenheit Tribut zollt, vertritt einen fundamental anderen Geist. Es gewährt der Einsicht Raum, dass Erfolg, Wohlstand und Gesundheit primär nicht durch Leistung, sondern in hohem Maße durch günstige persönliche Lebensumstände bewirkt werden, d.h. von oftmals unkalkulierbaren Glücksfaktoren abhängen. Nicht nur das Ideal der Leistungsgerechtigkeit erweist sich im Zuge aufmerksamer Betrachtungen als Mythos, es verbietet sich auch ein kompetitives Denken, das akademische Bildung privilegiert und die essentielle Bedeutung anderer Berufsfelder verkennt. Nicht allein, dass eine solche Erfolgsmoral finanzielle Ungerechtigkeit nach sich zieht, sie untergräbt auch die Liebe zum Lernen und evoziert bei den ›Nichterfolgreichen‹ Gefühle der Demütigung und Scham, wobei sie sich ihr Scheitern oftmals selbst zuschreiben. Schwer zu ertragende Kränkungen werden ausgelöst und rufen aggressive Abwehrmechanismen oder hässliche Instinkte wach, die seitens populistischer Politgruppierungen zusätzlich gezielt angefeuert werden. Von dieser Seite her weiß man zugleich das menschliche Bedürfnis nach Gemeinschaft, Solidarität und Zugehörigkeit zu stimulieren – Gefühlslagen, die im Zuge eines primär technokratisch vollzogenen Aufschwungs seit geraumer Zeit zurückstecken mussten.

Soll es wirklich darum gehen, die Würde der Arbeit neu zu bestimmen, das Gemeinwohlbewusstsein zu stärken, Interessen fairer zu koordinieren und mehr Mitbestimmung zu ermöglichen, würde dies einen grundlegenden Mentalitätswandel voraussetzen. Vornehmlich den Bevorteilten der modernen Wissensgesellschaft wäre abzuverlangen, vom Prestigedenken abzurücken und die eigene Lage adäquater zu erfassen. Überdies gälte es, dem Sog kreativer Beschleunigung und ungehemmter Digitalisierung entgegenzutreten sowie die Ideologie grenzenloser Verwertbarkeit aller Dinge zu hinterfragen. Insbesondere aber das Ideal der Selbstoptimierung durch rational-strategische Selbststeuerung gehört auf den Prüfstand, insofern es durch Überbeanspruchung kognitiver Kräfte eine bedenkliche Vernachlässigung leiblich-emotionaler Potentiale bewirkt. Die fraglose Anpassung an Leistungsanforderungen birgt zahllose Enttäuschungsrisiken, verursacht eine Zunahme von Krankheit und psychischer Überforderung. Das Leben wird zu einer chronischen Identitätskrise.

Aufkommende Unwägbarkeiten münden nicht selten in falsche (Selbst)Gewissheit, in der Imagepflege und maskierende Selbstdarstellung dominieren. Das Mantra der Selbstoptimierung führt Freiheitsfehleinschätzungen mit sich. Entgegen dem psychologischen Wissensstand, der unsere hochgradige soziale Empfänglichkeit nachweist, verwirft man die Angewiesenheit auf andere Menschen. Zusätzlich beeinträchtigt übermäßiger Mediengebrauch die Reifung sozialer Anlagen und behindert damit die Entfaltung eines verfeinerten Realitätssinns. Vieles ließe sich ergänzen, um augenfällig zu machen, wie zentral es mittlerweile geworden ist, Voreingenommenheit abzubauen, d.h. gängige Annahmen und Denkmuster in Frage zu stellen und zu durchbrechen. Zu stärken sind hingegen die Sensoren für Passivitätserfahrungen. Im Zuge gelassen-aufmerksamer Betrachtungen tritt »das dicke, unerbittliche Ego« (Murdoch 2023, S. 68) zurück, gewährt dem Realismus mitfühlender Erfahrung Einlass und begreift, in wie hohem Maße Glück und Erfolg nicht Verdienst, sondern Widerfahrnis sind. Aufmerksamkeit ringt stets um sachgemäßes Urteilen, versteigt sich aber nicht zu einem unbeirrbaren Objektivitätsglauben, nach dem aus untrüglichen Fakten eindeutige (indiskutable) Lösungen abzuleiten wären.

II. Besonnenheit und Gelassenheit – zwei herausragende Tugenden

1. Vorab: Besonnenheit

Die Beherrschung der Furcht und die Beherrschung des Zornes sind immer große und edle Leistungen der Seele. Wenn sie durch Gerechtigkeit und Wohlwollen geleitet werden, sind sie nicht nur große Tugenden, sondern sie vermehren noch den Glanz der anderen Tugenden.
(Adam Smith, 1723 – 1790)

Besonnenheit als erstrebenswerte Grundhaltung im persönlichen Leben wird heute eher selten thematisiert, weil damit – so meine Vermutung – reflexhaft ein moralischer, verantwortungsbezogener, damit nicht unbedingt lustvoller, ja sogar emotionsfeindlicher Anspruch verknüpft wird. Wo noch mit Nachdruck davon gesprochen wird, zielt das besonnene Abwägen oftmals auf erfolgsfixierte Klugheitsstrategien und verliert seinen eigentlichen Tugendcharakter. Dies steht häufig in Wechselwirkung mit einem reduzierten Verständnis von Gelassenheit als Wohlfühlkategorie oder Beruhigungstechnik. Besonnenheit ist, so viel lässt sich sagen, kein Ziel, das für den weltläufigen Selfmademan in unserer emotionalisierten Selbsterfahrungskultur auf Anhieb attraktiv erscheint.[7] Gelassenheit dagegen steht hoch im Kurs, während diese vor ca. sechzig Jahren nach Aussage des Tugendethikers Bollnow noch als vergessene Tugend anzusehen war. Warum ist das so?

Im vorliegenden Band soll Besonnenheit nur in aller Kürze thematisiert werden, gewissermaßen um die im Fokus stehenden Ausführungen zur Gelassenheit vorbereitend einzubetten. Die enge Verwandtschaft beider Tugenden lässt dies notwendig erscheinen. Dem Thema ›Besonnenheit‹ wurde zuvor schon, insbesondere im Blick auf eine Kultur des Mitgefühls, ein eigener Band gewidmet, der gegebenenfalls vertiefend hinzugezogen werden kann.[8]

II. Besonnenheit und Gelassenheit – zwei herausragende Tugenden

Schon bei Platon erhält Besonnenheit einen zentralen Stellenwert. Neben Tapferkeit, Weisheit und Gerechtigkeit gehört sie hier zu den vier zentralen staatstragenden Tugenden. Der griechische Begriff ›sophrosyne‹ – auch als Mäßigung übersetzt – bezeichnet das Vermögen, Affekte und sinnliche Begierden zu unterdrücken bzw. im Zaum zu halten. Prinzipiell ist laut Platon allen Bürgern diese Selbstbezähmungsfähigkeit abzuverlangen, in vorbildlicher Weise aber müssen diejenigen sich zu mäßigen verstehen, denen eine leitende Funktion im Staate zukommt. Nur so werden sie befähigt, von ihren subjektiven Wünschen und Interessen abzusehen, um Entscheidungen zu treffen, die so weit als möglich das Wohlergehen aller Staatsbürger befördern. In ähnlicher Weise zählt auch Aristoteles die Besonnenheit zum Kernbestand der Charaktertugenden. Sie stellt für ihn ein Optimum an Ausgewogenheit zwischen den Polen zügelloser Lustbefriedigung auf der einen und stumpfer Empfindungslosigkeit auf der anderen Seite dar.

Eben dieses Sich-Halten in der Mitte zwischen zwei Extremen, das nach Aristoteles für alle Tugenden bestimmend ist, gewährleistet den ethischen Charakter menschlichen Verhaltens. Während es moralisch orientierten Menschen zumeist einleuchtet, dass hemmungslose Triebhaftigkeit als nachteilig und zweifelhaft einzustufen ist, fällt es ihnen demgegenüber oft schwer, die Fraglichkeit strenger Selbstkontrolle und Genussfeindlichkeit einzusehen. Doch schon Aristoteles wusste, dass übertriebene Disziplinierung sowohl selbstschädigende als auch sozial-destruktive Effekte mit sich führt. Er empfahl deshalb einen goldenen Mittelweg, auf dem allein der Einzelne verträglich und das menschliche Leben erträglich werden kann. Einige moderne Tugendethiker knüpfen explizit an diese Gedanken an und entfalten Tugend als innere Haltung einer möglichst ›zwanglosen‹ Selbstlenkung zum Guten hin. Adam Smiths Idee eines unparteiischen Beobachters, Schillers Ideal der schönen Seele oder auch die Vorstellung Helmuth Plessners von einem Ethos der Grazie und Würde können hier trotz einiger Unterschiede als Beispiele dienen.

Folgende Grundidee ist für diese Entwürfe tragend: Allein durch selbsttätiges, bedachtes Abwägen situativer Belange, wobei auch sinnlich-emotionale Bedürfnisse Raum und Anerkennung finden, vermag sich allmählich ein ethischer Kompass im Inneren einer Person zu etablieren. So verstanden verschaffen Tugenden seelische

Balance, indem sie ein vielteiliges, je individuell ineinander gefügtes Gerüst charakterlicher Ausformungen darstellen. Durch die hierfür notwendige stets wache Aufmerksamkeit verringert sich die Gefahr der Selbsttäuschung, weil der Einzelne in allen persönlichen Angelegenheiten bewusst und aufgeschlossen verfährt. Er erkundet freimütig, was der Fall ist, und tritt gezielt in geistig-abwägende Distanz dazu. »Muss man sich denn alles von sich gefallen lassen? Kann man nicht stärker sein als seine Angst?« (Frankl 2013), fragte einmal Viktor Frankl, um auszudrücken, dass jedem Menschen auch in Fällen intensiver emotionaler Bedrängnis Verhaltensspielräume bleiben bzw. er sich solche verschaffen kann. So manifestiert sich in der Tugendorientierung Zug um Zug – immer auch eingedenk der Lage anderer – ein spezifischer Hang zu ›denkerischer Gründlichkeit‹. Wie erläutert geht es darum, eine jede Angelegenheit nicht bloß aus einer subjektiven Perspektive heraus, sondern stets auch unter gemeinschaftlichen Gesichtspunkten zu betrachten. Wenn wir wollen, können wir uns mittels unseres Einfühlungsvermögens und unserer Imaginationskraft ziemlich weit in die Lage anderer hineinbegeben, um so ›Rücksichten‹ und ›Notwendigkeiten‹ auszumachen, die uns im Blick auf ihr Wohlergehen auferlegt sind. Alle diese Faktoren bestimmen eine Haltung der Besonnenheit, in der ein hellwaches, vernünftig abwägendes Ich aktiv situationsbezogene Vermittlungen vornimmt, und zwar Vermittlungen zwischen sinnlich-emotionalen Impulsen, persönlichen Wünschen und Lebenszielen und den vielfach gegenläufigen sozialen Obligationen sowie den (moralischen) Überzeugungen aller Beteiligten – all dies in Anbetracht jeweilig vorliegender rechtlicher Rahmenbedingungen.

Von Anfang an sah man Besonnenheit unlöslich mit dem menschlichen Vernunftvermögen verkoppelt – ein Zusammenhang, den moderne Tugendtheoretiker aufgreifen und auf neue Weise ausbuchstabieren. Ein wichtiger Auftakt für das Konzert neuzeitlicher Sichtweisen erfolgt mit Johann Gottfried Herders *Abhandlung über den Ursprung der Sprache*. Hier wird mit Besonnenheit die spezifisch menschliche Fähigkeit bezeichnet, sich erinnernd/rückblickend zu besinnen. Gemeint ist eine Reflektiertheit, die den Fluss des Lebens hemmt, aus ihm heraustritt, Phänomene wiedererkennt und solchermaßen Schritt für Schritt allgemeine Wirklichkeitsstrukturen erfasst. Nach Herder versteht allein der Mensch es, innehaltend eine Pause

II. Besonnenheit und Gelassenheit – zwei herausragende Tugenden

zwischen dem andrängenden Reiz und der antwortenden Reaktion einzulegen.⁹

Durch diese den Menschen auszeichnende Fähigkeit vollzieht sich eine grundlegende Transformation des In-der-Welt-Seins: weg vom umweltverhafteten Verhalten der Tiere und hin zu einem freien gegenständlichen Weltbezug. Besonnenheit meint hier also nicht mehr und nicht weniger als ein spezifisch menschliches Potential zu distanziert-sachlicher Erkenntnis, worin der Verstand gegenüber der sinnlich-emotionalen Weltverwicklung die Oberhand gewinnt. Das menschliche Sprachvermögen ist, wie Herder deutlich machen will, eng an diese besondere Fähigkeit der menschlichen Gattung geknüpft. Im Wiedererkennen, im Aufspüren von Ähnlichkeiten und Bezügen, bilden sich verallgemeinernde Begrifflichkeiten heraus, die sich unentwegt verfeinern und es möglich machen, über den intersubjektiven Austausch die menschliche Verfügungsgewalt kontinuierlich auszuweiten. Eine überindividuelle Ausrichtung ist also von vornherein dem Wesen des Sich-Besinnens zu eigen.

Gleichwohl unser spezifisches Sprachvermögen auf die grundlegend soziale Verfasstheit des Menschen verweist, besitzt die tragende Fähigkeit zu (selbst)distanzierender Betrachtung und weitreichender Reflexion für sich genommen keineswegs automatisch eine ›ethische Note‹. Will man der Besonnenheit – so wie die antiken Meister es unternehmen – im Kern ethisches Gewicht verleihen, dann wäre klar herauszustellen, dass ein besonnener Mensch mehr zu sein hat als eine bloß selbstbeherrschte Person, die mit systematisierender Klugheit oder cleverer Taktik ihre Zielsetzungen verfolgt. Der Besonnene nutzt sein Vernunftvermögen nicht primär zur Durchsetzung persönlicher Interessen und Ziele, sondern er ist in spezifischer Weise ›ganz bei der Sache‹. Aufmerksam sucht er das Gesamtbild einer Situation zu ergründen, sucht Urteile in Abwägung aller Faktoren zu fällen und wenn nötig eine entsprechend sorgsame Handlungsentscheidung zu finden. Indem er sich, soweit es der gegebene Sachverhalt verlangt, zumindest temporär von seinen persönlichen Wünschen und Perspektiven löst, wird er in gesteigerter Weise zugänglich für das von anderen her Kommende. Er verfährt vergegenwärtigend, überdenkend, das Für und Wider abwägend, mit sich ringend, selbstrelativierend und kompromissbereit, ohne jemals das grundlegende moralische Gebot wechselseitiger Wertschätzung in Frage zu stellen bzw. ohne dessen Aufweichung zuzulassen.

1. Vorab: Besonnenheit

Resümierend heißt dies: Ein sich besinnendes Handeln bedeutet, sich beständig die Tragweite eigenen Tuns bewusst zu machen. Es geht um Einhalten/Innehalten und ruhiges Nachdenken, ehe man reagiert oder antwortet. Man kontert nicht wie von Sinnen bzw. unbedacht aus einseitigem Bestreben, sondern man bezieht verschiedene Perspektiven und größere (Interessen)Zusammenhänge mit ein. Dementsprechend ist Besinnung sachbezogen, rückt etwas in Gedanken hin und her, bringt es auch in Beziehung zu Vergangenem, welches man sich gezielt in Erinnerung ruft. Weiterhin richtet sich die Aufmerksamkeit engagiert auch auf Erfahrungen anderer, vielleicht fremdartiger Menschen. Über rückversicherndes Sprechen fühlt man sich in diese ein, holt zu diesem Zweck gegebenenfalls weitere Informationen und Auskünfte ein. Besonnenheit verlangt also unbedingt eine Mobilisierung unserer Imaginationskraft, indem wir mehrfache Perspektivwechsel vornehmen, um uns so weit wie möglich in die Belange aller Betroffenen einzudenken und einzufühlen.

All dies führt uns zu einer Präzisierung: Verweist Besonnenheit auch auf Vernunft und macht Vernunft auch den Menschen zum Menschen, so ist Vernunft hier keinesfalls mit bloß rechnender und berechnender Rationalität gleichzusetzen. Anzuerkennen ist vielmehr, wie zentral und unaufhebbar eine gefühlsmäßige Weltverbundenheit für unser Menschsein ist. Gefühle sind Türen oder Fenster zur Wirklichkeit, sind Öffnungen in den Wänden des Ich, durch die wir mit allem, was uns umgibt, in lebendige Beziehung treten. Allein fühlend erleben wir uns als von der Welt betroffen und sehen uns zu Richtungsentscheidungen veranlasst, weil Dinge, Lebewesen sowie insbesondere Menschen und ihre Verhaltensweisen uns etwas angehen. Sie ziehen nicht gleichgültig an uns vorüber, sondern sind mit Wert besetzt – positiv oder negativ –, d. h. sie berühren uns sanft, bezaubern uns, erschüttern uns, lähmen uns, überwältigen uns machtvoll, stoßen uns ab, lassen uns erstarren oder aufbegehren. Gefühle sind überaus wichtig, nicht nur um uns innerlich lebendig zu fühlen, sondern vor allem, um mit anderen und anderem in Beziehung zu treten. Es kann deshalb kein realistisches und sinnvolles Vernunftziel sein, Gefühle generell niederhalten oder ausschalten zu wollen. Ob bewusst oder unbewusst, ein jeder steht unweigerlich in emotionaler Resonanz zu seinem Umfeld und nimmt Bewertungen vor, jeder ist auf Stimulation von außen angewiesen, auf regen

Austausch mit anderen Lebewesen, auf deren Widerhall sowie auf anerkennenden und kritischen Zuspruch, auch wenn sich zwischen Dickfelligkeit und Dünnhäutigkeit sicherlich einige Sensibilitätsgrade unterscheiden lassen.

Verstand oder Vernunft?

Hilfreich ist hier, an eine seit der Aufklärung durch Denker wie Jacobi, Kant oder Hegel vorgenommene Unterscheidung zwischen Verstand und Vernunft zu erinnern. Demnach ist Verstand ein Vermögen zweckmäßiger Berechnung. Ihm entspricht ein Potential zu systematischer und wendiger Reflexion, welches Gegebenheiten und Zusammenhänge genau analysiert, um sie handwerklich-technisch zu bewältigen und zu kontrollieren. Primäres Ziel ist es, wertfrei und effektiv über die Wirklichkeit zu verfügen. Nicht selten regiert hierbei der zuvor thematisierte Mut der Unerschrockenheit, der ohne umsichtige Abwägungen ›losschießt‹ – auf eigene Gewinne bedacht, rücksichtslos und ohne Skrupel. Getrieben von ›ungelüfteten‹ Passionen kommen berechnende Erfolgstaktiken zum Einsatz. So betrachtet dient der Verstand als Werkzeug, welches letztlich im Hinblick auf alle möglichen Zwecke genutzt werden kann, etwa auch um das praktische Knowhow zur Durchsetzung verbrecherischer Absichten bereitzustellen. Selbst wissenschaftliche Rationalität ist ›verwertbar‹ und tritt gelegentlich in den Dienst abträglicher und destruktiver Intentionen. Verschiedenste Formen des Fanatismus lassen eine unselige Fusion zwischen blinder Leidenschaft und rationalem Kalkül erkennen. Sogar im Blick auf vermeintlich hohe und edle Ziele begegnet uns nicht selten ein einseitiger Gebrauch der Verstandeskräfte, z. B. im fanatischen Glaubenseifer, im verstiegenen »Geist der Ausschließlichkeit«, der Andersdenkende zu Feinden erklärt, diese mit scharfsinniger ›Brillanz‹ abwertet und bekämpft. (Bollnow 2009, S. 208) Auch die Redewendung ›der Klügere gibt nach‹ nimmt häufig egoistische Züge an, dann nämlich, wenn bescheidene Zurückhaltung lediglich vorgespielt wird, während die betreffende Person sich etwas auf ihre Überlegenheit zu Gute hält, sich über andere Menschen erhebt oder weitere zweifelhafte Ziele durchzusetzen sucht.

Der Vernunft hingegen entspricht der Geist der Verträglichkeit. Hier geht es darum, im Miteinander-Reden nicht einzig persönliche

1. Vorab: Besonnenheit

Interessen zu verfolgen, sondern einen interaktiven Austausch zu gestalten, in dem mit offenen Karten gespielt wird, so dass wirkliche Übereinkünfte ermöglicht werden. Der Begriff Vernunft kommt von ›vernehmen‹, d. h. man hört wechselseitig aufeinander, ist nicht starr auf die eigenen Forderungen fixiert, sondern bewegt sich im Medium des Gemeinsamen. Der Vernunft entspricht ein Ethos wechselseitigen Entgegenkommens, ohne Gegensätze abzuweisen oder verbissen überwinden zu wollen. Eine vernünftige Lösung muss für jeden, der zum Nachdenken bereit ist, in *irgendeiner* Weise einsehbar sein, muss einleuchten oder wenigstens doch als Kompromiss Akzeptanz finden. Da es hier nicht um Macht oder Durchsetzungsgeschick geht, verlangt Vernunft Geduld, d. h. eine wirkliche und nicht bloß simulierte Mäßigung subjektiver Leidenschaften.

Starke Affekte führen in der Regel zu subjektiven Verengungen der Perspektive. Damit sorgsames Nachdenken überhaupt Raum greifen kann, ist es deshalb notwendig, zunächst einmal nach Beruhigung zu streben. Allein so, nicht in einer Verfassung innerer Aufruhr, weitet sich der Horizont, so dass die Angemessenheit emotionaler Reaktionen überdacht werden kann. Gleichwohl vernünftige Abwägung die Mäßigung überschießender Gefühle voraussetzt, bleibt ein völlig affektfreier Zustand eine Illusion. Allerdings wäre ein solcher Zustand auch kaum erstrebenswert, weil jede sachgemäße Beurteilung zuletzt unweigerlich auf emotionale Rückmeldungen angewiesen ist und vor allem empathischen Nachvollzug benötigt.

Nach allem, was inzwischen über unsere Spezies herausgefunden wurde, können Menschen nicht länger als im Wesentlichen rationale Geschöpfe definiert werden. Moderne tugendethische Positionen tragen deshalb der Tatsache Rechnung, dass Menschen unaufhebbar durch emotionale Impulse motiviert und vorangetrieben werden, eine Sichtweise, die heute weitreichend durch empirische Forschungen untermauert ist, in vielerlei Hinsicht aber bereits durch den schottischen Sensualismus vorbereitet wurde. Wichtige Vertreter sind hier Anthony A. C. Shaftesbury, Francis Hutcheson, David Hume und vor allem Adam Smith.[10]

Folglich kann und darf es nicht unser Ziel sein, die Gefühlssphäre, soweit irgend möglich, abzutöten, zu unterdrücken oder einfach wegzuschieben. Vielmehr sollten wir lernen, sie aufrichtig ins Visier zu nehmen und fortlaufend zu kultivieren, indem wir uns in nahezu jeder Situation weitreichend überdenken. Mit Besonnenheit wird ein Zustand beschrieben, in dem Denken und Gefühl idealerweise harmonisch ineinandergreifen, nicht zuletzt deswegen, weil der Besonnene immer auch durch einfühlenden Nachvollzug an der Welt anderer teilzunehmen sucht. Dies macht er sich gewissermaßen zum Anliegen, getragen von der Einsicht, dass aufmerksame Zugewandtheit nicht nur Verstehensprozesse ermöglicht, sondern tatsächlich näher an faire Beurteilungen komplexer Sachlagen heranführt. (Bennent-Vahle 2020a, Kap. IV) Tragend ist hier ein Vernunftverständnis, das sich von solchen rationalistischen Ansprüchen verabschiedet, die an umfassende Affektfreiheit und Leidenschaftslosigkeit gekoppelt werden.[11] Zudem gilt es einsichtig zu machen, wie unerlässlich es ist, gewissen emotionale Grundhaltungen zu stärken, die den Prozess des Denkens konstruktiv tragen und unentwegt stimulieren.

Gefühle und Stimmungen führen in der traditionellen Philosophie über weite Zeiträume ein Schattendasein. So suchten z.B. nicht wenige Philosophen des 17./18. Jahrhunderts im Kampf gegen alle Varianten des ›Schwärmertums‹ eine nüchtern-wissenschaftliche Grundlage für den humanistischen Fortschritt zu legen. Gegenbewegungen finden sich im schottischen Sensualismus, in den literarischen Strömungen des *Sturm und Drang* und der *Romantik*. Die besondere philosophische ›Erschließungskraft‹ der Gefühle rückte im Zuge des 19./20. Jahrhunderts mit Sören Kierkegaard und Martin Heidegger in den Fokus. Emotionen wie Angst oder Scham erhalten hier einen eigenständigen Status, insofern sich über sie tiefgründige philosophische Wahrheiten eröffnen, die prinzipiell alle Menschen betreffen. Sie treten nicht nur als Begleit- oder Folgeerscheinungen rationaler Erkenntnisse auf, sondern wirken unabhängig von diesen und prägen das Sinn- und Weltverstehen, sie »machen unser Sein in seiner puren Faktizität emotional erfahrbar (...).« (Hierzu auch weiterführend: Holzhey-Kunz 2020, S. 9)

Vernunft und Würde

Mit Vernunft – als einem im Menschen liegenden Vermögen zu friedfertiger intersubjektiver Verständigung – verbindet sich unsere humane Würde. Hier regieren ethische Maßstäbe, somit eine Haltung, die die Interessen anderer als prinzipiell gleichberechtigt respektiert. Eine solche tugendtypische Anerkennung der Lebensrechte aller Menschen motiviert zum Heraustreten aus Ichbefangenheit und führt zu freiwilliger Selbstbegrenzung. Dies sind Akte, die sich nicht bloß sporadisch, zähneknirschend oder forciert vollziehen, sondern in Form kontinuierlicher Aufmerksamkeit, wodurch sich eine Persönlichkeit behutsam heranbildet und unablässig moduliert. Grundsätzlich verbietet es sich, andere aus egoistischen Motiven zu instrumentalisieren, sie zu übergehen, auszunutzen, zu manipulieren. Ein weiteres zentrales Element dieser charakterlichen Entwicklung liegt darin, auch sich selbst mit Nachsicht zu begegnen, mithin eigene Begrenztheit und Unzulänglichkeit anzuerkennen sowie immer wieder auch Unwissen oder Wissenslücken einzugestehen.

Tragend ist die Einsicht, dass, wer besonnen agieren will, dies überhaupt nur auf der Basis dialogischer Bezugnahmen realisieren kann. Allein im anregenden Austausch mit wohlmeinenden Gesprächspartnern vermag eine Person allmählich zu vertiefter Selbsteinsicht und durchdachten Handlungskonzepten vorzudringen. Als prototypisch hierfür kann Platons Dialog *Charmides* angeführt werden, ein Dialog, der auch thematisch um die Frage nach dem Wesen der Besonnenheit kreist. Der Verlauf des Gesprächs kann über das inhaltlich Verhandelte hinaus als Paradestück der praktischen Vermittlung von Besonnenheit gelesen werden. Durch das beharrlich-prüfende Nachfragen des Sokrates wird der junge Charmides gleichsam in eine besonnene Haltung eingeführt/eingewöhnt. Er beginnt sein vermessenes Selbstbild zu revidieren, indem er sich einer radikalen (Ge)Wissensprüfung unterzieht und so Zug um Zug einen Modus wacher Selbstbegleitung aufbaut, der ihm fortan helfen wird zu ergründen, »was er wirklich weiß und was nicht«. (Platon 2002a, S. 233)

Das Vermögen zur Selbstdistanzierung ist eine notwendige Bedingung menschlichen Lebens. Alle kulturellen und technischen Errungenschaften wurzeln in einer Gebrochenheit des Menschen, der nicht einfach instinktmäßig in die Natur eingebunden ist, sondern – *unweigerlich* – zu sich selbst in ein Verhältnis treten und etwas aus sich machen muss. Die menschliche Gattung ist darauf angewiesen, ›künstliche‹ Mittel zu erschaffen, um eine dem tierischen Leben vergleichbare Balance zu finden. Da die biologische Ausstattung des Menschen nach Ergänzung durch Artefakte verlangt, liegt Künstlichkeit, wie Plessner sagt, im »Formtypus der Existenz« des Menschen, ist »wesensentsprechender Ausdruck seiner Natur«. (Plessner 1981, S. 316). Trotz aller schöpferischen Anstrengungen bleibt ein Zustand der Ungebrochenheit unerreichbar. Er stellt ein fernes Ideal dar, das als stetiger Antrieb weiterführende kulturelle Schaffensprozesse in Gang setzt. Betrachtet man die Vielzahl menschengemachter kultureller Regulative und Wertsysteme, so wird man keines als Ausdruck wahren Menschseins auszeichnen können. Verschiedene Welten stehen nebeneinander, ohne dass irgendwer Anspruch auf Überlegenheit erheben könnte.

Jeder einzelne Mensch ist auf kulturelle Konstrukte und Wertsysteme als Zwischeninstanzen für seine Entwicklung angewiesen. Allein mit ihrer Hilfe kann er zu sich selbst und seinem Umfeld in Beziehung treten. Da jede Kontaktaufnahme mit der Welt an bestehende Wissensbestände und Ausdrucksmittel gebunden ist, ist er immer schon in umfassendere Sinnzusammenhänge eingebunden, die letztlich unüberschaubar und unabsehbar sind. Seine individuellen Intentionen werden unweigerlich abgewandelt und unterlaufen. Er muss anerkennen, dass ihm im Rückgriff auf etablierte intersubjektive Medien immer auch passivische Momente zufließen, dass er Teil eines geschichtlichen Stroms ist, der einerseits zwar erst Handlungsspielräume eröffnet, andererseits aber durch Vorgegebenes den gewählten Kurs auch reguliert und einengt. So bleibt er in seinen (Selbst)Entwürfen und seinem Tätigsein unvermeidlich Beschränkungen unterworfen, kann also nicht damit rechnen, eigene Anliegen gradlinig in die Welt zu bringen. Ebenso wenig sind ihm Erfahrungen unmittelbaren Einklangs mit sich selbst möglich. Individuelle Gestaltungsfreiheit macht das Personsein aus, hier ist unser Würdegefühl verankert, aber eben auch unsere Verletzlichkeit. Denn es liegt in unserer Konstitution, prinzipiell Suchende zu bleiben, die niemals vollends zur Deckungsgleichheit mit sich selbst gelangen können. Ein endgültiger Ruhepol ist unerreichbar. Nicht zuletzt in Anbetracht dieses grundsätzlichen Tatbestands bedarf es der Gelassenheit.

Takt – Gespür – Respekt

Überdies weiß eine jede Person sich in ihren Bemühungen von anderen (die prinzipiell in der gleichen schwankenden Grundsituation stehen und ihr Leben meistern müssen) beobachtet und beurteilt. Da man auf keinen für alle verbindlichen normativen (metaphysisch fundierten) Bezugsrahmen zurückgreifen kann, erwächst hieraus ein komplexes interaktives Geschehen, in welchem – bewusst oder unbewusst – vielfältige Differenzen, Resonanzen, Projektionen und Spiegelungen ineinander spielen. Im Zeichen der Besonnenheit wäre bei diesen Abläufen sorgsam auf Ausgewogenheit und Respekt vor verschiedenen Lebensinteressen zu achten. Zentral sind dabei Toleranz, Takt und Rücksichtnahme, vor allem dort, wo Menschen in ihrer Verschiedenartigkeit Seite an Seite leben und miteinander auskommen müssen, ohne dass ein gemeinsamer Nenner gefunden werden könnte.

Wie Plessner darlegt, ist Takt der Sinn für die Würde meiner selbst und des Anderen. Im taktvollen Umgang erblickt er den Schlüssel alles sozialen Gelingens, denn hier zeige sich das Vermögen, unwägbare Verschiedenheiten wahr- und anzunehmen, das Unübersetzbare und letztlich Unergründliche gelten zu lassen sowie ein schonungslos ausforschendes Eindringen in die Innenwelt anderer zu vermeiden. »Takt ist die Bereitschaft, auf diese feinsten Vibrationen der Umwelt anzusprechen, die willige Geöffnetheit, andere zu sehen und sich selber dabei aus dem Blickfeld auszuschalten, andere nach ihrem Maßstab zu messen. Takt ist der ewig wache Respekt vor der anderen Seele und damit die erste und letzte Tugend des menschlichen Herzens.« (Plessner 2002, S. 107). Wichtigstes Symptom des Taktes ist eine Zartheit, die das allzu Ausdrückliche vermeidet und sich keine verletzenden affektiven Eruptionen erlaubt. Nach Plessner schafft ein schonungsvoller Umgang eine Atmosphäre der Verbundenheit, weil hier Fremd- und Selbstachtung aufeinander abgestimmt werden. »Unwahrheit, die schont, ist immer noch besser als Wahrheit, die verletzt, Verbindlichkeit, die nicht bindet, aber das Beste.« (Ebd.) In allen Lebensbereichen fordert der Würdeanspruch uns heraus, bewusst – also uns bedenkend und uns lenkend – mit uns selbst und anderen zusammenzuleben. Nur so werden wir umgänglich und gesellschaftsfähig, nur so bringen wir unsere Leben zum Gelingen und tragen konstruktiv zum Gemeinwohl bei. Und fraglos gilt in all dem: »Schon der Akt der Anteilnahme am Wohlergehen anderer erzeugt (...) einen Zustand eigenen, erhöhten Wohlbefindens.« (Goleman 2003, S. 41)

II. Besonnenheit und Gelassenheit – zwei herausragende Tugenden

Anders als im Modus kalkulierender Rationalität sind wir als VernunftträgerInnen unbedingt auf die Ausbildung innerer Tugenden angewiesen. Was vernünftig ist, ist letztlich unverfügbar, weil es sich nicht im Alleingang, sondern nur durch das Mitwirken anderer ermitteln lässt. Wir können (und sollten) uns darum bemühen, andere durch Überzeugungsarbeit für Prozesse gemeinsamer Einsichtsfindung zu gewinnen, müssen aber jede Versuchung ausschlagen, ihre Bereitschaft durch gewaltsame bzw. manipulative Mittel herbeizuführen. Hier ist Lassenkönnen gefragt. Weil andere als selbstbestimmte Vernunftwesen für jeden von uns unverfügbar bleiben müssen, kann über das Entstehen vernunftorientierter Gemeinsamkeiten in letzter Instanz nicht verfügt werden. Mithin braucht es Gelassenheit und Zuversicht, um auf ein Zustandekommen dennoch hinzuwirken. In diesem Sinne stellt Friedrich Kambartel fest: »Vernünftiges Handeln ist eo ipso unüberbietbar auf Hoffnung gestellt.« (Kambartel 1989, S. 95) Laut Kambartel können wir vorbereitend einiges dafür tun, Vernunftprozesse in Gang zu bringen. Aus bewusster Erinnerung an vergangenes Gelingen können wir neue Hoffnung für die Zukunft schöpfen. Allein schon derartige Bemühungen sind ein Gewinn, weil wir uns für das Richtige engagieren, uns im Guten üben, selbst wenn ungewiss bleibt, ob und wann die Anstrengungen schließlich von Erfolg gekrönt sein werden.

Der Anspruch der Vernunft will hoch hinaus. Sind wir ehrlich, so wird schnell am eigenen Beispiel klar: Ein derart hohes Ansinnen ist dazu prädestiniert, mit ungestümen (niederen) Emotionen in Konflikt zu geraten und rasant schnell zu scheitern. Doch hier wäre zu fragen: Vermag nicht gerade dieses Scheitern an uns selbst zu einer genuinen Quelle der Gelassenheit zu werden, weil wir im Nachgang anerkennen müssen, dass es auch in uns Sphären des Unverfügbaren – oder mindestens doch des nur schwer Verfügbaren – gibt? Wir erleben ›am eigenen Leib‹, dass es keineswegs immer nach unserem Wünschen und Vorstellungen geht. Gerade dies aber sollte aufs Ganze gesehen unseren ungestümen Durchsetzungswillen mildern und mäßigen. Letztlich erweist es sich im Sinne der Menschlichkeit als vernünftig, auch mit der eigenen ›Unvernunft‹ einvernehmlich zu leben und zuversichtlich auf Besserung zu setzen. In der Thematisierung des Zorns werden wir dieses Motiv wieder aufgreifen.

1. Vorab: Besonnenheit

Eine neue Bildungsherausforderung

Wie weit reicht das Bemühen um die Anerkennung anderer in der Praxis? Wieviel Bereitschaft zu Perspektivwechsel und Mitgefühl bringen wir tatsächlich auf? Ließe sich möglicherweise der Radius der Anteilnahme vergrößern? Müssten wir angesichts ökologischer Fragen nicht sogar künftige Generationen berücksichtigen? Vor allem: Ist eine solche umsichtig-abwägende und verantwortungsvolle Lebensweise nicht überaus anstrengend und freudlos? – Die aufscheinenden Problemfelder machen augenfällig, dass wir zukünftig den Akzent insbesondere auf die Kultivierung des Mitgefühls legen müssen. Dies sollte vor allem Aufgabe der Bildungsarbeit sein. Gerade im Blick auf die Lebensthemen junger Menschen lässt sich der Wert der Tugenden des Abstandes anschaulich vermitteln. Gewähren wir also den alltäglichen Bedrängnissen und Stolpersteinen Heranwachsender Einlass in die schulischen Einrichtungen! Viele lebenspraktische Fragestellungen werden ins Auge springen, die zu vertieften Reflexionen über das Wirken der Gefühle anregen. Psychologisch-philosophische Fachkenntnisse zur menschlichen Emotionalität, z. B. informative empirische Untersuchungen, wären gegebenenfalls ergänzend hinzuzuziehen. (Bennent-Vahle 2020a, Kap. V.)

Nicht zuletzt in Anbetracht einer Gesellschaft, die auseinanderdriftet und in zunehmendem Maße Verfeindungstendenzen aufweist, muss emotionale Bildung ein zentrales Anliegen werden. Denn immer häufiger ist zu beobachten, dass Menschen auf öffentlicher Bühne von Wut und leidenschaftlicher Raserei erfasst werden und kaum noch mit sich reden lassen. Ihr Ohr bleibt gegenüber allen Versuchen der Beschwichtigung durch Argumente und gutes Zureden verschlossen. Sie haben gewissermaßen den hörenden Kontakt zu ihrer Umwelt verloren, sind in sich selbst gefangen und ›vernehmen‹ nicht mehr, was gesagt wird. Damit sind sie isoliert von anderen, jedenfalls von denjenigen, die die eigene Auffassung nicht ohnehin teilen. Ist die Beziehung zu Andersdenkenden grundlegend gestört, kommt nicht selten sogar körperliche Gewalt ins Spiel. Angesichts solcher Phänomene, die immer auffälliger werden, müssen wir für Abhilfe sorgen, eben nicht allein durch Regulierung und Rechtsmaßnahmen, sondern es gilt Räume zu schaffen, in denen das selbsttätige (zwanglose) Einüben basaler Tugenden möglich wird. Charakterbildung verhilft dazu, auch unter Handlungsdruck, d. h. im Konflikt oder in Notlagen, ein gewisses Maß an Ruhe aufzubringen und sich konstruktiv an Entscheidungsprozessen zu beteiligen. Jemand verfügt gewissermaßen über einen intakten inneren Kompass, auf den er sich in Kontroversen verlassen kann.

Wenn gesellschaftliche Kräfte auseinanderdriften und feindselige Dynamiken zunehmen, kann über Tugenderziehung ein Gegengewicht aufgebaut werden, mit dem sich nachhaltig positive Effekte verbinden. Ein beizeiten angelegtes Gespür für adäquate Verhaltensweisen wirkt sich dauerhaft fruchtbringend aus, vor allem in zugespitzten Lagen, wenn schnell gehandelt werden muss und nicht viel Zeit für Reflexion besteht. Hier kommt es darauf an, dass geistig-emotionale Grundhaltungen in den AkteurInnen angelegt sind, die ›automatisch‹ mäßigend wirken. Wer sich darin erproben kann, wohlabgewogen und mit Augenmaß zu handeln, der wird in realen Problemlagen nicht vollkommen kopflos und enthemmt loslegen. Eine besonnene Herangehensweise ist ihm/ihr im Laufe der Zeit gleichsam ›in Fleisch und Blut übergegangen‹. Dazu bedarf es kontinuierlicher Vorübungen in einem geschützten ›pädagogischen‹ Raum. Hier sollte ein Rahmen geschaffen werden, ohne akuten Handlungsdruck gemeinsam mit anderen Jugendlichen über die Schwierigkeiten, Herausforderungen und Chancen nachzudenken, die mit unserer emotionalen Fragilität verbunden sind. In einer solchen ›ungezwungenen‹ Gesprächsatmosphäre vermag jene Besonnenheit heranzureifen, die Menschen benötigen, um sich angesichts der Schwierigkeiten des ›wirklichen‹ Lebens zuversichtlich auf gemeinsame Reflexionsprozesse einzulassen.

Wesentlich für das Erlernen einer besonnenen (und gelassenen) Umgangsweise erscheint mir die Vermittlung folgender Erkenntnis: Tugenden sind in doppelter Weise attraktiv. Nicht nur, dass Personen, die einen bewussten Umgang mit Gefühlen erlernen, besser darauf vorbereitet sind, das gemeinschaftliche Leben in konstruktiver Weise zu gestalten, es fällt ihnen außerdem auch sehr viel leichter, unbeschwert loszulassen. Entgegen landläufiger Auffassungen veranlasst Besonnenheit keinesfalls dazu, permanent kontrolliert mit Bittersauermiene durchs Leben zu laufen. Im Gegenteil: Wer sich halbwegs kennt und sich auf sich selbst verlassen kann, vermag besonders gut einzuschätzen, wann er problemlos den eigenen Gefühlen freien Lauf lassen kann, um überschwängliche und ausgelassene Stunden zu verbringen.

Negativ konnotiert ist dagegen jene Beherrschtheit und Kontrolliertheit, die heute vorzugsweise im Geschäftsleben verbreitet ist. Hier greift man zwar gelegentlich auf den Begriff der Besonnenheit zurück, zielt damit aber auf eine vorwiegend taktisch-erfolgsfixierte Vorgehensweise, die ihre eigentlichen Absichten systematisch verbirgt. ›Echte‹ Besonnenheit realisiert sich nicht in geschickter Kaschierung und Unterdrückung des Emotionalen. Wer sich so ausrichtet, erlegt sich Zwänge auf, die nahezu unausweichlich ein kompensatorisches Verlangen nach ungezügelter Leidenschaft und Hemmungslosigkeit wachrufen. Exzessive Feierwut, Genussmittelmissbrauch etc. sind die Kehrseite einer Lebensweise, in der sich Menschen vorgegebenen Erfolgsgeheißen blind unterwerfen, wobei sie innerlich fremdgesteuert und unfrei bleiben. Oftmals wird ihnen aber gerade diese auf Karriere und Konsum getrimmte Lebensweise in unverbundenen Extremen als Inbegriff freier Selbstverwirklichung vermittelt. Risiken der Unbesonnenheit lauern an vielen Stellen. Auch bei der Umsetzung hoher Ideale kann man kopflos vorwärtsstürmend und im waghalsigen Heldentum alle Rücksichten fahren lassen.

II. Besonnenheit und Gelassenheit – zwei herausragende Tugenden

2. Gelassenheit – historische Einblicke

Gelassen ist der Mensch nicht, wenn er von einer sicheren Position aus handelt, gelassen ist er überhaupt nicht, wenn er handelnd und gestaltend in die Welt eingreift, Gelassenheit zeigt sich in der Art seines Hinnehmens.
(Otto Friedrich Bollnow, 1903 – 1991)

Fange also mit geringfügigen Dingen an. Man verschüttet dir dein bisschen Öl, man stiehlt dir dein Restchen Wein. Denke dabei: So teuer kauft man Gelassenheit, so teuer Gemütsruhe. Umsonst bekommt man nichts.
(Marc Aurel, 121 – 181 n. Chr.)

Wenn du bei so einem unaufhörlichen Auf und Ab aller menschlichen Dinge nicht alles, was möglicherweise eintreten kann, als wirklich bevorstehend ansiehst, räumst du dem Unglück Macht über dich ein, die derjenige bricht, der sich vorsieht.
(Seneca, 4 v. Chr. – 65 n. Chr.)

Ein Thema für uns heute?

Blickt man in die abendländische Ideengeschichte seit der Antike, so wird bald offenkundig, dass sich die Bedeutung von Gelassenheit vielfach gewandelt hat. Die Auffassung der Stoiker unterscheidet sich z. B. erkennbar von der Bedeutung der »gelâzenheit« in den Werken Meister Eckarts. Hier findet man gewissermaßen eine begriffliche Neuschöpfung für eine Seelenverfassung, die man so bisher nicht kannte. Wir werden also präziser danach fragen müssen, was wir gegenwärtig unter Gelassenheit verstehen wollen und wie sich das heutige Verständnis zu den historischen Vorläufern verhält. Schnell wird Folgendes augenfällig: Legen wir – im Sinne der Überlieferung – den Tugendcharakter der Gelassenheit zugrunde, so treten bald einige Grundprobleme der heutigen Zeit hervor, die zunächst umrissen werden sollen.

Nachdem diese Problempunkte benannt wurden, wird in einem zweiten Schritt zunächst kurz das Zusammenspiel der beiden verwandten Tugenden des Abstandes skizziert. In der Folge werden exemplarisch einige historische Stationen des Gelassenheitsdiskurses vorgestellt. Neben einer Darlegung der stoischen Position werden insbesondere die technikkritischen Überlegungen Heideggers ausführlicher herangezogen, um die Bedeutung der Gelassenheit für

2. Gelassenheit – historische Einblicke

die gegenwärtige Zeit näher zu beleuchten. Die Kraft der Gelassenheit für ein gelingendes Leben innerhalb der modernen Gesellschaft wird dann in den Abschnitten drei bis fünf facettenreich entfaltet, wobei der Stellenwert der Gelassenheit hinsichtlich existenzieller Themen wie Trost, Trauer oder Glück nachdrücklicher in den Fokus rückt.

Gelassenheit ist gleichermaßen Voraussetzung und Ergebnis einer besonnenen Lebensführung. Mit ihr haben wir heute allerdings die größten Schwierigkeiten. Denn mit Gelassenheit, die dem Wortsinn nach ›innere Einkehr‹ bedeutet, verknüpft sich die Notwendigkeit, unseren hyperaktiven Lebensstil einzudämmen, d. h. die Menge der sich täglich aufdrängenden Optionen massiv zu beschränken. Trotz eines beeindruckenden Aufgebots an Selbstberuhigungstechniken wächst die Anzahl der Gehetzten und Gestressten unablässig. Wir stehen zweifellos vor enormen Hindernissen, wenn wir Beschaulichkeit und Müßiggang in unser Leben einzubringen suchen, nicht zuletzt deshalb, weil das Nichtstun in unserer Tradition ein ziemlich schlechtes Prestige hat. Vornehmlich im Protestantismus wird Muße mit den Ursünden der Trägheit und Faulheit assoziiert. Vor diesem Hintergrund wird die protestantische Lehre als eine zentrale Triebkraft innerhalb der rasanten Entwicklung der kapitalistischen Leistungsgesellschaft angesehen, prominent entfaltet bei Max Weber.[12]

Ständig sind wir dem Druck ausgesetzt, produktiv und erfolgreich auf der großen Bühne der Welt tätig zu sein. Dabei sind längst auch unsere kreativen Potentiale in den Sog grenzenloser Erfolgsmaximierung geraten. Im Gegenzug gibt es seit geraumer Zeit einen prägnanten Gelassenheitsboom: Gestresste ManagerInnen füllen Workshops, um Überdruck abzubauen; unerfüllte HedonistInnen streben in Meditationskursen nach Auswegen aus der ›Konsumdiktatur‹; Lebenshungrige verlangt es angesichts einer todbringenden Seuche nach zuverlässigen Beruhigungsmitteln. Dass es auch uns Wohlstandskinder eiskalt erwischen kann, darauf waren wir in unserer behüteten und materiell abgesicherten Existenz am wenigsten gefasst. Heimtückische Viren galten bisher als exotisches Faktum, das irgendwo auf anderen Kontinenten vorkam und allenfalls unsere Spendenbereitschaft an Organisationen wie ›Ärzte ohne Grenzen‹ etc. aktivierte. Unlängst sah sich eine ganze Generation von mehr oder weniger ›verwöhnten‹ westlichen Menschen, die durch ein gut funktionierendes Gesundheitssystem Sterben und Tod auf Abstand

II. Besonnenheit und Gelassenheit – zwei herausragende Tugenden

zu halten wussten, alltäglich mit Vulnerabilität und Hinfälligkeit vor der eigenen Haustür konfrontiert. Einige wollten es nicht wahrhaben und leugneten rundum die Gefährdungen, gegen welche Medizin und Politik mit äußerster Anstrengung ankämpften. Doch die Wut, mit der manche ihren Widerstand herausschleudern, erscheint verräterisch. Im Modus schäumender Artikulation äußern sich, wenn auch uneingestanden, ungeheure Ängste um dieses kleine, hinfällige Leben, welches uns metaphysisch obdachlosen Nachkriegskindern nun erstmals zu einer veritablen Herausforderung geworden ist.

Das soll nicht heißen, dass Proteste gegen staatlich auferlegte Maßnahmen in jedem Fall unangebracht waren/sind. Viele Kritikpunkte hatten gewiss ihre Berechtigung. Irritierend waren allerdings die aggressiven Ausbrüche, die Gesten gewaltsamer Unerbittlichkeit, die sich Bahn brachen und alles umzureißen drohten, was sich in den Weg stellte. Diese Raserei, die sich mittlerweile in vielen politischen Konfliktlagen zeigt, ist das absolute Gegenteil einer Praxis der Gelassenheit: keine Spur von Zurückhaltung und Selbstrelativierung, keine Anerkennung unausweichlicher Tatsachen, keine adäquate Gesprächskultur, keinerlei Kompromissbereitschaft gegenüber den vielen anderen, die jenseits der eigenen Phalanx stehen, oft auch kein Hauch von Liebe und Solidarität mit gefährdeten Gruppen. Es scheint tatsächlich so zu sein, wie Thea Dorn schreibt: »In dem Augenblick, in dem der Mensch aufhört, eine *Natur* sein zu wollen, hört er auf, ein Individuum sein zu können.« (Dorn 2021, S. 111) Er verweigert sich den Konditionen naturgegebener Verletzlichkeit und widersetzt sich damit der Notwendigkeit, Identität innerhalb der zufallsbedingten Umstände der eigenen Lebenssituation auch durch Leiderfahrung sowie durch zähes, beschwerliches Nachdenken zu erringen. Er spielt sich maßlos auf, weil er aufkommenden Affekten hilflos ausgeliefert ist und sich dennoch vorgaukeln muss, eine freie, selbstbewusste Individualität zu sein, die sich von niemandem reinreden und etwas vorschreiben lässt.

Dorn spricht von einem »Singularitätssimulantentum« spätmoderner Menschen, von dem offensichtlich die wenigsten verschont bleiben. Vieles könnte hier der näheren Beschreibung dienen, wovon ich aber absehen möchte, denn allzu groß ist die Gefahr, hochmütig den Splitter im Auge der Anderen zu sehen und die eigene Mitbetroffenheit zu verkennen. Lediglich ein zentrales Merkmal dieser weit verbreiteten Modernitätsproblematik gilt es festzuhalten, um es vor allem in der Selbstprüfung zur Anwendung zu bringen: die Unfähigkeit nämlich, mit der eigenen Schwäche, Sterblichkeit und Begrenztheit einigermaßen würdevoll zurechtzukommen. Die Tugend der Gelassenheit kann hier hilfreich sein. Machen wir uns also auf die Suche nach diesem Gegenmittel, von dem zumindest die Stoiker nicht müde wurden ihr Loblied zu singen.

»Gelassen ist der Mensch im Hinnehmen, (...).« (Bollnow 2009, S. 195) Schon in diesen knappen Worten Bollnows klingt an, dass mit Gelassenheit ein Modus der Ruhe, Ergebenheit und Entspannung gemeint ist. Oft wird damit auch eine Lebensweise der Kontemplation und religiösen Versenkung bezeichnet. Wer gelassen ist, versteht es, sich zurückzunehmen und sich von brennenden Sorgen oder quälenden (Selbst)Vorwürfen zu lösen, um sich schrittweise einer verzögerten, tieferen Seinserfahrung zuzuwenden. Indem die Person (zunächst) dem Drang widersteht, aktiv in die Welt einzugreifen, reduziert sie die vorwärtsstürmende Wirkmacht emotionaler Impulse. Auf diese Weise vermag sie allmählich Ruhe zu gewinnen und tiefere Einsicht in den Lauf der Dinge zu finden, sie übt sich darin, auch unliebsame Vorfälle (erst einmal) hinzunehmen. Manchmal wirkt sogar eine besondere Zuversicht, die sich vorbehaltlos einer höheren (göttlichen) Macht anvertraut und überantwortet.

Ruhige Bewegungen werden als Ausdruck eines derart anspannungsfreien seelischen Zustandes angesehen. Und umgekehrt ist das Üben verlangsamter Bewegungsabläufe ein wichtiges Mittel, um sich selbst zu beruhigen und Stress abzubauen. Von bestimmten beruflichen Tätigkeiten erwarten wir genau dies. Hier sollten alle Aufgaben mit unerschütterlicher, bedachtsamer Konzentration erledigt werden. Zum Beispiel setzen wir darauf, dass eine Zahnärztin oder eine Chirurgin ›gelassen‹ *im Tun* ist, dass sie ihr ›Handwerk‹ souverän und mit zuverlässiger, ruhiger Hand verrichtet. Wäre es anders, könnte sie ihren Beruf nicht verantwortungsbewusst ausüben.

Für andere Berufssparten hingegen ist, wie wir wissen, ein hohes Maß an zielfixierter Schnelligkeit und hochaktiver, angespannter Kontrolliertheit charakteristisch. Deshalb benötigt eine moderne Leistungsgesellschaft, die von Effizienzsteigerung, Geschwindigkeit und Reizüberflutung geprägt ist, ein wirksames kompensatorisches Gegenprogramm, wie es nicht zuletzt mit Workshops und Crashkursen zur Gelassenheit geboten wird. Für viele ist es mittlerweile zu einem neuen Lebensideal geworden oder zumindest zu einem persönlichen Wunschziel, wenigstens temporär einen Zustand zu erlangen, in dem man alle aufreibenden Strapazen hinter sich lassen und ruhigen Selbstgenuss finden kann. Gelassenheit wird zum Sehnsuchtsbegriff, mit dem ein Erleben von ›Eigentlichkeit‹ verbunden wird. Dementsprechend gibt es heute ein breites Angebot alternativer Selbsterkundungstechniken.

Der aktuelle Gelassenheitsboom ist Ausdruck einer Gesellschaft von gestressten, überforderten und erschöpften Menschen. Man findet zahllose heilsame Empfehlungen, die Menschen bei einer Umorientierung Unterstützung bieten. Nicht selten aber droht die Suche nach Gelassenheit abzuflachen, insbesondere dann, wenn das Streben nach effektiven Verfahren, über die man sich temporär zu vergessen sucht, von einem gierigen Drang nach Ablenkung und Zerstreuung usurpiert wird. Jeder verbissene oder eindimensionale Einsatz von Techniken blockiert letztlich den Weg der Gelassenheit. Und dennoch ist dieser Weg durchaus ein Weg bewusster, wacher Gestaltung, welcher kaum durch Abwarten oder bloß zelebrierte Coolness gefunden werden kann. Skeptische Distanznahme ist ein erster wichtiger Schritt auf diesem Weg und schadet selbst dann nicht, wenn man ihn nicht ganz zu Ende geht. Bestenfalls erwirbt man eine langsamere Gangart, legt eine hoheitsvolle Exklusivität als ›Lady‹ oder ›Gentleman‹ an den Tag – ein Anspruch, der, wie Scherer es formuliert, durch alle Zeiten geistert und der »Spiegel einer Sehnsucht nach Wohlgeratenheit, nach der Humanitas des Menschen« ist. (Scherer 2003, S. 55)

Einige begriffliche Abwägungen

Bevor wir diesen Weg weiter erkunden, ist erst einmal angeraten, über einige negative Beiklänge zu sprechen, die der Gelassenheit seit jeher anhängen: Neben der schon erwähnten Verbissenheit wäre hier vor allem auf problematische Haltungen der Abgeklärtheit, Dickfelligkeit oder Gefühllosigkeit hinzuweisen. In diesem Zusammenhang wird zu prüfen sein, ob nicht einige der stoischen Ratschläge, die z. B. Seneca seinen Gesprächspartnern erteilt, im Grunde genommen eine Kultur herzloser, unaufrichtiger und selbstschädigender Abhärtung vorantreiben. Mittlerweile ist eine Attitüde der Coolness, in der man sich – nicht selten eitel – gegen die lächerliche Aufgeregtheit der Anderen abgrenzt, ein nur allzu vertrautes Phänomen. Besonders dieser Coolness, die demonstrativ jede Verletzlichkeit kaschiert, fällt heute ein hohes Quantum an (erotischer) Attraktivität zu. Doch hier lauert zugleich die Gefahr sozialer Kälte. Man gibt sich betont gelassen und gelangweilt, hat es nicht nötig, auf die ›übertriebenen‹ Anliegen anderer einzugehen – nicht selten aus erfolgstaktischen Erwägungen. Angesichts derartiger Phänomene müssen wir mit Thomas Strässle erkennen, dass sich Gelassenheit stets in einem schwierigen »Spannungsfeld von erstrebenswertem Gleichmut und bedenklicher Gleichgültigkeit« (Strässle 2013, S. 24) bewegt. Demzufolge benötigen wir auf dem Gebiet dieser Tugend höchste Wachsamkeit.

Verstehen wir Gelassenheit im Tugendsinn, so entsprechen ihr mindestens drei Dimensionen des Verbs ›lassen‹: Zum einen liegt darin die Komponente des ›Loslassens‹. Man lässt innerlich los, auch das, was scheinbar unumgänglich, zwingend erscheint, beißt sich nicht fest und gestattet sich ›trotz alledem‹ ein gewisses Maß an Sorglosigkeit, vielleicht sogar an ›Ausgelassenheit‹. Dies ermöglicht es, zum zweiten, auch von anderen ›ablassen‹ zu können, um sie ›gewähren zu lassen‹ und ihnen Raum zu geben. All dies geschieht letztlich, weil man es wagt zu vertrauen, d. h. weil man ›es darauf ankommen lässt‹ – es hoffnungsvoll riskiert – sich auf jemanden oder etwas zu ›verlassen‹, sich hinzugeben, sich zu ›überlassen‹ und etwas ›zuzulassen‹.

Auch wenn es hier primär um einen eher passiven Gemütszustand geht, um eine aufmerksam-rezeptive Haltung, beinhaltet Lassen dennoch in allen Fällen auch eine Form des Handelns. Offenkundig wird nämlich: Man muss etwas für die Gelassenheit tun. In ihr liegt eine Art von Selbstzurücknahme – Selbstreflektiertheit in Sammlung und Verzicht. Lebendiger Weltkontakt gewinnt sich nicht in unmittelbarer Rückbindung an das eigene Selbst, sondern erst über ein aufgeschlossenes Verhältnis zu anderen und anderem. Darum muss man sich kontinuierlich bemühen. Etwas ›gelassen zu haben‹ (im Selbstverhältnis) und ›darüber gelassen zu werden‹ (anderem und anderen gegenüber) spielen hier unablässig ineinander. Nur so gewinnt Gelassenheit Tugendcharakter.

Vor diesem Hintergrund akzentuiert Strässle in seinem Buch zur Gelassenheit einen engen Zusammenhang zwischen Gelassenheit und einer selbstbestimmten, nicht fremdgesteuerten Lebenspraxis:

»Das verstärkte Lassen tritt also einen Schritt zurück, um Übersicht und Handlungsfähigkeit im Sinne der Handlungsfreiheit zu erlangen. Die Selbstbestimmung des Menschen besteht weniger darin, dass er tun kann, was er will, als vielmehr darin, dass er lassen kann, was er nicht will.« (Ebd. 2013, S. 20) Hier wird nun sofort der Bezug zur Besonnenheit erkennbar: Denn erst, wer in dieser Weise innehalten und gelassen werden kann, bereitet den Boden für eine besonnene Neuausrichtung des Handelns. Besonnenes Tun bedarf unbedingt des Lassenkönnens. Hierzu wiederum benötigen wir etwas, das viele Menschen heute entbehren, nämlich eine besondere Zuversicht, »für die es keinerlei zureichende Gründe gibt«, wie Martin Seel es ausdrückt. (Seel 2011, S. 229) Allein im Zeichen dieser Zuversicht wagen wir das Loslassen, riskieren den Umgang mit Unsicherheit, akzeptieren Unzulänglichkeiten und Schwächen und stellen schließlich ein hohes Maß an Souveränität unter Beweis. Klar ist, dass eine solche Haltung nur allmählich über längere Zeiträume heranreifen kann, weshalb im Grunde genommen nur wenige und ohnehin nur erwachsene Menschen Gelassenheit verkörpern können. Ein Kind kann (noch) nicht gelassen sein.

Der Anspruch auf Gelassenheit reicht tief hinein in die inneren Voraussetzungen des Menschseins. Er verlangt uns Erhebliches ab, so dass sich zentrale Fragen ergeben, sich gleichsam aufdrängen: Wo liegen die Quellen der Gelassenheit? Wie und wann erlernt eine Person die Kunst des Hinnehmens? Ist es überhaupt menschenmöglich, in einen Zustand vollkommener Gelassenheit hineinzufinden? Können wir je vollkommen ruhig im Einklang mit uns selbst stehen, ohne dabei zugleich erhebliche Verluste einstecken zu müssen? Sollte es nicht eher um Abstufungen innerer Ruhe gehen, durch die unsere Empfindungsfähigkeit niemals ganz außer Kraft gesetzt wird? Oder anders gefragt: Stehen wir als denkende Wesen nicht unabänderlich in einer Art Zwiespalt und müssen damit rechnen, dass ungewollt Gedanken hervorschnellen und uns wie Plagegeister umtreiben?

Stoische Gelassenheit – Seneca

Um in der Beantwortung dieser Fragen voranzukommen, ist nun der Blick in die Geschichte der Gelassenheitsentwürfe zu richten. Insbesondere in der Antike finden sich, wie erwähnt, lange Abhandlungen zu dieser Tugend, vorzugsweise bei Stoikern wie Seneca, Epiktet und Marc Aurel. Hier wird Gelassenheit mit Formen leidenschaftsloser Unempfindlichkeit (Apatheia) bzw. ruhiger, unerschütterlicher Beherrschtheit (Ataraxie) der Seele gleichgesetzt – Haltungen, die von heute aus gesehen allerdings keineswegs unproblematisch sind. Leitend in allem ist das Urteil einer unbestechlichen Vernunft. Um nicht länger Spielball innerer und äußerer Geschehnisse zu sein, soll die Seele durch kontinuierliche verstandesmäßige Unterweisung von ihren emotionalen ›Verirrungen‹ befreit und in ein Tugendschema eingefügt werden.

Stoiker schätzen die realen Schmerzen und Freuden emotionaler Weltverwicklung gering und begegnen den hieran Leidenden mit unerbittlicher, teilweise zynisch anmutender Verstandeshybris. Innere Freiheit besteht für sie darin, noch unter den widrigsten Umständen und angesichts schlimmster Schicksalsschläge ungerührt zu bleiben. Gepflegt wird eine Autonomie, in der uns die Welt nichts mehr anhaben kann, weil wir es beizeiten gelernt haben, alle Wechselfälle des Lebens adäquat einzuschätzen und fortan keinerlei falsche Erwartungen mehr zu hegen. Doch ist das heute noch erstrebenswert? Ist es überhaupt realistisch bzw. war es das jemals? Verfolgt man hiermit nicht eine Strategie, die nach heutigem Erkenntnisstand – aufgrund der rigorosen Herabsetzung und Verkennung sinnlicher bzw. emotionaler Erfahrungen – schon lange nicht mehr überzeugen kann?

Es bietet sich an, zunächst nochmal auf die Lehren Senecas zu blicken, die uns nicht nur wesentliche Komponenten der Gelassenheit nahebringen, sondern uns darüber hinaus generell über den Wert eines philosophiegeleiteten Lebens unterrichten. Weil Philosophie unsere Persönlichkeit tiefgreifend formen soll, dürfen Philosophierende ihr Kerngeschäft nicht darin sehen, kluge Gedanken zur Schau zu stellen, um ein breites Publikum zu faszinieren, sondern vielmehr darin, das eigene Innere mit höchster Sorgfalt in alle Richtungen hin zu erforschen und zu prüfen. Wir haben es hier mit einem Ethos des Philosophierens zu tun, das seinen Schwerpunkt auf die ganz konkrete Lebenspraxis legt. Zentrales Anliegen muss sein, sich im Blick auf das Weltganze moralisch zu besinnen. Allein ein konsequentes und beharrliches Einüben des Vernunftvermögens macht dies möglich.

II. Besonnenheit und Gelassenheit – zwei herausragende Tugenden

Immer wieder betont Seneca, dass das geistige Wesen des Menschen sich nicht durch wissenschaftliche Schulung oder einen enormen Wissensschatz formiert. Im Gegenteil, wer mehr wissen wolle, als genug sei, folge seiner Eitelkeit und lege unnötige Hindernisse auf den Weg des moralischen Fortschritts. Nicht zu unterschätzen sei vor allem die Gefahr philosophischer Überheblichkeit, auf welche Seneca unermüdlich hinweist. Wenn es Ziel sei, einen fehlerhaften Charakter durch Vernunftschulung umzubilden, sei es letztlich belanglos, wie kundig und wohlgesetzt ein Lehrer daherrede, weil dies oft genug in selbstgefälliger Weise geschehe. Und »was kann unmoralischer sein, als eine Philosophie, die nach Beifall hascht?«, lautet hier die entscheidende Frage. (Seneca 1999a, S. 81) Relevant sei letztlich die rechte Handlungsweise des philosophischen Unterweisers, der allein durch eine vorbildhafte Lebensführung wirken könne, die auch mit Selbstkritik nicht spare.[13] Ein solcher Lehrer wirke durch sein Beispiel, das zur Nachahmung einlädt.

Stoische Lehren gewinnen ihre Überzeugungskraft aus der Annahme einer zeitlosen höheren Naturordnung, als deren Teil der einzelne Mensch sich kraft seiner Vernunft zu erfassen vermag. Die kosmologische Gesamtsicht stiftet hier grundlegendes Weltvertrauen, das den Blick auf die leidvollen Einzelheiten der menschlichen Existenz aufhellt. Wenngleich eine Situation vordergründig sinnlos erscheinen mag, bleibt auch dieses Geschehen in eine höhere, allumfassende, vernunftdurchwirkte Seinsordnung eingebunden. Auf diese alles tragende rationale Struktur eines sich unablässig wandelnden Kosmos kann, ja soll der einzelne Mensch sich einstellen, so dass er seinen Geist von allen trügerischen Erwartungen und Vorannahmen befreit. Insbesondere Emotionen gelten den Stoikern als bloße ›Meinungen‹, d. h. als verkürzte, instabile, zumeist irrtümliche Urteile, die über vernünftige Abwägungen zu revidieren sind. Dies können wir realisieren, weil das Göttliche längst zu den Menschen hinabgestiegen ist und seine Aussaat hinterlassen hat. Diesem Gedanken entspricht die Idee der ›lógoi spermatikoí‹: »Ohne Gott gibt es keine edle Denkungsart. Göttliche Keime sind überall in den Menschen vorhanden«, schreibt Seneca, der sich gemäß dieser Metapher mit seinen moralischen Briefen an Lucilius als Rat gebender Gärtner versteht, um den Boden für die göttlichen Anlagen des jungen Mannes zu bereiten. (Ebd., S. 112).

Tugend gewinnen wir durch tiefere Einsicht in die vernünftige Ordnung der Dinge. Sofern wir in der Ausbildung von Tugend unserer Vernunftanlage entsprechen, treten wir in Einklang mit der Gesamtheit des Kosmos und folgen auf diese Weise bestmöglich unserem menschlichen Selbsterhaltungstrieb. Demgegenüber entspringen Emotionen wie Gier, Zorn, Furcht oder Neid aus fehlerhaften Bewertungen und Überzeugungen, welche uns in die Irre führen und der kosmischen Ordnung entfremden. Emotionen sind im Denken der Stoiker also keineswegs natürliche, vielleicht sogar lebensdienliche Reaktionsweisen, sondern gelten prinzipiell als Fehleinschätzungen, die wir zu unserem Vorteil unbedingt ausschalten und überwinden müssen. Die Gelassenheit ist, wenn man so will, der Hauptschalter, den wir ›bedienen‹ müssen, um allen Stromkreisen des Fühlens ›den Saft abzudrehen‹.

Indem Vernunft – der denkende Geist – uns Einblick in die Grundgesetze des Seins gewährt, vermag sie über die Akzeptanz unabwendbarer leidvoller Erfahrungen hinaus zu Heiterkeit und Ruhe anzuleiten. Tugend, vor allem Gelassenheit, ist die wesentliche, bei den Stoikern sogar hinreichende Voraussetzung für ein gelingendes Leben. Reichtümer, soziales Ansehen und Ruhm, ja selbst Gesundheit sind unbedeutend, weil sie sich unserer Verfügungsgewalt entziehen. Einzig ein tugendreiches Leben steht in unserer Macht und genau darum muss es in jedem einzelnen Augenblick gehen. Durch lebenslanges Einüben gelingt es, den Körper mehr und mehr als ein notwendiges Übel anzusehen, unsere Neigungen zu sinnlichen Vergnügungen irgendwann vollständig zu beherrschen und so das Unglück immer besser zu bändigen. Weisheit liegt zuletzt darin, den Druck des Schicksals wirkungslos zu machen, indem man zu folgender souveräner Erkenntnis gelangt: »(...) so gibt es für einen Mann nur ein Unglück, nämlich, daß es Ereignisse in der Welt geben kann, die er als Unglück ansieht.« (Ebd., S. 155)

Eine Person, die erkennt, dass nichts aus Zufall, sondern alles auf höheren Beschluss hin so kommt, wie es kommt, wird ihre Unzufriedenheit über den Lauf der Dinge überwinden. Indem sie sich nicht länger vergebens an unabänderlichen Gegebenheiten abarbeitet, pflichtet sie den göttlichen Fügungen gewissermaßen lächelnd bei und begibt sich auf den Weg höherer Weisheit. Sie gewinnt eine gelassene Haltung gegenüber Schmerz, Unglück und sogar dem Tod, was sie frei und unbestechlich in allen weltlichen Dingen werden lässt. Dementsprechend verachtet sie nicht nur die ehrgeizige Vielgeschäftigkeit der meisten Menschen, sie legt auch keinerlei Wert auf den Applaus der Massen, schätzt materielle Güter gering und sieht sich in allen Lagen in erster Linie einer sorgfältigen Gewissensprüfung verpflichtet, in der sie sich selbst eine strenge Richterin ist.

Ein gutes Gewissen, tiefe Einigkeit mit sich selbst, tragen nach Seneca ihren Lohn in sich selbst. Denn nichts ist zentraler für unser Wohlbefinden als jene Form der Selbstachtung, die aus den täglichen Überprüfungen der eigenen Denk- und Handlungsweisen hervorgeht. Für eine solche Praxis benötigen wir präzise Maßstäbe, die uns dazu verhelfen, das Gute auszumachen, den richtigen Umgang zu pflegen und unserem Charakter ein klares Profil zu geben. Wichtig ist vor allem: Angesichts der Kürze des Lebens und der Allgegenwart des Todes sollten wir das richtige Leben keineswegs auf die lange Bank schieben. Falsch wäre es, immer wieder halbherzig irgendwo anzusetzen und auf diese Weise experimentierend unser Leben in heterogene Stücke zu zerreißen, von denen keines wirkliche Erfüllung zu bieten vermag. Nichts ist wichtiger, als das Projekt einer sittlichen Lebensführung – sich aus niederen Verwicklungen zu lösen und erhabene Ruhe anzustreben – so früh wie möglich anzugehen. Gelassenheit ist keinesfalls nur Mittel zum Zweck, sondern unabdingbares Erfordernis für einen aufrichtigen und gerechten Umgang mit anderen Menschen. Einzig in ausgeglichen-ruhiger Haltung widerstehen wir allen Verführungen, überwinden Verirrungen und werden so wirklich frei, frei auch darin, einen unverstellten Blick auf die menschliche Gemeinschaft zu richten.

Im Gegensatz zu anderen antiken Philosophieschulen kommt dem Gemeinwohl im stoischen Denken ein sehr hoher Stellenwert zu. Ausgehend von dem Gedanken, dass restlos alle Menschen Teil des wohlgeordneten, vernunfterfüllten Kosmos sind, werden sie – über alle staatlichen Grenzen hinaus – als grundsätzlich gleichwertige, miteinander verbundene Wesen betrachtet. Leitend ist ein Ideal menschlicher Solidarität, in dem die Sorge um das eigene Wohl unlösbar mit sozialer und politischer Verantwortung verschränkt ist. Vor diesem Hintergrund gewinnt stoisches Denken eine immense praktisch-ethische Ausrichtung: Zum einen vermittelt man Kulturtechniken zur Förderung der menschlichen Vernunftnatur, denn diese bedarf, wie wir gesehen haben, unablässiger Einübung; zum anderen aber engagierten sich einige der späteren Stoiker auch ganz konkret in gesellschaftlichen Fragen. So existierte im römischen Senat zeitweise eine stoische Opposition, die sich für Gerechtigkeit einsetzte, was mit hohen persönlichen Risiken verbunden war. (Siehe: Damalis 2010) Auch Marc Aurel, der als römischer Kaiser in viele Kriege verstrickt war, erwies sich, wie verschiedene Quellen belegen, innenpolitisch als fürsorglich und gütig gegenüber benachteiligten Gruppen.

Der kosmopolitische Gedanke hat im stoischen Denken eine physikalisch-naturwissenschaftliche Basis. Zentral ist die Idee, dass alle Menschen miteinander und mit anderen Lebewesen diese Welt als ein gemeinsames Zuhause teilen. Um in Einklang mit dem kosmischen Ganzen zu treten, muss man von der Vernunft geleitet ein möglichst großes und ausgefeiltes Wissen über die komplexen Naturzusammenhänge gewinnen. Wer die umfassende physikalische Systematik, von der wir alle abhängen, auch nur annähernd begreift, wird in die Lage versetzt, adäquate Verhaltensweisen zu entwickeln. Demzufolge ist eine wissenschaftsskeptische Haltung, die heute immer weiter um sich greift, mit dem stoischen Weltbild grundsätzlich nicht vereinbar. Viele moderne Menschen verfallen auf Formen subjektiver Hybris und chronischer Ichversteifung, die sich vollständig von jeder hörfähigen und prüfenden Ratio verabschiedet haben. Der hartnäckige Kampf um Selbstbehauptung treibt aktuell immer neue Blüten, während im Stoizismus allein eine Gemeinwohlorientierung den Weg zum gelingenden Leben bahnt. Die unauflösliche Verschränkung von Einzelwohl und Wohlergehen der Gesamtheit ist die Kernessenz dieser Lehre – eine Leitidee, von der, wie ich meine, im Blick auf unsere aktuellen Problemlagen zukunftsweisende Inspirationskräfte ausgehen könnten.[14]

Gegen den Zorn

Auch wenn sich durchaus berechtigte Einwände gegen die stoische Sicht auf den emotionalen Bereich erheben lassen, wozu Weiteres zu sagen wäre, finden sich dennoch in diesen Lehren viele zentrale Einsichten, die einer modernen ›Logik der Gefühle‹ durchaus standhalten.[15] Im Fokus der Stoiker stehen primär heftige Gemütsregungen, die ein enormes Potential an sozialer Destruktivität mit sich führen. Dem Zorn hat Seneca eine ganze Schrift gewidmet.

II. Besonnenheit und Gelassenheit – zwei herausragende Tugenden

Richtungweisend für den Umgang mit vehementen Emotionen ist schon hier *eine* zentrale Einsicht, und zwar die Einsicht, dass Emotionen starke gedankliche Komponenten – heute würde man sagen ›kognitive Anteile‹ – enthalten bzw. mit sich führen. Das heißt: In der Emotion sind wir auf etwas in der Welt außerhalb oder auch auf etwas an uns selbst beurteilend und wertend bezogen. Wir bestimmen das jeweilige Phänomen gedanklich in spezifischer Weise und nehmen Bewertungen vor, positiv oder negativ. Dabei ist es möglich, dass ein und derselbe Gegenstand, je nach Situation oder Betrachter, völlig unterschiedlich aufgefasst und demzufolge auch mit ganz verschiedenen Emotionen verknüpft wird. Folgende Worte der Philosophin Martha Nussbaum verweisen auf diesen Umstand: »Was Angst von Hoffnung unterscheidet – und Angst von Trauer und Liebe von Hass –, ist nicht so sehr die Identität des Gegenstandes, der jeweils derselbe sein kann, sondern wie der Gegenstand wahrgenommen wird: bei der Angst als Bedrohung, aber mit einer Chance zu entkommen; bei der Hoffnung als unsicher, aber mit der Chance eines glücklichen Ausgangs; bei der Trauer als verloren und bei der Liebe als in bestimmter Weise leuchtend, strahlend.« (Nussbaum 2000, S. 147).

Im Unterschied zu Körperempfindungen oder Stimmungen, die sich eher diffus ausbreiten, zielen Emotionen auf einen bestimmten Gegenstand hin, d.h. auf einen abgrenzbaren Sachverhalt, eine Gegebenheit, eine Person oder auch nur eine Verhaltensweise. Wenn wir diesen Gegenstand in der Emotion reflexartig auf spezifische Weise begreifen und bewerten, geht damit eine besondere Verfassung des Gesamtorganismus einher, nämlich ein intensives seelisch-leibliches Erleben. In der Angst etwa, die uns die Kehle zuschnürt, unterstellen wir, dass Gefahr im Verzug ist. Heute wissen wir: Angst gehört zu unserem evolutionären Erbe. Wann und wieso wir aber Angst empfinden, ist in hohem Maße durch persönliche Erfahrungen, subjektive Vorannahmen und (oftmals unbewusste) gesellschaftliche Wertmaßstäbe gesteuert.[16]

Wenngleich spontan auftretende Gefühlsreaktionen zunächst eine starke Macht über uns ausüben, können sie sich bei näherer Betrachtung durchaus als vorschnell und unbegründet erweisen. Beispielsweise fürchten wir uns infolge länger zurückliegender Torturen vor einer anstehenden Zahnbehandlung und begreifen dennoch nach und nach, dass von der freundlichen und kompetenten Person

2. Gelassenheit – historische Einblicke

im weißen Kittel kein nennenswertes Unheil ausgeht. Prinzipiell liegt hier das Problem darin, dass man, sofern von einer Emotion gesprochen wird, der Sache nicht gerecht wird, wenn man das involvierte Urteil einfach gesondert betrachtet. Es gilt vielmehr zu erkennen, dass dieses Urteil in der Emotion auf spezifische Weise tief in das Gefühlsleben einer Person eingelassen ist, dass es sich also in Form einer ganzheitlichen Erfahrung ausprägt. Jemand fällt sein Urteil nicht aus distanzierter Beobachterperspektive, sondern ist von diesem Urteilen in allen Fasern seiner Existenz durchdrungen: In der Emotion sind Wahrnehmen, Denken und Fühlen also aufs Engste miteinander verknüpft.

Werden wir zornig, so liegt darin gewöhnlich ein striktes Negativurteil über das Verhalten einer anderen Person. Wir machen mit dieser Emotion gewisse Erwartungen und Wertmaßstäbe geltend, über deren Berechtigung wir zunächst kaum geneigt sind nachzudenken. Gestehen wir aber zu, dass Emotionen, gleichwohl sie wie natürliche Reflexe auftreten, stets auch kognitive Elemente enthalten, so führt uns dies zu einer veränderten Sichtweise. Wir begreifen Emotionen nicht länger als rein physische Erregungszustände und sind eher bereit, die in sie eingelagerten Werturteile einer sachlich-distanzierten (vernunftgeleiteten) Überprüfung zu unterziehen. In dieser Weise verfahren auch die Stoiker, wobei sie allerdings von der Überzeugung gelenkt waren, dass Emotionen per se irrtümliche Auffassungen über die Welt widerspiegeln – eine Sichtweise, die sich in dieser Radikalität heute nicht länger halten lässt.

Ist es tatsächlich angemessen, in Anbetracht bestimmter Übel, mit deren Ausbleiben wir nicht ernsthaft rechnen konnten, Trauer und Schmerz zu empfinden? So oder ähnlich lautet die Frage der Stoiker. Zwar gingen sie davon aus, dass heftige Affekte immer wieder unerwartet auftreten können, doch im Prinzip waren sie überzeugt davon, dass man über bewusste Distanznahmen und vernünftige Reflexionen die Einflussmacht des Emotionalen bezwingen werde. Die Ausschaltung einer gefühlsgelenkten Weltsicht galt ihnen als realisierbar und ausnahmslos sinnvoll, da dieser Weg nur Positives bewirken könne: Er verschafft innere Freiheit, verhilft zu realistischen Handlungskonzepten und befähigt letztlich dazu, angemessen und friedfertig in Gemeinschaft mit anderen Menschen zu leben.

Senecas Schrift über den Umgang mit dem Zorn kann hierfür als exemplarisch gelten. Mit starken, größtenteils immer noch gültigen

II. Besonnenheit und Gelassenheit – zwei herausragende Tugenden

Argumenten führt sie vor Augen, welchen Fehleinschätzungen wir oftmals unterliegen, wenn wir in Rage geraten. Ein Wutausbruch ist nach Seneca sogar dann deplatziert, wenn man auf der Basis gründlicher Abwägungen zu dem Schluss kommt, dass das Verhalten einer Person zu Recht als anstößig empfunden/wahrgenommen wird. Auch in diesem Fall ist ein gelassener Umgang mit der jeweils vorliegenden Problematik anzustrengen. Insgesamt leiten Senecas Ausführungen dazu an, das Gefühlsleben möglichst umfassend unter Kontrolle zu bringen, weil im Emotionalen prinzipiell die Gefahr unwürdiger Beeinträchtigung der Vernunftnatur des Menschen lauert. Um dies augenfällig zu machen, malt er das Schreckbild ungezügelter Leidenschaften höchst drastisch aus. Mit eindringlichen Worten schildert seine Schrift, welche abstoßende, würdelose Figur derjenige abgibt, der sich heftigen Affekten überantwortet hat. Ein Blick in den Spiegel genüge bereits, so heißt es, damit der Zornige seine äußere Verunstaltung erkenne, doch, so liest man weiter, »wenn man die Seele vorzeigen, wenn sie durch die Materie irgendwie hindurchscheinen könnte, würde sie die Betrachter vollkommen fassungslos machen, schwarz und fleckig und brodelnd und verkrümmt und geschwollen, wie sie ist.« (Seneca 2007, S. 161)

Es ist nicht von der Hand zu weisen, dass Seneca jede derbe Metapher gelegen kommen musste, um das Widerwärtige enthemmter Aufgebrachtheit hervorzukehren, vielleicht weil er das schockierende Beispiel seines grausamen Schülers Nero vor Augen hatte. Dennoch nimmt er insgesamt eine durchaus differenzierte, moderate und nicht selten pragmatische Haltung den Affekten gegenüber ein. Die offizielle stoische Lehrmeinung verfährt hier deutlich radikaler. Mit merklich höherem Nachdruck trieben Stoiker wie Epiktet und Marc Aurel die Geißelung des Emotionalen voran und beschränkten sich dabei keineswegs auf die heftigen, dunklen und feindseligen Leidenschaften. Ihr strenges Verdikt traf auch alle freundlichen Gefühlsanwandlungen, nicht zuletzt die Liebe, vor allem sofern sie sich der Fleischeslust hingibt. Sogar das Mitleid wurde zu einer verwerflichen Empfindung.[17]

Doch betrachten wir Senecas Ausführungen zum Thema Zorn noch ein wenig näher. Augenfällig wird, dass ihn eigentlich nicht das Aufkommen dieser Emotion beschäftigt – nicht das, »was der Seele zufällige Stöße versetzt« (Seneca 2007, S. 77), ist problematisch –, sondern erst die ungehemmte Selbstüberantwortung einer Person an angriffslustige Erregtheit und rachsüchtige Wut. Mit einer Fülle beeindruckender Argumente beschwört Seneca seine Leser, um sie zu überzeugen, alle Kräfte der vernünftigen Seele gegen derart fanatische Hemmungslosigkeit zu bündeln und zu mobilisieren. Weil der menschliche Hunger nach Zerfleischung unstillbar ist, weil die Welt angefüllt mit Störungen und Verbrechen ist, soll man hartnäckig und geduldig um eine Haltung weiser Zornabstinenz ringen, so schwer dieser Weg im Einzelnen auch sein mag. Um seine Adressaten zu überzeugen, wendet Seneca viele Mittel auf und bringt schließlich insbesondere die persönliche Nutzenbilanz ins Spiel. Es lohne sich schon deswegen nicht, dem Zorn zu folgen, weil daraus in der Summe auf lange Sicht gewiss nichts Gutes erwachsen könne: »Bei uns allen dauert die Wut länger als die Verletzung. Wie viel besser wäre es, einfach in eine andere Richtung wegzugehen und nicht einer Störung mit einer Störung entgegenzutreten!« (Ebd., S. 239) Unermüdlich versichert Seneca, dass jenseits heftiger Affekte, d. h. jenseits von Begierde, Streit und Kampf, ein geruhsames und erfülltes Leben auf uns wartet: »Was kann sich mehr gehen lassen als Milde, was hat mehr zu tun als Grausamkeit? Anstand hat frei, Geilheit hetzt von einem Termin zum anderen.« (Ebd., S. 103)

Zudem verweist Seneca darauf, wie oft der in uns wachgerufene Zorn auf fehlgeleiteter Tatsacheneinschätzung oder falscher Beurteilung von Sachverhalten basiert. Wiederholt macht er deutlich, dass vieles nur dem Anschein nach wahr ist und einer sorgfältigen Begutachtung nicht im Mindesten Stand hält. Doch das stärkste Argument Senecas liegt schließlich darin, seinen Lesern vor Augen zu führen, dass niemand wirklich frei von Schuld ist, dass hinter manch einer entspannten und aufgeräumten Fassade die schädigende Kraft der Impulsivität allenfalls vorübergehend schlummert und bei nächster Gelegenheit hervorschnellen wird. Will man den Weg weiser Gelassenheit beschreiten, so verlangt dies zunächst, sich vorbehaltlos klar zu machen, welche schädlichen Akte man selbst in der Vergangenheit bereits vollzogen hat bzw. welche man beabsichtigt oder auch nur begünstigt hat. Man sollte sich fragliche Impulse im eigenen Inneren aufrichtig bewusst machen und zurückliegende Fehleinschätzungen bei sich selbst und anderen in Erinnerung rufen. »Auch muss man sich vor Augen halten, wie oft man selbst schon unter falschen Verdacht geraten ist, wie oft der Zufall schon Dingen, die man in Erfüllung einer Pflicht getan hat, den Anschein eines Unrechtes verliehen hat, wie oft man schon jemanden, den man hasste, lieb gewonnen hat.« (Ebd., S. 137) Wer dem eindringlichen Rat zu ehrlicher Selbstbefragung folgt, wird schnell davon absehen müssen, auf die Fehler anderer herabzublicken; er wird allerdings auch keine allzu großen Hoffnungen in die Menschheit setzen und sich mental wappnen, wenn er in die Welt hinaustritt. Er wird sich allmorgendlich sagen: »Heute werden mir viele Säufer begegnen, viele, die ihre Sexualität nicht im Griff haben, viele Undankbare, viele Raffgierige, viele, die rasender Ehrgeiz vorwärts peitscht.« Hat er auf diese Weise nachdenkend ein bisschen Weisheit für sich gewonnen, dann wird er auf all das »so wohlwollend hinabschauen, wie ein Arzt auf seine Patienten.« (Ebd., S. 95)

Der Umgang mit dem Zorn ist, wie Seneca andeutet, immer auch abhängig von den Besonderheiten einer Beziehung. Etwas Gefühlsausdruck unter Vertrauten und Freunden mag akzeptabel sein, doch Vorsicht ist eigentlich immer anzuraten, weil Emotionen uns nur allzu leicht fortreißen und dazu veranlassen, jedes gesunde Maß zu überschreiten. Unmissverständlich macht Seneca klar: Das Feuer unmäßiger Eruptionen brodelt in beinahe jedem. Auch heute wissen wir, dass ein dräuendes Gemisch aus Zeitdruck, Leistungsstress, Rückenschmerzen und beißendem Hunger bisweilen selbst eine sanftmütige Seele angesichts einer Bagatelle in Rage versetzen kann, oft mit fatalen Konsequenzen: »Sprich, wenn du wütend bist, und du wirst die beste Rede halten, die du jemals bereut hast«, sagte einst Ambrose Bierce (zit. nach Ben-Ze'ev 2009, S. 194), was deutlich macht, dass man manches Mal auf eine rhetorische Glanzleistung verzichten sollte. Im Normalfall empfiehlt sich eine Unterbrechung des Affektes, denn es ist leichter, einen unterlassenen Wutausbruch in gemäßigter Form ›nachzuholen‹, als eine überstürzte Attacke im Nachhinein wieder wettzumachen. Erst wenn man wieder ruhiger geworden ist, lässt sich das zornauslösende Geschehen überhaupt adäquat beurteilen. Wie man es auch dreht und wendet, der Weg zur Gelassenheit steht an oberster Stelle.

Für die Kunst des Intervalls als wichtige Etappe auf dem Weg zur Gelassenheit ist Senecas Rat bis auf den heutigen Tag höchst wertvoll. Es lohnt sich darüber nachzudenken, dass Wut bzw. Zorn eigentlich keine unvermeidlichen Reflexe sind »wie etwa das Schaudern, wenn man mit kaltem Wasser bespritzt wird, und das Zurückweichen bei manchen Berührungen«. Zorn ist vielmehr in den meisten Fällen eine »willentliche Störung« (Seneca 2007, S. 75), mithin ein Affekt, dem man sich aus freier Entscheidung überantwortet. Im Normalfall gibt es immer einen Moment der Wahl, es gibt keinen Wutausbruch, der »vorwärtsstürmt, ohne dass die Seele sich anschließt« (ebd., S. 73). Ein altbekanntes Hausrezept empfiehlt: Wenn die Nackenhaare sich sträuben, wende Dich ab, schlaf zunächst einmal darüber, damit das Mütchen sich kühlen kann. Reagieren kann man auch später noch, nachdem mit geglättetem Sinn eine nüchterne Prüfung des Sachverhaltes vorgenommen wurde. Und wenn dies nicht glückt, wenn das Affektgeschehen uns wieder einmal überrollt und weggerissen hat, können wir dieses ›Widerfahrnis‹ immerhin noch im Nachhinein einer ruhigen Beurteilung unterziehen, um daraus für die Zukunft zu lernen. Es ist in Senecas Sicht nie zu spät und auch nie vergeblich, mit diesem Programm umsichtiger Selbstbesinnung zu beginnen. Zuvorderst benötigen wir dazu die Bereitschaft, die Ursachen für Unglück und Misslingen nicht immer nur außerhalb von uns selbst, sondern auch im eigenen Inneren zu suchen. Beherzigt man dies, so lassen sich durch tägliche Übungen auch langjährige Verhärtungen und Verbiegungen bewältigen: »Es gibt keine Charaktereigenschaft, die hartnäckiges Mühen und angestrengte, sorgsame Zucht nicht bezwingen würden. Sogar gebogene Baumstämme kann man wieder gerade machen. Wieviel leichter aber nimmt der Geist die gewünschte Form an, da er doch biegsam ist und anschmiegsamer als jede Flüssigkeit.« (Seneca 1999a, S. 78)

Der eigentliche ›Knackpunkt‹ der Persönlichkeitsbildung liegt für Seneca in der Resignation vor der Übermacht eingefressener Fehler sowie in der Neigung zu Selbsttäuschungen. Charaktermängel könnten wir durchaus überwinden, wenn wir uns nur dazu durchringen würden, auch »Krankheiten, die unser geistiges Wesen befallen«, in den Blick zu nehmen. Hier gilt: »Wer sich seine moralischen Fehler eingesteht, ist schon auf dem Weg der Gesundung.« Doch offenbar ist dies auch für Seneca ein eher rares Phänomen, denn er stellt in diesem Zusammenhang lakonisch fest: »Je schlechter einer daran ist, umso weniger fühlt er es.« (Ebd., S. 83f.) An anderer Stelle lesen wir Ähnliches: »Denn was uns selbst betrifft, das sehen wir immer mit einem verständnisvollen Auge, und Voreingenommenheit schadet immer dem Urteil. Ich glaube, viele hätten zur Weisheit gelangen können, wenn sie nicht geglaubt hätten, sie hätten sie schon erreicht, wenn sie nicht bei gewissen Dingen so getan hätten, als gäbe es sie nicht, und über manches einfach mit geschlossenen Augen hinweggegangen wären.« (Seneca 2013, S. 15f.)

Selbstbetrug und Eitelkeit werden also seit jeher als Haupthindernisse für das charakterliche Vorankommen der Menschen angesehen. Von ungeprüften Wünschen geleitet, geraten sie in schwankende seelische Zustände oder werden träge, gleichgültig und unentschlossen. All dies läuft am Ende, so Seneca, auf eine traurige Verfassung hinaus, nämlich darauf, »keinen Gefallen an sich zu haben«. Klar ist, wo die Ursachen liegen: »Dies entsteht aus einer Unausgeglichenheit der Seele und aus ihren Trieben, die entweder nicht entschieden genug oder wenig erfolgreich sind.« (Ebd., S. 21) Kurzum, es mangelt der rastlos geschäftigen Seele an innerer Integrität, d. h. an Maßstäben und Orientierungen, die in jeder Lage als Geländer dienen und Trost spenden können. Viele unangenehme Emotionen plagen und drangsalieren denjenigen, der sich in einer derart desolaten Verfassung befindet. Hinter seinen Zornüberfällen stehen oftmals Angst und Neid, die ihn vollständig in Besitz nehmen und ihm die innere Ruhe rauben. »Jemand, den immer der Gedanke an einen noch Glücklicheren quält, wird niemals glücklich sein«, lesen wir. (Seneca 2007. S. 247) Im Übrigen empfiehlt Seneca Verhaltensweisen, die es vermeiden, den Neid der Anderen wachzurufen, mithin Zurückhaltung und Bescheidenheit.

Heute – in unserer hochgepushten Wettbewerbsgesellschaft – sind gerade Rivalität und Neid weit verbreitet, gleichwohl diese Emotionen nur ungern eingestanden werden. Solche Abwehrmanöver erhöhen vermutlich die Anfälligkeit für Aggression und Zorn. Profilierungszwänge der modernen Leistungskultur und damit verknüpft eine zunehmend forcierte Selbstdarstellungspraxis in sozialen Netzwerken führen dazu, dass Menschen sich unaufhörlich mit anderen vergleichen und manche regelrecht süchtig nach den ›Likes‹ einer anonymen, unkalkulierbaren Masse von Followern werden. Nachweislich führt die intensive Nutzung von Social Media zu starker Unzufriedenheit und anderen emotionalen Verstimmungen.[18] Was hier häufig fehlt, sind selbstgesetzte Bewertungskriterien, mit denen man sich dem Sog der Moden und Trends zu entziehen vermag. Besser noch wäre es, ganz im Sinne Senecas eine Haltung zu finden, die den allgegenwärtigen Zwang des Rivalisierens und wechselseitigen Übertreffens hinter sich lässt. Denn immer auf andere zu schielen und ihnen ihre Erfolge zu missgönnen bzw. mit riskanten Aktionen um jeden Preis Beifall erhaschen zu wollen, mündet schnell in destruktive Denkmuster und selbstschädigende Verhaltensweisen: Immer mehr Menschen vermeiden eine realistische Selbsteinschätzung, verlegen sich auf Äußerlichkeiten und oberflächliche Effekthascherei, lassen sich schließlich sogar zur Herabsetzung anderer und Teilnahme an Mobbingattacken verleiten.

Hier vermag in der Tat vor allem die alte Schule der Vortrefflichkeit Abhilfe zu verschaffen. Wie wir gesehen haben, argumentiert Seneca wie auch die anderen Stoiker für den Aufbau innerer Haltungen, die uns befähigen, einerseits Angst, Neid und Jähzorn zu mäßigen, sowie andererseits Genusssucht und Luxusstreben abzulegen, also die Jagd nach materiellen und oberflächlichen Werten zu meiden. Gelassenheit ist dabei der eigentliche Schlüssel zu höheren Einsichten: In ihr kappen wir alle begehrlichen Bindungen an die Welt und bereiten den Boden für rationale Überprüfungen der uns umgebenden Dinge; in ihr erfassen wir in realistischer Manier den Radius unserer Einflussmöglichkeiten und kämpfen nicht länger auf verlorenem Posten gegen eine unabänderliche Faktizität an. Ein zentraler Gedanke der Stoiker ist an dieser Stelle: Indem wir lernen, nicht einmal den Tod – die Hauptquelle aller Beunruhigung – zu fürchten, finden wir letztlich den rechten Umgang mit schmerzlichen Widerfahrnissen, erdulden selbst Krankheiten und Verluste gefasst und gleichmütig. Wenn wir dahin gelangen, gewissermaßen ›gerne‹ zu sterben, werden wir mächtiger als jedes Schicksal, weil wir nun auch über die Freiheit verfügen, uns miserablen Lebensumständen durch Selbstmord zu entziehen.

Später müssen wir genauer abwägen, inwiefern die stoische Haltung eigene Gefahren in sich birgt, jedenfalls dann, wenn sie dazu verleitet, unsere emotionale Weltverwicklung radikal zu leugnen und abzuwehren. Unser Urteil hinsichtlich stoischer Belehrungen darf allerdings nicht außer Acht lassen, dass die Menschen vergangener Epochen in anderen Empfindungswelten lebten als wir heute. Weitaus weniger diszipliniert und abgerichtet, wurden sie vermutlich von merklich heftigeren, ungestümen Gemütsbewegungen ergriffen, nicht zuletzt auch deshalb, weil wesentlich mehr Gefahren das alltägliche Leben bedrohten. Dem musste man mit einer entsprechend rabiaten Zügelungspraxis entgegentreten. Viele Formen der Selbstbeherrschung, die uns heute ganz selbstverständlich erscheinen bzw.

in Fleisch und Blut übergegangen sind, wurden damals erstmals zum Ziel einer philosophischen Lebensweise erhoben. Dies betrifft z. b. eine zweckgerichtete Regulierung und Instrumentalisierung des Körpers, die in der modernen Lebens- und Arbeitswelt längst Normalität geworden ist. Hierzu schreibt Gernot Böhme: »Die Herausbildung einer inneren Instanz, die dem Körper entgegentritt und diesen *gebraucht*, ist bei Platon und Sokrates noch deutlich als etwas Neues und keineswegs Selbstverständliches nachzuweisen. Die Distanzierung vom eigenen Körper, die dazu notwendig ist, gehört zu dem allgemeineren Programm des ›Absterbens‹, der Loslösung der Seele vom Körper, die dem Philosophen Freiheit und Erleuchtung bringen soll. Heutzutage ist die instrumentelle Einstellung zum eigenen Körper das Allertrivialste, etwas, das man sich keineswegs abringen muß, das man auch nicht etwa moralisch oder durch Übung zustande bringt, sondern das bereits die technische Lebensform mit sich bringt.« (Böhme 1984, S. 150).

Verachtung des Schicksals – eine Auswahl stoischer Übungen

»Wer sterben gelernt hat, hört auf Knecht zu sein.« (Seneca 1999a, S. 55) – Diese Aussage kann zweifelsohne als ein Kernsatz der Lehre Senecas angesehen werden. Indem ein Mensch in den Tod einwilligt, wird er überhaupt erst in die Lage versetzt, sein Leben sinnvoll zu gestalten. Denn er wird beizeiten dafür sorgen, gut und richtig zu leben, so dass sich ein ›Genug‹ des Lebens aufzubauen vermag. Damit schwindet die Furcht, abrupt aus dem Leben gerissen zu werden, bevor man überhaupt erst wirklich zu leben begonnen hat. Da wir niemals wissen können, wie nah wir unserem Ende sind, sollten wir keinen Aufschub dulden und die Gegenwart uneingeschränkt für das Gute nutzen. Tagtäglich sollten wir bilanzieren, wie weit wir mit der Selbstformung vorangekommen sind.

Wir sollten uns zudem klarmachen, dass der Tod sein Urteil über uns sprechen wird, wobei es im Rückblick nicht auf die vollbrachten großspurigen Reden ankommen wird, sondern auf die Qualität unserer tatsächlichen Handlungen: »Was du zuwege gebracht hast, wird offenbar werden, wenn es ans Sterben geht. Ich nehme diese Bedingung an, ich fürchte den Urteilsspruch nicht.« (Ebd., S. 54) Diese Worte richtet Seneca an den jungen Lucilius. Bis zum Zeitpunkt des Todes, den wir nicht kennen, ist noch alles in der Schwebe. Zug um Zug können wir uns dahin entwickeln, dem Lebensende mit weiser Gelassenheit entgegenzutreten. Wir tun dies, indem wir keine Minute mehr gedankenlos vorüberstreichen lassen, indem wir jede Gelegenheit nutzen, um inneren Gleichmut und Unerschütterlichkeit aufzubauen. Selbst das Ausüben alltäglicher Pflichten wird – getragen von diesem hohen philosophischen Anspruch – mit gespannter, lernbereiter Aufmerksamkeit erfolgen.

Um hierfür eine Motivationsgrundlage zu schaffen, wiederholt Seneca gleichsam ›gebetsmühlenartig‹ seine Erinnerung daran, dass alles Leben totgeweiht ist und niemand – ob hoch oder niedrig situiert – diesem Gesetz der Welt entrinnen kann. »Die Asche macht uns alle gleich. (...) Keiner ist gebrechlicher als der andere, keiner ist seines morgigen Tages sicherer als der andere.« (Ebd., S. 150) Weil dem so ist, lautet die einzig richtige Strategie, sich frühzeitig auf Tod und Sterben einzustellen und sein Leben dementsprechend einzurichten. Einzig Philosophie verhilft dazu, Menschen aus den üblichen Verblendungen zu befreien. Sie weist uns an, einen geistigen Schutzwall um uns zu errichten, der das Eindringen gängiger Irrtümer verhindert. Hier ist insbesondere die ›praemeditatio futurorum malorum‹ – das Durchspielen künftiger Übel – eine von Cicero überlieferte Übung, die Seneca aufgreift. Gewissensprüfungen, alltägliches Ablegen von Rechenschaft, verringern die Gefahren eines falschen Lebens. Schlechtes und Leidvolles kann immer noch von außen kommen: aus der gemeinen Hinterlist anderer Menschen oder verursacht durch unberechenbare Schicksalsschläge. Gewappnet durch die Kraft des Denkens, wird man schließlich in eine Verfassung gelangen, auch ein tragisches Geschick klaglos zu meistern. Wer die Angst vor dem Tod zu überwinden lernt, ist schließlich unbesiegbar.

Oberstes Anliegen ist es, den richtigen Gebrauch der Zeit zu üben – ein Anliegen, welches Seneca unermüdlich an seinen Schüler Lucilius heranträgt, bis dieser schließlich aus seinem hohen Amt in der Finanzverwaltung ausscheidet, um sich ganz und gar auf den Weg der Gelassenheit zu begeben.

Erst diese Neuorientierung gewährt eine Chance auf Weisheit im vollumfänglichen Sinne. Weisheit besteht in der erfolgreichen Ausübung vier großer Tugenden, die in Senecas Lehren mehr oder weniger ausdrücklich durchdekliniert werden: *Mäßigung* im Umgang mit Begierden; *Mut* im Blick auf den Tod sowie auch den *Mut*, sein Leben im Modus philosophischer Anstrengungen zu führen; *Gerechtigkeit* in der Interaktion mit anderen Menschen und schließlich vor allem *Klugheit,* denn sie verhilft uns dazu, in allen Angelegenheiten des Lebens auszumachen, was gut und was schlecht ist. Klugheit, der unermüdliche Einsatz der Vernunft, ist fundamental. Allein wer klug ist, weiß zu bestimmen, was tatsächlich begehrenswert ist, wovor sich zu fürchten sinnlos ist, und ebenso, was wir als gerecht ansehen müssen und was nicht.

Einige der geistigen Übungen, die uns zu mehr Gelassenheit führen sollen, seien nun noch ein wenig näher ausgeführt. Viele der vorgestellten Elemente stoischen Denkens fließen in diese Übungen ein:

A) **Der richtige Umgang mit anderen:**
Die bereits angesprochene Technik der Prämeditation zielt nicht nur auf Standhaftigkeit in Anbetracht schwerwiegender Schicksalsschläge, sondern sie empfiehlt sich auch im oftmals schwierigen Verkehr mit anderen Menschen. Um den Unarten anderer mit Gelassenheit begegnen zu können, rät z. B. Marc Aurel: »Frühmorgens sage zu dir: Ich werde mit einem kleinlichen, undankbaren, unverschämten, falschen, neidischen, egoistischen Kerl zusammentreffen.« (Marc Aurel 2019, S. 17) Ähnliches legt Seneca in seinen Handreichungen zur Zornbewältigung nahe. Um sich gegen diese heftige Emotion zu wappnen, sollte man sich allmorgendlich prophylaktisch vor Augen halten, dass im Laufe des Tages voraussichtlich zahlreiche unangenehme und moralisch höchst fragwürdige Personen den eigenen Weg kreuzen werden. Gewinnt man in dieser Art nachdenkend innere Ruhe und Gefasstheit, so wird man schließlich auf die problematischen Verhaltensweisen seiner Mitmenschen mit wohlwollender Souveränität blicken. Wer hingegen aus Zorn heraus agiert, stellt sich gegen andere und verkennt die naturverfügte Teilhabe aller an dem *einen* weltumspannenden Geist: »Gegen einander zu arbeiten, wäre wider die Natur. Unwillig sein und sich abwenden aber ist ein Arbeiten gegeneinander.« (Marc Aurel 2019, S. 17)

B) **Nachsichtige Zugewandtheit**:
Indem man sich derart wappnet und seine Erwartungen entsprechend ausrichtet, wird man letztlich in den Zumutungen

und schlechten Angewohnheiten anderer weniger böse Absichten als vielmehr Produkte der Unwissenheit sehen. Man wird sich also nicht gegen andere Menschen stellen und davon ablassen, mit gleicher Münze heimzuzahlen. Diese wohlwollende Zugewandtheit gelingt, wenn man sein Denken alltäglich gezielt darauf richtet, andere Menschen als Teile desselben natürlichen Gesamtorganismus anzusehen. Alle Menschen sind als Glieder einer einzigen rationalen Gemeinschaft miteinander verbunden. Nehmen wir die letztgültige Vernunftmäßigkeit des Ganzen bewusst in den Blick, so richten wir unser Handeln ethisch aus und begegnen allen anderen in adäquater Weise. Für denjenigen, der vieles falsch macht, gilt, »daß er mir verwandt ist – nicht weil er dasselbe Blut hat oder aus demselben Samen stammt, sondern weil er an demselben Geist und an denselben göttlichen Gaben teilhat«. Erkenne ich dies an, so »kann ich weder von einem dieser Leute geschädigt werden – denn in Häßliches wird mich niemand verstricken – noch kann ich meinem Verwandten zürnen oder sein Feind sein«. (Ebd.) Und nur so kann es letztlich auch gelingen, die eigene Integrität zu bewahren.

C) **Ausbildung von Tugenden durch »Dichotomisierung der Kontrolle«:**
»Was in unserer Gewalt steht, ist von Natur frei, kann nicht gehindert oder gehemmt werden; was aber nicht in unserer Gewalt steht, ist hinfällig, unfrei, kann gehindert werden, steht unter dem Einfluss anderer. Sei dir also darüber klar: wenn du das von Natur Unfreie für frei, das Fremde dagegen für Eigentum hältst, dann wirst du nur Unannehmlichkeiten haben, wirst klagen, wirst dich aufregen, wirst mit Gott und der Welt hadern.« (Epiktet 1992, S. 9ff.) Wer sich hingegen darauf beschränkt, allein aus dem das Beste zu machen, was tatsächlich in seiner Macht steht, wird sich frei und ungezwungen fühlen, denn er wird keine falschen Schuldzuschreibungen vornehmen und keine Feinde haben. Er wird keinerlei Schaden erleiden, da er das Unverfügbare (an)erkennt und es so hinnimmt, wie es geschieht.
Es geht also darum, in jeder Situation die Dinge, die kontrollierbar sind (Gedanken, Urteile und Handlungen), von denjenigen zu unterscheiden, über die wir nicht oder nur begrenzt verfügen können (Körper, Gesundheit, Tod, äußere Ereignisse, der eigene Ruf, Wohlstand, Gedanken und Handlungen anderer Men-

schen). Zudem heißt es, sich darauf vorzubereiten, dass unsere (tugendhaften) Handlungen nicht zwangsläufig das gewünschte Ergebnis erreichen werden, denn vieles liegt nicht in unserer Hand. In Form einer Vorbehaltsklausel – z. B. ›wenn alles gut läuft‹ oder ›wenn nichts dazwischen kommt‹ – führen wir uns vor Augen, dass auch dann, wenn wir unser Bestes geben, das gute Ergebnis nicht gewährleistet ist. Letztlich geht es dem geübten Stoiker hier sogar um mehr als nur Akzeptanz, es geht ihm um eine liebende, annehmende Haltung in Bezug auf alles, was passiert. Nur so gewinnt man Gelassenheit.

Wie gesagt Tugendorientierung steht immer an oberster Stelle. Sie ist im Stoizismus der zentrale Schlüssel zum glücklichen Leben: Auch wenn viele Stoiker bei ›indifferenten‹ (nicht beeinflussbaren) Gütern wie Gesundheit oder Krankheit, Reichtum oder Armut jeweils das erste bevorzugen würden, steht Tugend dennoch über allem. Dies bedeutet: Reichtum zu erlangen, z. B. durch Betrug oder Gefährdung anderer, wäre völlig inakzeptabel und eine gravierende Verletzung der Naturordnung. Ja, der Stoiker würde nicht einmal die Moral vernachlässigen, um etwas Gutes zu bewirken, wenn es z. B. darum ginge, einen Freund durch eine Lüge zu retten. Tugendorientierung verlangt eine Unterdrückung von Emotionen, die als instabile, unhaltbare Meinungen über die Dinge anzusehen sind. Unermüdliches Nachdenken und Prüfen der eigenen Vorstellungen ist notwendig, um über Selbstkorrekturen in Einklang mit dem Lauf der Dinge zu treten.

D) **Gewissensprüfung im Rückblick auf den Tag:**
Um keinen Selbstverlust zu erleiden, gilt es allabendlich die eigenen Gedanken und Taten zu überprüfen und dabei stets die jeweiligen Grenzen anzuerkennen. Anzuraten ist eine Vorgehensweise, in der wir eine gleichermaßen entschlossen urteilende wie nachsichtig verzeihende Haltung uns selbst gegenüber einnehmen. Wir gestehen uns zu, Lernende zu sein bzw. bleiben zu müssen. Hierzu schreibt Seneca, er habe täglich vor sich selbst sein Plädoyer gehalten: »Wenn das Licht aus dem Raum getragen worden ist und meine Frau nichts mehr sagt – sie ist nämlich schon mit meiner Gewohnheit vertraut – dann durchforste ich meinen gesamten Tag und gehe meine Taten und Worte noch einmal durch. Ich verhehle mir nichts und übergehe auch nichts.

Warum sollte ich auch vor irgendeinem meiner Fehler Angst haben? Ich kann doch sagen: ›Sieh zu, dass Du das nicht mehr tust. Dieses Mal verzeihe ich Dir noch‹.« (Seneca 2007, S. 259)

E) **Analogisierung von physikalischen Tatsachen und menschlichen Lebensdingen:**
Eine weitere Übung zum Zwecke einer gelassenen Haltung ist der Blick von oben, der erkennen lässt, dass alle Dinge ein zusammenhängendes System bilden, welches sich zugleich als Ganzes in unablässigem Fluss befindet. Diese Übung dient dem Zweck, Erlebtes in übergeordnete, gleichsam ewige Zusammenhänge einzufügen und dabei das Unbeständige aller Dinge zu erfassen. Solche Distanznahmen verhelfen dazu, sich von emotionalen Verstrickungen in die Welt zu lösen und alltägliche Sorgen zu relativieren. Wir begreifen dann, dass es sich bei einem Leckerbissen um den »Kadaver eines Fisches« handelt, dass ein »Purpurgewand nur die Wolle eines Schafes« ist, »die mit dem Blut der Schnecke getränkt wurde«. (Marc Aurel 2019, S. 70) Für die Stoiker bedeutet dieser Blick von oben, dass man die Dinge so begreift, wie sie *wirklich* sind. Insbesondere in den Selbstbetrachtungen von Marc Aurel finden wir diese geistige Übung vielfach wiederholt und variiert. Hier noch ein Beispiel: »Den Lauf der Sterne beobachten, als ob man sich mit ihnen herumdrehte, und immer an die Verwandlung der Dinge ineinander denken. Denn die Vorstellungen davon waschen den Schmutz des irdischen Lebens ab. Wer über Menschen redet, muss auch gleichsam von einer höheren Warte aus die irdischen Dinge betrachten, Tierherden, Heere, Ackerbau, Hochzeiten, Scheidungen, Geburten, Todesfälle, Lärm bei Gerichtsverhandlungen, verödete Landschaften, mancherlei Völker von Barbaren, Feste, Totenklagen, Märkte, dieses Durcheinander und das aus Gegensätzen harmonisch Geordnete.« (Ebd., S. 95)

Ein tragfähiges Ideal?

Die geistigen Distanzierungsübungen der Stoiker bieten überaus hilfreiche Anregungen für eine verbesserte zwischenmenschliche Verhaltensethik, denn sie vermitteln eine heilsame Zurückhaltung, die wir oft vermissen. Aufs Ganze gesehen aber lässt sich nicht

II. Besonnenheit und Gelassenheit – zwei herausragende Tugenden

abstreiten, dass das stoische Ideal der Ungerührtheit nicht nur den Wert des Mitgefühls verkennt, sondern ebenso einer ehrlichen Selbsterkenntnis im Wege steht. Zum Beispiel läuft man Gefahr, diejenigen emotionalen Gewinne zu unterschlagen, die sich insbesondere mit der Beanspruchung einer Haltung geistiger Überlegenheit verbuchen lassen. Mancher Rat kommt einer Magie der Selbstbeschwörung gleich, insofern er die Eigendynamik seelischer Schmerzen verleugnet, gegen die alle Vernünftelei doch letztlich wenig ausrichten kann.

Wir fragen also: Verführt das Ideal der Ungerührtheit nicht möglicherweise zu einer verqueren, täuschungsanfälligen Selbstwahrnehmung? Verstellt es nicht den Blick auf die eigentlichen Motivationsquellen moralischen Handelns? Ist die von den Stoikern privilegierte Form der Unerschütterlichkeit überhaupt einer erstrebenswerten ethischen Wandlung der Person zuträglich? Anders gefragt: Verlangt die Ausbildung ›echter‹ Tugend nicht vielmehr, dass eine Person sich berühren lässt und sich ihren Mitmenschen in grundsätzlicher Weise emotional verbunden fühlt?

Einige Lebenszeugnisse und Selbstauskünfte der antiken ›Gelassenheitsapologeten‹ führen uns vor Augen, dass die anspruchsvollen Weisheitslehrer regelmäßig selbst an ihre Grenzen stießen. So bekundet Cicero sein Scheitern, indem er konzediert, dass ihm das Philosophieren vielfach nicht hätte helfen können, am wenigsten, als er seine geliebte Tochter Tullia verlor. Auch Seneca räumt ein, aus Rücksichtnahme auf seinen alten Vater oder auch auf seine Frau Paulina von zentralen Prinzipien der eigenen Lehre abgewichen zu sein. Um diese geliebten Menschen vor Schmerzen zu bewahren, widerstand er als junger Mann einem Entschluss zum Selbstmord und betrieb auch im Alter eine weitaus intensivere Selbstfürsorge, als seinen propagierten Vorstellungen entsprach. In Bezug auf Paulina lesen wir: »Da ich nun weiß, daß ihre Gedanken sich mit mir sorgend beschäftigten, fange ich an, auf mich Rücksicht zu nehmen, um nicht gegen sie rücksichtslos zu sein. (...) Da ich nun bei ihr nicht durchsetzen kann, daß sie mich mit mehr Tapferkeit liebt, erreicht sie von mir, daß ich mich mit mehr Sorgfalt pflege. Man soll nämlich auf edle Gemütsregungen Rücksicht nehmen. Zeichen hoher Gesinnung ist es, um anderer willen zum Leben zurückzukehren, was große Männer oft getan haben.« (Seneca 1999, S. 162) Die ihm entgegengebrachten Emotionen der Liebe und des Mitgefühls sind hier offenbar übermächtig. Sie setzen, zumindest im persönlichen Kreis, eine mutig-männliche Verachtung des Leids außer Kraft, die ihn an anderer Stelle veranlasst zu sagen, dass es doch »eine nutzlose Menschenfreundlichkeit ist, Tränen darüber zu vergießen, weil irgendeiner seinen Sohn zu Grabe trägt (...)«. (Seneca 2013, S. 80). Seneca, der in Tränen eher ein Signal fraglicher Weltverwicklung erblickt, muss dennoch bekennen, seinen Freund Annaeus Serenus »so unmäßig beweint« zu haben, dass er gegen seine erklärten Absichten ein Beispiel dafür gegeben habe, »wie man vom Schmerz überwältigt werden kann«. Rückblickend allerdings verurteile er dieses Verhalten. (Seneca 1999a, S. 96)

Wie auch immer man diese ›Schwächeeinbrüche‹ Senecas im Rahmen seines Werks beurteilen mag, sie zeigen uns, dass stoische Gelassenheit für reale Menschen, die mit wachen Sinnen mitten im Leben stehen, in jedem Fall kein leichtes Unterfangen ist, wenn sie nicht sogar eine verstiegene, lebensfremde Überforderung ist, die unbedingt zu überdenken ist. Vom heutigen Wissensstand aus beurteilt, müsste man zunächst konstatieren, dass hier gewissermaßen etwas Menschenunmögliches angestrebt wird. Wer die realen Gegebenheiten leugnen und die Erreichbarkeit einer gelassenen Haltung für sich selbst beanspruchen wollte, läuft Gefahr, fataler Selbsttäuschung zu unterliegen oder sich womöglich in selbstgefälligen Posen demonstrativer Coolness zu verlieren. Im Grunde genommen gereicht es Seneca zur Ehre, gleichsam unter der Hand die unwiderstehliche Einflussmacht prosozialer Emotionen wie Mitgefühl und Freundschaft aufgezeigt und zugestanden zu haben. Die geschilderten Momente persönlicher Kapitulation offenbaren auf indirekte Weise die Realitätsferne einer Vernunftlehre, die vorgibt, durch strenge innere Zucht unsere fühlende Weltverwicklung aufheben zu können. Eine konsequente emotionale Abschottung gegen das unmittelbare Umfeld, ist allenfalls dann (temporär) realisierbar, wenn egoistische Antriebe bzw. Selbstschutzmotive prädominant werden. Da im ungelüfteten Dunkel dennoch Gier, Eitelkeit oder Angst regieren, wäre gelassene Ungerührtheit hier eher ein Mittel zum Zweck und eben nicht im ethischen Sinne wirksam.

Nach allem, was wir über die Bedeutung emotionaler Faktoren wissen, liegt mittlerweile folgender Schluss nahe: Entweder wir ignorieren jedwedes Schwächesymptom und verlieren uns in Stärkesimulationen und Selbsttäuschungsmanövern oder wir halten es

II. Besonnenheit und Gelassenheit – zwei herausragende Tugenden

wie Seneca und finden für unsere nachgiebige Inkonsequenz akzeptable Begründungen, die, wenn sie auch der eigenen Lehre widersprechen, mit ziemlicher Sicherheit auf eine wohlwollende Leserschaft bauen können; oder aber, und hier scheint mir die eigentliche Lösung zu liegen, wir bemühen uns um eine neue Konzeption der Gelassenheit, die auch ein anerkennendes, unverkrampftes Verhältnis zu Leiblichkeit und Emotionalität umfasst.

Für wie angemessen und wirksam man die Ratschläge stoischer Lehrer im Einzelnen auch halten mag, unbestreitbar ist, dass sie ihre argumentative Überzeugungskraft aus der Annahme einer unverrückbaren, zeitlosen Naturordnung gewinnen: Weil die jeweilige Person sich in einem sinnvollen Ganzen aufgehoben und geborgen weiß, stellen Ruhe und Unerschütterlichkeit sich auch angesichts von Krankheit, Verlust und Tod ein. Selbst wenn sie den höheren Sinn hinter ihren persönlichen Widerfahrnissen nicht immer auf Anhieb erkennen wird, vermag sie sich – so die antike Lehre – trostbietend vor Augen zu führen, dass jedes kleine nichtige Sein in eine umfassendere sinnvolle Wirklichkeit eingebettet ist. So wird sich die quälende Frage ›Warum passiert ausgerechnet mir dieses Unglück?‹ alsbald relativieren, weil sie erkennt, dass jedes Verschontsein und jeder mögliche Vorteil anderer Menschen nur scheinbar bzw. temporär gegeben ist. Denkt man angemessen über die Allgegenwart von Krankheit und Tod im Leben der Menschen nach, dann wird man schließlich einsehen müssen, »dass alles, was geschieht, immer schon so geschah und geschehen wird und jetzt überall geschieht«. (Marc Aurel 2019, S. 172) Wer dieses Gesetz des Seins verstanden hat, wird nicht länger lamentieren und gegen das Schicksal aufbegehren. Er wird sein Glück darin suchen, eine Festung der Gelassenheit gegen alle Stürme des Lebens zu errichten. Er wird sich unablässig sagen: »Sei dir bewußt, daß jede Lage dem Wechsel unterworfen ist und daß, was irgendeinen trifft, auch dich treffen kann.« (Seneca 2013, S. 65)

Teilt man diese Voraussetzungen, so ist dem stoischen Konzept fraglos eine hohe Schlüssigkeit zuzusprechen. Dennoch wäre von heute aus zu fragen, ob der Seltenheitswert echter Stoiker nicht zuletzt auf eine Verkennung der menschlichen Seele zurückzuführen ist, die mit dieser Lehre offenbar immer schon verknüpft war. Fraglos ist mittlerweile der Glaube an eine allesumfassende Seinsordnung, deren Bewusstmachung gleichsam auf ›wundersame‹ Weise die innere Verfassung wandelt, nur noch schwer vermittelbar. Zudem finden sich hinreichend Anhaltspunkte dafür, dass die Stoiker selbst regelmäßig hinter die eigenen Maßstäbe zurückfielen, also keinesfalls frei von Widersprüchen waren. Wir haben gesehen, dass Seneca sein stoisches Kleid wiederholt zu eng wurde. Heutiges Wissen über den Menschen erklärt dies, insoweit es augenfällig macht, dass der Katalog stoischer Forderungen der leiblich-sinnlichen Eingebundenheit des Menschen nicht gerecht wird. In der Überidentifikation des Menschen mit verstandesmäßigen Potentialen wird unsere tatsächliche Natur verfehlt, was nicht wenige Gefahren in sich birgt. Zudem ließe sich mutmaßen, dass gerade derart vermessene Fehleinschätzungen und Überforderungen wesentlich dazu beitragen, dass Menschen *erst recht* hinter ihren eigentlichen Möglichkeiten zurückbleiben.

Fazit: Die kleine Auswahl der von Seneca, Marc Aurel und Epiktet angeratenen Verhaltensweisen verweist auf ein hochstehendes und anspruchsvolles Menschenbild. Um in Übereinstimmung mit der Natur zu gelangen, muss die Seele mit gespannter Aufmerksamkeit einem vorgegebenen Tugendschema folgen. Ein vernünftiger Wille soll das Triebleben rational steuern und damit gewissermaßen stillstellen, wobei man Rechenschaft über jede vergeudete Sekunde abzulegen hat. Die Natur wird als ein gesetzmäßig geordnetes, durchgetaktetes Ganzes betrachtet, zu dem ein jeder Mensch gehört und dem er sich zu fügen hat. Sofern ein Einzelner von Affekten geschüttelt aus dem Tritt gerät, muss er alle Anstrengungen darauf verlegen, sich neu auf das objektive, gottgegebene Natursystem hin auszutarieren und entsprechend zu harmonisieren. Der Hauptakzent liegt auf Verstandesübungen, über die man sich das wahre Sein der Dinge vergegenwärtigt oder zu erwartende Schwierigkeiten vorgängig in der Phantasie durchspielt. Eher beiläufig rät Seneca übrigens auch zu Maßnahmen auf der körperlichen Ebene, etwa zu kargem Essen oder zu Schlaf auf harter Unterlage. Trotz solcher Ratschläge dominiert in den Betrachtungen Senecas die geistige Auseinandersetzung mit den Anfechtungen des Lebens. Mit dem Affektbereich ist repressiv zu verfahren, da Emotionen nichts anderes als Fehlurteile sind und schädliche Ablenkungen vom Eigentlichen bedeuten. Diesen gedanklichen Faden werden wir später aufgreifen. Zunächst wären in aller Kürze weitere Etappen des Nachdenkens über Gelassenheit zu beleuchten.

II. Besonnenheit und Gelassenheit – zwei herausragende Tugenden

Gelâzenheit – eine mönchische Tugend

Besondere Ausprägung erfährt die Gelassenheitskategorie im Werk des spätmittelalterlichen Mystikers Meister Eckhart und in der Folge bei einigen seiner Schüler. In diesem Kontext taucht auch das deutsche Wort Gelassenheit – ehedem ›gelâzenheit‹ – erstmals auf. Hiermit wird eine spezifische Form aktiver Passivität beschrieben, über die sich die Seele des Menschen ihrer »Einswerdung mit Gott empfiehlt«.[19] Weil der Gelassene in Gott ruht, gelten Menschen, die immer nur mit sich selbst und ihren unmittelbaren Interessen befasst sind, als ungelassen und fehlgehend. Indem sie sich als freie, selbstbestimmte Gestalter begreifen, verkennen sie ihre eigentliche, ursprüngliche Natur als Geschöpf Gottes. In der Mystik sowie in großen Teilen der christlichen Lehre ist deshalb das Erkennen der Kreatürlichkeit des eigenen Selbst von zentraler Bedeutung. Genau hiermit beginnt der Weg der Gelassenheit.

Um lassen zu können, heißt es Abstand nehmen von jeder allzu forcierten Vorgehensweise, die auf äußere Gestaltung und weltliche Erfolgsziele gerichtet ist. Stellvertretend für viele sei an dieser Stelle Johannes Tauler zitiert, der mit Meister Eckhart zu den bekanntesten Vertretern der deutschsprachigen Dominikaner-Spiritualität gehört: »Wahrlich, wir sind und wollen und wollten stets etwas sein, immer einer vor dem anderen. In diesem Streben sind alle Menschen so befangen und gebunden, daß niemand sich lassen will. Dem Menschen wäre leichter, zehn Arbeiten zu verrichten, als sich einmal gründlich zu lassen. (...) Da kommen denn viele Leute und erdenken sich mancherlei Wege, um zu diesem Ziel zu gelangen: Die einen wollen ein Jahr lang von Wasser und Brot leben. Die anderen eine Wallfahrt machen, bald dies, bald das. Ich nenne dies den einfachsten und kürzesten Weg: geh in deinen Grund und prüfe, was dich am meisten hindert, dich am meisten von der Erreichung dieses Ziels zurückhält; darauf richte deinen Blick, den Stein wirf in des Rheines Grund.« (Tauler 1961, S. 592)[20]

Wir sehen: Innere Einkehr, Ablösung von Zufälligkeiten und unwesentlichen weltlichen Dingen schaffen hier die Voraussetzungen für Gelassenheit. In der christlichen Vorstellung ist damit ein bedingungsloses Sich-Gott-Überlassen verbunden. Die geforderte Selbstaufgabe, das Ablassen von Eigenliebe ist radikal, denn sie darf in keiner Weise aus selbstbezogenen Absichten heraus geschehen.

Vielmehr muss jedwedes Zurücktreten des Selbst gleichsam ›rein‹, d. h. vollkommen absichtslos im Vertrauen auf göttliche Gnade erfolgen. Gelassenheit fordert den ganzen Menschen dazu auf, sich zuversichtlich ohne jeden Vorbehalt der kreatürlichen Abhängigkeit von Gott zu überantworten. Tut er dies, so setzt er Ereignissen und Dingen keinerlei Widerstand mehr entgegen, sondern überlässt sich ohne Wenn und Aber der Verfügungsgewalt Gottes. Auf diesen Anspruch mittelalterlicher Mystiker Bezug nehmend, aber sicher auch in Gedanken an die hochfliegenden Zielsetzungen der Stoiker, gelangt der Lebensphilosoph Otto Friedrich Bollnow zu folgendem bemerkenswertem Rückschluss hinsichtlich der Gelassenheit: »Die Gelassenheit ist damit in ihrem tieferen Sinn die Tugend der Heiligen.« (Bollnow 2009, S. 215) Zweifelsohne spiegelt sich in vielen überlieferten Konzepten der Gelassenheit ein grundlegend unerschütterliches Welt- und Gottvertrauen, das, wenn es nicht seit jeher eine Illusion war, von den meisten heutigen Menschen wohl kaum noch aufgebracht werden kann.

Gelassenheit und Verstandeskühle – im Sog der Verweltlichung

Zahllose Denker wie Thomas von Aquin, René Descartes oder Immanuel Kant hielten im Verlauf der Philosophiegeschichte an dem ethischen Negativurteil in Bezug auf weite Teile des Emotionalen fest. Eine neu erwachende Vernunftbegeisterung, die das menschliche Wollen als rational dirigierbar auswies, wurde insbesondere für das Zeitalter der Aufklärung bestimmend. Seitdem ist die spirituelle Dimension der Gelassenheit rückläufig. Im Zeichen einer Lossprechung vom Gängelband der Religion transformiert sich Gelassenheit zunehmend zu einer innerweltlichen Tugend. Hier wird Vernunft neuerlich zum allmächtigen Instrument einer Eindämmung und Bezähmung der Leidenschaften. Sofern sie die Regie übernimmt, wird das Schicksal des Menschen zu einer kontrollierbaren Größe. Fernab aller affektiven Abgründe verheißt Vernunft den Weg zur Gelassenheit und begünstigt auf diese Weise den sozialen Aufstieg. Zur Erlangung dieser Ziele setzte man auf die frühe Schulung der geistigen Kräfte, weshalb das pädagogische Denken in dieser Zeit enormen Aufschwung nahm. Während der Frühaufklärung kam es vorübergehend sogar zu Programmen vernunftorientierter Mädchenbildung, mit denen sich eine progressive Abwandlung tradierter Weiblichkeitsbilder verband.[21]

Wie Strässle ausführt, rückt in dieser Phase zugleich verstärkt das Motiv einer kalten Gelassenheit in ins Visier. Viele literarische Werke der Zeit bringen – zumeist in kritischer Absicht – einen philiströsen Habitus zur Darstellung. Angeprangert wird eine empfindungslose Aufgeräumtheit und Ungerührtheit, die mit rechenhaftem Sinn den Lebensacker bestellt. Gegen alltagspraktischen Stumpfsinn und unterkühlte Überheblichkeit wenden sich insbesondere Vertreter des *Sturm und Drang* wie etwa der junge Goethe mit seiner Werther-Figur oder aber Karl Philipp Moritz in seinem *Magazin zur Selbsterfahrungsseelenkunde*. In diesen Kontexten findet sich manch flammendes Plädoyer für ein empfindungsreiches, bewegtes, ja stürmisches Leben, dem das Ziel der Gelassenheit – angesichts kleinbürgerlich-aufgeräumter Engstirnigkeit – in grundsätzlicher Weise suspekt geworden ist. Man brachte das Gelassenheitspostulat mit kleingeistiger Gängelei und spießiger Reglementierung in Verbindung und setzte dem nun ein Recht des Individuums auf freie Entfaltung seiner schöpferischen Potentiale entgegen. In diesem Sinne verkündet Karl Philipp Moritz: »Sturm in der Seele ist oft besser als Windstille. Der Sturm kann das Schiff zerschmettern, aber er kann es auch glücklich in den Hafen bringen. Die Windstille ist fürchterlich, sie droht einen langsamen, schrecklichen Tod. Begierden, Hoffnungen und Wünsche, erwacht, erwacht in meiner Seele! Facht an das Feuer, das noch in der Asche glimmt, und bald durch tausend getäuschte Hoffnungen erstickt wäre! Wie süß ist ängstliches Harren, wie süß dies Toben in der Brust, gegen jene kalte Gelassenheit, die mir keinen heftigen Wunsch für die Zukunft mehr übrig läßt.« (Moritz 1981, S. 22)

Ein grundlegender Wandel in der Bewertung des Emotionalen zeichnete sich bereits in der ersten Hälfte des 18. Jahrhunderts bei den Vertretern des schottischen Sensualismus ab. Philosophen wie David Hume und Adam Smith rückten das Wirken einer sozialen Grundanlage des Menschen (»fellow-feeling« oder »sympathy«) in den Mittelpunkt ihrer moraltheoretischen Reflexionen. Hume, der den Menschen als dasjenige »Geschöpf des Weltalls« charakterisierte, »das das heißeste Verlangen nach Gesellschaft hat« (Hume 1978, S. 97), warnte nachdrücklich vor rigiden, unerfüllbaren Verstandespostulaten, mit denen man das Gefühlsgeschehen ignoriere. Er maß der Vernunft nurmehr eine nachfolgende, assistierende bzw. instrumentelle Rolle zu: »Die Vernunft ist nur Sklave der Affekte und soll es sein; sie darf niemals eine andere Funktion beanspruchen als die, denselben zu dienen und zu gehorchen.« (Ebd., S. 153) Gleichwohl die schottischen Denker das Moralverhalten aus den prosozialen Gefühlsanlagen des Menschen herzuleiten suchten, waren sie sich der Tatsache bewusst, dass unser Mitfühlen naturgemäß nur einen begrenzten Radius aufweist und deshalb in der Regel weitaus schwächer wirkt als das Eigeninteresse. Deshalb ist mit der Durchschlagkraft ichbezogener Antriebe zu rechnen, sofern nicht eine umfassende Kultivierung der Gefühle stattfindet, wofür man sich intensiv engagierte. Insbesondere Adam Smith plädierte für eine Aus- und Weiterbildung natürlicher Affektanlagen. Ausschlaggebend für solche Prozesse sittlicher Bildung ist – so Smith, ganz im Sinne der Stoiker – die Tugend der Selbstbeherrschung. Selbstbeherrschung dient, wie er nahelegt, vor allem einem tiefliegenden persönlichen Verlangen nach sozialer Anerkennung. Gedämpft verlieren selbst ungestüme Affekte ihre Rohheit, so dass wir für unsere Anliegen leichter mitfühlendes Verstehen und Zuwendung durch andere finden können.[22]

Auch wenn hier bereits die Vorstellung einer machtvollen Destruktivität der menschlichen Natur anklingt, formiert sich erst im Rahmen der psychoanalytischen Schule ein Denken, das Hass und Zorn als Niederschlag unbezwingbarer Aggressionstriebe einstuft. Fortan identifiziert man einen natürlichen Hang zu Destruktivität, der mit Hilfe intellektueller Kräfte keinesfalls vollends abzuschütteln ist, sondern sich im Gegenteil der Verstandespotentiale regelmäßig höchst effektiv zu bedienen weiß. Der Verstand ist genötigt, sich in hohem Maße einer übermächtigen Emotionalität zu fügen. Zunehmend fällt ihm eine sekundäre, nachgeordnete bzw. allenfalls eine wissenschaftlich betrachtende Rolle zu. Sofern man in irgendeiner Form modulierend bzw. umkonditionierend eingreifen will, müssen zuvor die psychischen Funktionsmechanismen mit größter Sorgfalt eruiert werden. Kurzum: Gemäß diesen Lehren bietet die menschliche Natur keinerlei Anlass dafür, (stoische) Verstandessouveränität als ein realistisches Konzept anzusehen.

Doch mittlerweile können wir erneut einen Umschwung beobachten, insofern man sich zunehmend gegen deterministische Denkfiguren innerhalb des Psychologismus wendet. Im Verlauf des 20. Jahrhunderts treten zunehmend philosophische Betrachtungsweisen hervor, die den individuellen Selbstregulierungs- und Selbstformungsfähigkeiten des Menschen auf veränderte Weise Gewicht verleihen. Ohne den Wert naturwissenschaftlicher und empirisch-psychologischer Erkenntnisse prinzipiell zu leugnen, weist man eine Sicht zurück, die den Einzelnen hauptsächlich als wehrloses Resultat von Bedingungszusammenhängen einstuft. Seit einigen Jahrzehnten verweisen Schulen der Lebenskunstphilosophie wieder nachdrücklich auf Freiheitsspielräume, die trotz aller Prägungen und Einschränkungen bestehen und kontinuierlich ausgeweitet werden können. Auch das Engagement innerhalb der Philosophischen Praxis zielt in dieselbe Richtung. Aktuelle empirische Wissensbestände berücksichtigend entfaltet man ein freiheitsorientiertes Menschenbild, in dem überlieferte Klugheitsmaßstäbe aufgegriffen und kontinuierlich modelliert werden, um zeitgemäße Leitlinien für eine Arbeit mit Menschen zu gewinnen. Dabei richtet sich das Augenmerk auf konkrete Lebensfragen, insbesondere auf den Umgang mit existenziellen Krisen und Grenzsituationen.

Wenngleich die Stoiker hier und da erneut Pate stehen, sind viele dieser Konzepte keineswegs von argloser Überschätzung rationaler Potentiale gekennzeichnet, nicht einmal da, wo man sich ausdrücklich als moderner Stoiker definiert. Einerseits weiß man mittlerweile um den positiven und zugleich unerlässlichen Eigenwert der emotional-leiblichen Anlagen des Menschen, so dass dieser Dimension durchaus hohe Bedeutung im Blick auf ein gelingendes (oder erfolgreiches) Leben zugemessen wird; andererseits beobachtet man – gerade vor diesem gedanklichen Hintergrund – mit besonderer Aufmerksamkeit die spezifisch-modernen Varianten emotionaler ›Verwilderung‹, die unsere Selbst- und Lebenszufriedenheit kaum weniger beeinträchtigen als tradierte Formen repressiver Gefühlskontrolle. Erkannt wird, dass es nicht länger darum gehen kann, die emotionalen Anlagen des Menschen zu unterdrücken, sondern allein darum, sie mit Sorgfalt und Geduld zu kultivieren. Nur ein eigenständiger, aufmerksamer Umgang mit emotionalen Dispositionen vermag innere Ausgewogenheit zu bewirken, während der außengelenkte moderne Lebensstil große Gefahren der Selbstentfremdung in sich birgt. Heute ist es ein häufig anzutreffendes Muster, sich im Dienst der Karriere harten Verfahren der Selbstkontrolle zu unterwerfen, während im Freizeitbereich Bedürfnisse und Begierden möglichst ungehemmt ausgelebt werden. Man führt ein Leben am Limit, was in wachsendem Maße Auszehrung und Selbstentfremdung nach sich zieht. Hierauf reagieren die neuen Schulen lebenspraktischen Philosophierens.

Ein tiefsitzender Dualismus

Skeptische Vorbehalte gegenüber körperlichen Begierden und Leidenschaften sind von Anbeginn an tief in die abendländische Tradition eingeschrieben. Gleichwohl ein Vergleich der Denker diesbezüglich zahlreiche Unterschiede und Abstufungen erkennbar macht, verbindet sie doch *ein* gemeinsamer Grundgedanke: Da Emotionen primär der Sphäre des Leibes zugerechnet werden, gelten sie als Signalsysteme fraglicher Verstrickung in eine empirische Welt, von der man sich – im Zuge der Realisierung der Vernunftnatur – möglichst weitgehend zu lösen hat. Richtungsweisend wirkt dabei eine allgemein vorausgesetzte, formgebende Sphäre der Ideen bzw. des Geistes, die man im antiken Denken gewissermaßen als ›gegenständlich‹ vorgegeben ansah. Wer die hier verankerten hohen Ideale erreichen will, sollte sich tunlichst von allen flüchtigen weltlichen Gütern unabhängig machen. Anders formuliert: Wer als Erkennender die Vielfalt der tatsächlichen Welt durchquert, um dem wahren Wesen der Dinge näher zu kommen, welches hinter den vorübergehenden und wechselnden Erscheinungsformen ruht, muss sich von begehrlichen Wünschen und emotionalen Irreführungen lösen. Weil Gefühle als Einfallstor für Egoismus und Fehleinschätzung gelten, sollte man sich in die Lage versetzen, ruhig, rational und souverän mit derartig nichtigen Anwandlungen umzugehen. Wahre Erkenntnis findet nur der Gelassene, der innerlich ›Herabgedimmte‹ und Befreite. Ein solcher blickt wie der zum Tode verurteilte Seneca abgeklärt und gefasst auch seinem bevorstehenden Ende entgegen, denn das Eigentliche und Maßgebliche spielt sich in der Seele ab, die als unsterblich gilt.

Heute müssen wir feststellen: Eine solche Haltung, die das Denken auszeichnet und das Körperliche demgegenüber als das zu Bearbeitende oder zu Bezwingende betrachtet, unterschätzt bzw. missachtet zum einen die *untilgbare* Einflussnahme leiblich-emotionaler Faktoren auf unsere Denkprozesse, zum anderen wird mit dieser Haltung der positive Eigenwert leiblicher Erfahrungsweisen verkannt. Überdies wird die für moralisches Handeln unverzichtbare Motivationskraft prosozialer Gefühle nicht erfasst, ebenso wenig die Orientierung gebenden Funktion unangenehmer/problematischer Empfindungen wie Zorn oder Angst. Man vernachlässigt beispielsweise, dass Angst häufig eine unbedingt ernst zu nehmende Bedrohung anzeigt bzw. dass die Zornesregung als unverzichtbarer Indikator für Fehlverhalten und soziales Unrecht dient.

Angetrieben durch ein übersteigertes Ideal geistiger Unabhängigkeit von allen unmittelbaren Wirkfaktoren, werden Sympathie und Mitgefühl aus der Ethik verbannt werden. Bei Seneca lesen wir z. B.: »Zur Sache gehört, an dieser Stelle zu fragen, was Mitleid ist, denn die meisten loben es als eine Tugend und bezeichnen als gut einen mitleidigen Menschen. Auch Mitleid ist eine Fehlhaltung der Seele. Beides (Grausamkeit und Mitleid, B.-V.) befindet sich im Bereich der Strenge und der Milde, das wir meiden müssen; unter dem Schein der Strenge verfallen wir in Grausamkeit, unter dem Schein der Milde in Mitleid. Hier wiegt weniger schwer ein Irrtum, doch es handelt sich um den gleichen Irrtum, wenn man von der Wahrheit abweicht.« (Seneca 1989, S. 19f.)[23]

Akzeptable Glücksempfindungen kann es nur im Nachklang einer so beschaffenen geistigen Leistung rigider Selbstbezwingung geben, während demgegenüber alle sinnlichen Freuden und lustvollen Gefühlsstürme gering zu achten sind. Dies ist überaus fraglich, denn hier maßt sich Vernunfthybris an, den Widerfahrnischarakter der menschlichen Existenz restlos aufheben zu können. Freiheit, aber auch Glück entspringen einer weitgehenden Unterdrückung aller Affekte – eine Denkweise, die wie Adorno in seiner ethischen Schrift kritisch anmerkt, die gesamte abendländische Geschichte durchwaltet und in der »die einander aufs heftigste widersprechenden Denker miteinander übereinstimmen«. (Adorno 1997, S. 178) Fatalerweise wirken derartige Fehlurteile oftmals sogar dann noch weiter, wenn eigentlich nicht mehr von einer verächtlichen Herabwürdigung des Leibes im Sinne eines kruden Dualismus die Rede sein kann. Auch da, wo man zu vielen wertvollen Anregungen für eine allseits umsichtige Selbstsorge gelangt, bleiben bestimmte Perspektiven weiterhin unterrepräsentiert. So ist bislang die Transformation und Erweiterung der geistigen Dimension durch körperliche Übungen im westlichen Denken nach wie vor weitaus weniger verbreitet als innerhalb der östlichen Tradition. Ebenso wenig finden sich hier Bestrebungen hinreichend ausgeprägt, das Leibbewusstsein als eine für sich bestehende Seinsqualität zu kultivieren – das heißt, »das Pathische als Quelle des Selbst zu entdecken und anzuerkennen« (Böhme 2003, S. 369). Zum Menschsein gehört in unserer Überlieferung, wie Gernot Böhme darlegt, den Leib in erster Linie zu gebrauchen und zu regulieren, nicht jedoch, sich durch die leibliche Selbsttätigkeit auch positiv getragen zu wissen. Bis in die Gegenwart hinein finden sich reichhaltige Belege dafür, dass die sinnlich-leibliche Dimension menschlicher Existenz eher stiefmütterlich behandelt wird.

Auch fehlt es in weiten Teilen der Philosophie daran, leiblich-sinnliche Erfahrungen als lehrreiches Gegengewicht zu illusionären Vorstellungen rationaler Autonomie zu begreifen. Bis in die jüngere Vergangenheit hinein war es zum Beispiel wenig geläufig, darüber nachzudenken, inwiefern es für das Denken und Verhalten einer Person maßgeblich ist, welche leiblich-emotionalen Erfahrungen sie durchlaufen hat. Wächst indes die Bereitschaft, sich den leiblich fundierten Erfahrungsweisen zu stellen und zu öffnen, so muss sich notwendigerweise jener unbändige Machtwille mäßigen, der glaubt, alles nach eigener Maßgabe ›vernünftig‹ planen und arrangieren zu können. Ein derart hochfliegender Freiheitsanspruch ist illusionär, weil er die Kraft bedingender Faktoren verkennt. Letztere schlagen paradoxerweise gerade dann gradlinig determinierend durch, wenn das Freiheitsbegehren allzu hoch hinauswill. Lassen wir nämlich die Kräfte im Dunkeln, die uns tatsächlich antreiben, d.h. ignorieren wir unser Sein als in die Welt verwobene, bedingte Wesen, so sind die Würfel bereits gefallen, wenn die Überlegung beginnt.

Neue Perspektiven

Die These Freuds, dass viele für unser Verhalten ausschlaggebende Prozesse unbewusst verlaufen, findet mittlerweile weitreichende Bestätigung durch neurobiologische Forschungen.[24] Dies legt den Rückschluss nahe, dass sich unterhalb der Regungen und Gefühle, die uns bewusst werden, ein dunkles, schwer zugängliches Meer des Unbewussten erstreckt. Es wäre ein vermessenes Ansinnen, mit einem Philosophieren über Gefühle gleichsam auf den Grund der menschlichen Seele blicken zu wollen. Neben vielen hilfreichen Einsichten, die durch nachdenkliches Ausloten der Gefühlsphäre vermittelt werden, müssen wir wohl insbesondere verstehen und akzeptieren, dass wir uns selbst niemals vollständig durchsichtig werden können und dass wir – wider alle Erfahrungswerte – auch immer aufs Neue von uns selbst überrascht werden können. Diese Gegebenheit darf aber nicht, wie es heute permanent geschieht, dazu verleiten, tradierte Wertabstufungen radikal umzukehren und nun abschätzig auf unsere Bewusstseinsfähigkeiten zu blicken. Dies entspräche einem Dualismus mit umgekehrten Vorzeichen.

Auch wenn das Zusammenspiel elementarer Impulse nicht bis ins Letzte ausgeleuchtet werden kann, lohnt es sich trotzdem, mit Nachdruck die Sprache der Gefühle zu entziffern, um daran anknüpfend Denken und Fühlen konstruktiv aufeinander zu beziehen und beides möglichst weitreichend in Einklang miteinander zu bringen. Dass dabei stets ein Rest des Unwägbaren einzuräumen ist, steht einem Vorankommen der (Selbst)Erkenntnis grundsätzlich nicht im Wege. In allen Wissensbereichen gelangen ForscherInnen zu soliden Ergebnissen, ohne ihre innersten Antriebe in jedem Fall genauestens zu kennen – seien dies nun reine Wissbegierde oder verborgene persönliche Vorurteile, oder sei der Beweggrund ein Streben nach Erfolg und Anerkennung, sei es das vielleicht angstgelenkte Verlangen, die Welt besser zu beherrschen, oder sonst ein Motiv. Ja, an dieser individuellen ›Schwachstelle‹ könnte philosophische Selbsterkundung vermutlich auch für streng sachorientierte WissenschaftlerInnen, die sich perfekt mit menschlichen Bewusstseinsprozessen auskennen, ausgesprochen erhellend und weiterführend sein. In der Selbsterkundung richtet sich der Wissensdrang nach innen. Wir sind zugleich Subjekt und Objekt der Betrachtung, weshalb wir uns niemals restlos vergegenständlichen können. Dennoch führt dieses Abstandnehmen in der Regel zu neuen, hilfreichen Einsichten.

Gewiss stellt uns das Streben nach Selbsterkenntnis, die das Gefühlsleben miteinschließt, vor besonders komplexe und unabschließbare Herausforderungen, doch dies sollte uns eher beflügeln als abschrecken. Das hier aufflammende Wissen um die Begrenztheit unserer Möglichkeiten kann sich, um es nochmals zusammenzufassen, sehr positiv auswirken – auf dreierlei Art: Es kann zum einen dazu veranlassen, fortwährend mit angespitzter Achtsamkeit unsere Sensoren auszustrecken, um das Gefühlsgeschehen behutsam und

2. Gelassenheit – historische Einblicke

geduldig zu erkunden; zum zweiten lässt es uns immer wieder aufs Neue erfahrungsoffen und neugierig in die Welt hinaustreten, um neue Perspektiven zu gewinnen; und drittens werden wir auf diesem Wege eben auch gelassener und dialogbereiter, in der Weise, dass wir unser Blickfeld durch andere nicht verstellt, sondern erweitert sehen. Infolge dieser zuletzt genannten duldsamen Durchlässigkeit kann das Selbstbewusstsein eine neue ›Gelassenheit als Begegnungsqualität‹ für sich erlangen, wovon noch weiterführend gesprochen werden muss.

Selbst wenn eine Grundlage für bereitwillige vernünftige Selbstlenkung geschaffen ist, stößt man angesichts heftiger, ja überwältigender Emotionen wie Zorn, Eifersucht oder Hass regelmäßig auf dieselben Schwierigkeiten. Unleugbar wird: Die philosophische Selbstprüfung erledigt sich nicht durch bloßes Umlegen eines Schalters. Will man innerhalb konkreter Situationen nachdenkend zur Einsicht in die bestmögliche Handlungsweise gelangen, will man ›das Gute‹ ermitteln, so bedarf es zunächst bestimmter Methoden des Innehaltens und der Beruhigung. Doch Techniken der Mäßigung verändern nur allmählich unsere emotionalen Dispositionen. Will man also grundlegende Veränderungen herbeiführen, will man sich tatsächlich aus dem Gängelband fraglicher Affekte herauswinden, so hat man mit häufigen Fehlschlägen, stets notwendigen Rekapitulationen und demzufolge langwierigen Prozeduren zu rechnen. Unsere eingefleischten Wut- und Wunschimpulse sind zählebig, Selbstveränderung per Knopfdruck (oder besser ›Kopfruck‹) wird deshalb immer ein schöner, aber unerfüllbarer Traum bleiben.

»Alle Weisheit ist langsam« (Christian Morgenstern)

Schon früh wies Aristoteles unmissverständlich darauf hin, dass ein erfolgreiches Tugendkonzept geduldige Einübung und Gewöhnung verlangt. Auch Seneca wusste sehr genau, dass nicht bloße Einsicht uns lebensklug macht, sondern allein ein vernunftgeleitetes Eintrainieren für gut erachteter Verhaltensmuster im tatsächlichen Leben, ein Prozess, der zumeist mühevoll und von vielen Bruchlandungen begleitet ist. Kurzum: Selbstformung ist ein ungemein forderndes Unterfangen und selten ist es mit dem Erkennen des Richtigen getan, weil uns nur in raren Sternstunden Handlungsalternativen einfach so offenstehen.

II. Besonnenheit und Gelassenheit – zwei herausragende Tugenden

Vor diesem Hintergrund unterstreichen philosophische PraktikerInnen immer wieder die Relevanz leiblicher und meditativer Übungen. »Doch nicht nur eine bloße Einstellung und innere Haltung gilt es regelmäßig zu prüfen, es bedarf auch regelmäßiger praktischer Übungen«, betont z. B. Michael Niehaus und gibt seinen LeserInnen regelmäßig auszuführende Übungen zur Selbsttherapie und mentalen Umorientierung an die Hand. (Niehaus 2009, S. 55, siehe auch: Kranner u. Scheibe 2021) Auch Wilhelm Schmid und Gernot Böhme präsentieren in ihren Büchern verschiedene Übungen, die dazu verhelfen sollen, sich selbst genauer wahrzunehmen und mit Sorgfalt zu reflektieren. Selbstveränderung kann sich z. B. über das bewusste leibliche Eintauchen in räumliche Atmosphären vollziehen, welche uns von innen her ergreifen und verwandeln können. Damit trägt man der mittlerweile erwiesenen Tatsache Rechnung, dass nicht allein der Geist denkt, sondern dass der Leib immer in maßgeblicher Weise mit im Spiel ist, insofern er spürbar macht und darüber befindet, was individuell zuträglich oder gefährlich ist bzw. was aufbauend oder zerstörerisch wirkt. Es empfiehlt sich also, sich selbst in dieser Weise aufmerksam zu erkunden.

In jedem Fall müssen neue Handlungs- und Lebensweisen sich über längere Phasen ›einschleifen‹. Folgt man der Gehirnforschung, so gelingt dies wohl am besten, wenn wir uns ein ausgeklügeltes Belohnungssystem ausdenken. Dies ist vor allem dann hilfreich, wenn problematische Muster eingefahren sind und in tieferen Schichten unseres emotionalen Systems Wurzeln geschlagen haben. Gefühle sind, wie naturwissenschaftlich belegt ist, unsere zentralen Antriebskräftekräfte, die der Verstand nicht einfach übergehen oder leichthin umkrempeln kann. Wir alle wissen, dass man sich staunend dabei zuschauen kann, wie man allen frisch gewonnenen Einsichten zuwider bereits im nächsten Moment erneut das Falsche sagt oder tut – oft genug in selbstschädigender Weise.

Ich muss hinzufügen: Wir benötigen unsere schmerzlichen Irrtümer nicht nur, um überhaupt lernbereit zu bleiben, sondern vor allem, um über die Einsicht in eigene Grenzen und Unzulänglichkeiten empfänglicher für unsere Mitmenschen zu werden. Wir sind unbedingt auf die Hilfe motivierender prosozialer Gefühle angewiesen, um festsitzende emotionale Reaktionsmuster nach neuen (moralischen) Gesichtspunkten umzugestalten. Verstandeseinsichten reichen nicht aus. So bewegt uns z. B. die Liebe zu unseren Kindern dazu, gelegentlich aufflammenden Unmut zu mäßigen, den ihre Flausen und ihr Eigensinn in uns erwecken. Anteilnahme am Schicksal sozial Benachteiligter ruft uns zu Nachsicht auf, wenn wir uns von ihnen in unangenehmer Weise angebettelt oder sogar angepöbelt fühlen. Trägt man diesen Gesichtspunkten Rechnung, so wird eine philosophisch angeleitete Selbstformung nach und nach eine gewisse innere Leichtigkeit gewinnen. Denn sie besteht nicht zuletzt in der Kunst, sich bei weitem nicht alles zuzumuten, persönliche Grenzen und Schwachpunkte – auch die anderer – anzuerkennen und keine unnötigen Grabenkämpfe zu führen. Sie erfolgt im Geiste einer gelassenen und heiteren Selbstrelativierung.

Bei all diesen Schritten und Optionen kommt es entschieden darauf an, dass *wir selbst* es sind, die hier auf Entdeckungsreise gehen. Damit ist gemeint, dass *wir selbst* es sind, die herauszufinden suchen, was in uns vorgeht, dass *wir selbst* also die Beurteilungshoheit behalten, auch wenn andere uns unterstützend, ratend und inspirierend zur Seite stehen. Weil es unser höchst persönlicher Lebenskontext ist, in dessen Rahmen unsere Gefühle uns Wichtigkeitsbeziehungen machen, müssen wir in letzter Instanz auch selbst darüber befinden, wie sie zu deuten sind und wie wir uns dazu einstellen wollen. So sehr wir auch das Wohl anderer in den Blick nehmen und ihr Urteil ernst nehmen, kommen wir dennoch nicht umhin, uns in letzter Instanz vor allem vor uns selbst zu rechtfertigen.

Auch hier kann Seneca als Vorreiter gelten, denn er plädierte dafür, uns vom Urteil der vielen unabhängig zu machen, worin ihm die Auffassung des modernen Lebenskunsttheoretikers Wilhelm Schmid entspricht: »Die eigene Deutung des Lebens ist der oberste Gerichtshof der Existenz, nur vor sich selbst hat der Mensch sich für sein Leben zu rechtfertigen.« (Schmid 2014, S. 87f.) Ganz im Gegensatz zu einer Gefühlsdressur nach Vorschrift bewegen wir uns philosophierend also auch in emotionalen Dingen auf einer selbstbestimmten Bahn. Dabei sollte klar geworden sein, dass ein sich philosophierend bestimmendes Selbst über das bloße Eigeninteresse hinaus einem Ethos folgt. Oder genauer gesagt: Philosophierend verstehen wir uns als von Grund auf sozial verfasste Wesen, messen uns deshalb immer auch an ›höheren‹ Werten, d. h. folgen einem moralischen Regulativ, welches die gleichberechtigten Lebensinteressen anderer Menschen vorbehaltlos einräumt. Genau in diesem Punkt ist stoisches Denken unhintergehbar. Denn letztlich müssen wir uns immer noch

II. Besonnenheit und Gelassenheit – zwei herausragende Tugenden

jene Frage gefallen lassen, die Marc Aurel vor langer Zeit an sich selbst richtete: »Hindert dich etwa dieses Ereignis daran, gerecht zu sein, großherzig, beherrscht, besonnen, zurückhaltend, wahrhaftig, bescheiden, unabhängig zu sein und die anderen Eigenschaften zu haben, in deren Zusammentreffen die Eigentümlichkeit der Natur des Menschen besteht?«[25] (Marc Aurel 2019, S. 50)

In letzter Instanz wurzelt Glück darin, auch Unglück, Missgeschick und Irrtum konstruktiv umzuwerten und würdevoll zu tragen. Dieser stoische Kerngedanke entspricht einer moralischen Noblesse, die den Wechselfällen des Lebens trotzt und zweifelsohne überaus schwer zu erringen ist. Es ist ein Gedanke, der auf ein humanes Potential verweist, an welches wir uns heute wieder bewusst erinnern müssen. In diesem Sinne bewahrt stoisches Denken bis in die Gegenwart seinen dauerhaften Wert, ungeachtet der dargelegten Verkennungen, die sich aus der Überschätzung des rationalen Vermögens ergeben. Blicken wir genauer hin, so offenbart sich Folgendes: Auch zu Zeiten der Stoiker war die propagierte Unerschütterlichkeit und moralische Zuverlässigkeit keineswegs eine Alltagserscheinung. Die Realität sah vielmehr ganz und gar anders aus, weshalb man der Lage mit ziemlich radikalen Maßnahmen Herr zu werden suchte. Auch ist davon auszugehen, dass sich Mahnungen der Philosophen in erster Linie an eine gut situierte Oberklasse richteten. Warum sonst fänden sich in den Schriften so viele abwertende Hinweise auf die breite Masse? Warum die eindringlichen Warnungen vor falschem Umgang, die sich in Senecas Briefen an Lucilius aneinanderreihen? Klar war offenbar schon damals, dass das vorgesehene charakterliche Format niemals ohne Mühen zu erringen ist. Das hinderte die Stoiker aber nicht daran, an ihrem hochfliegenden Maßstab unbeirrt festzuhalten, um den Wert einer Person zu bemessen. Es lag ihnen fern, individuelles Unvermögen erklärend und nachsichtig auf spezifische Gegebenheiten wie gesellschaftliche Herkunft oder persönliches Unglück zurückzuführen, so wie es heute regelmäßig geschieht. In den Augen der Stoiker können, so scheint es, nachteilige Umstände eine Person niemals ihrer Verantwortlichkeit entheben. Unbeirrt appellierte man an eine allgemeinmenschliche Anlage zu eigenständiger vernünftiger Selbstformung, wobei auch das Streben nach mentaler Unerschütterlichkeit als genereller Anspruch formuliert wurde. Indirekt einfließende Bewertungen zeigen indes, dass man letztlich nicht alle als gleichermaßen ernsthafte

Kandidaten für eine philosophische Läuterung ansah. Dies wurde allerdings nicht am sozialen Stand festgemacht. Wie wir wissen, war Epiktet selbst ein Sklave, während Seneca bei Hofe als Erzieher Neros diente.

Gelassenheit und Technikkritik

Seit Beginn des 20. Jahrhunderts wird das Thema Gelassenheit zunehmend auch im Zusammenhang mit Fragen der modernen hochtechnisierten Lebenswelt diskutiert. Heideggers berühmter Festrede über die Bedeutung der Gelassenheit kommt hier eine Vorreiterfunktion zu. Um die einengende Macht der Technik über den Menschen zurückzudrängen, um einen neuen Weltzugang zu etablieren, propagiert Heidegger »*Gelassenheit zu den Dingen*« und »*die Offenheit für das Geheimnis*« (Heidegger 2014, S. 23f.) Seine Ansprache verweist auf grundlegende Veränderungen, die innerhalb der modernen Lebenswirklichkeit zwingend erforderlich sind. Technikkritisch, wenn auch nicht technikfeindlich, umreißt er eine Praxis des Ineinandergreifens von Passivität und Aktivität, die heute – angesichts des Klimawandels und anderer Krisen – höchst bedenkenswert erscheint. Jenseits einer Logik, die auf die Dinge zugreift, über sie verfügt und sie nutzbar macht, wird Gelassenheit als Möglichkeit bestimmt, »uns auf ganz andere Weise in der Welt aufzuhalten«. (Ebd.) Gemeint ist eine Art von Aufgeschlossenheit den Wirklichkeitsphänomenen gegenüber, die zunächst jedes herrschaftliche Gebaren ablegt, um sich aufmerksam einem verborgenen Geschehen zuwenden zu können. Indem sich der Gelassene grundlegend verändert in der Welt bewegt, vermag er in letzter Instanz auch dem Geheimnis technischer Möglichkeiten nachzuspüren: »Ich nenne die Haltung, kraft deren wir uns für den in der technischen Welt verborgenen Sinn offen halten: *die Offenheit für das Geheimnis.*« (Ebd.)

Heideggers Überlegungen enthalten wichtige Impulse für ein zeitgemäßes Gelassenheitskonzept, zugleich weisen sie Limitierungen auf, über die hinauszugelangen wäre. Zukunftsweisend ist Heideggers differenzierte Einschätzung der Technik. Obwohl er die Problematik einer vorrangig rechnenden Verfügung über die Welt heraushebt und die damit verbundene Selbstzentriertheit und An-

II. Besonnenheit und Gelassenheit – zwei herausragende Tugenden

maßung der menschlichen Spezies anprangert, ist ihm nicht an einer Dämonisierung des technischen Vermögens gelegen. Wiederholt unterstreicht es, dass wir keinem Zwang unterliegen, die Technik »blindlings zu betreiben oder, was dasselbe bleibt, uns hilflos gegen sie aufzulehnen und sie als Teufelswerk zu verdammen. Im Gegenteil: Wenn wir uns dem *Wesen* der Technik eigens öffnen, finden wir uns unverhofft in einen befreienden Anspruch genommen.« (Heidegger 1962, S. 25) Auch Technik ist eine Kraft des Seins, weil sie – im Modus der Gelassenheit betrieben – neue Wege zu eröffnen vermag, die allmählich eine *noch* geheime Sinndimension enthüllen werden. In der Gelassenheit können Menschen das Verhängnisvolle ihres bisherigen limitierten Weltzugangs realisieren und können so einen freieren Blick auf die Wirklichkeit sowie auch auf das eigene tatendurstige Selbst zurückgewinnen, um sinnvolle Veränderungsprozesse anzustoßen. »Kein menschliches Rechnen und Machen kann von sich aus und durch sich allein eine Wende des gegenwärtigen Weltzustandes bringen; schon deshalb nicht, weil die menschliche Machenschaft von diesem Weltzustand geprägt und ihm verfallen ist«, heißt es in einem Brief aus dem Jahr 1963. (Heidegger 1986, S. 59)

Vorerst ist der technische Verstand primär durch krudes Nützlichkeitsdenken gekennzeichnet, dem die Natur »zu einer einzigen riesenhaften Tankstelle, zur Energiequelle für die moderne Technik und Industrie« (Heidegger 2014, S. 17) geworden ist. Auch im Naturerleben lassen wir die Dinge nicht mehr frei auf uns einströmen, lassen sie nicht dort stehen, wo sie sind, sondern greifen unermüdlich mit herrischer Eroberungssucht auf sie zu. Wir vermessen den blühenden Baum und registrieren die neuronalen Abläufe, die sein Anblick in unserem Kopf aktiviert. Doch, so fragt Heidegger: »(...) wo bleibt bei den wissenschaftlich registrierbaren Gehirnströmen der blühende Baum? Wo bleibt die Wiese? Wo bleibt der Mensch? Nicht das Gehirn, sondern der Mensch, der uns morgen vielleicht wegstirbt und ehedem auf uns zukam? Wo bleibt das Vorstellen, worin der Baum sich vorstellt und der Mensch sich ins Gegenüber zum Baum stellt?« (Heidegger 1997, S. 17) Im herausfordernden technischen Zupacken vereitelt der Mensch nicht nur ein Angesprochen-Werden von den Dingen her, er übersieht zudem, dass auch er selbst nicht aus sich heraus bestehen kann, sondern unablässig des nährenden Zuspruchs von außen her bedarf, um überhaupt lebensfähig zu sein.

Im technischen Zeitalter wächst die Gefahr, dass nur *eine* Weise des In-der-Welt-Seins Absolutheit gewinnt. Diese Tendenz breitet sich gegenwärtig ungebremst aus und droht alles andere zu überdecken und zu nivellieren. Bereits etablierte Techniken verlangen zusätzliche Techniken zur Überwachung und Bestandssicherung. Technikfolgen erfordern neue technische Verfahren, um gemeistert zu werden. Dabei machen die Rückwirkungen unseres bisherigen Agierens augenfällig, dass wir im Erfassen, Berechnen, Zugreifen und ausbeutenden Verwerten der Natur etwas Wesentliches außer Acht gelassen haben, nämlich uns selbst als Teil der Natur zu verstehen. Indem die wissenschaftliche Ratio eine radikale Trennung zwischen Subjekt und Objekt vornimmt, findet nicht zuletzt unsere eigene, stets bedingte Position im Ganzen der Welt keine angemessene Einschätzung. Damit sind erhebliche Risiken verbunden.

Wie richtig Heidegger hier lag, wird mittlerweile unleugbar: Erderwärmung, Klimawandel und Artensterben führen uns die verheerenden Auswirkungen eindimensionalen menschlichen Handelns vor Augen. Auch die Zunahme psychischer Erkrankungen bestätigt viele seiner Einsichten. Der Psychoanalytiker Medard Boss, der vier Jahre lang zusammen mit Heidegger Seminare abhielt und Gespräche mit TeilnehmerInnen führte, unterstützt dessen Diagnose, »dass es auch mit dem ganzen menschlichen Subjekt als dem Maß und dem Ausgangspunkt aller Dinge nicht weit her sei«. (Boss 1987, S. XVII) Wollen wir aus der Sackgasse herauskommen, in die wir infolge der Überschätzung unserer Verfügungsmacht geraten sind, so müssen wir eine neue Art des Denkens und dementsprechend einen anderen Weltzugang kultivieren.

Wir müssen mehr Gelassenheit finden, die in den Worten von Boss »einem Sichfügen in ein dem Menschenwesen zugedachtes Lieben« entspricht, einer Offenheit, die den Eigenwert des Seienden und den Widerfahrnischarakter des Lebens anerkennt. (Ebd., S. XVIII) Hiermit verbindet sich eine Kehre, die zwar *Umkehr* bedeutet, aber dennoch keine wirklichkeitsfremde radikale *Abkehr* vom technischen Vermögen. Heidegger schreibt: »Ich möchte diese Haltung des gleichzeitigen Ja und Nein zur technischen Welt mit einem alten Wort nennen: *die Gelassenheit zu den Dingen.*« (Heidegger 2014, S. 23) Anvisiert ist eine Art Schwebezustand, der, wie es in einem fingierten Gespräch heißt, »außerhalb der Unterscheidung von Aktivität und Passivität« liegt (Heidegger 1959, S. 33), ein besonderes Vermögen, das sich weder resolut ansteuern und herstellen lässt, noch »bar jeder Tatkraft« in einem Zustand energielosen Phlegmas oder fatalistischer Ergebenheit liegt. (Ebd., S. 58) Gelassenheit entspricht bei Heidegger vielmehr einem sich besinnenden Nachdenken, das dem Menschen einiges abverlangt, denn er muss erlernen, Techniken und technische Gegenstände auf der einen Seite durchaus zu nutzen, während er sich auf der anderen Seite dennoch nicht von ihnen vereinnahmen und unterjochen lässt. Das heißt: Als NutzerInnen dieser Möglichkeiten folgen wir nicht eingleisig nur *einer* ›Vorstellungsrichtung‹, sondern lernen es, Maschinen, Instrumente und Verfahren so einzusetzen, dass wir im Innersten davon unberührt bleiben, um zugleich immer auch eine andere Sicht auf die Dinge entfalten zu können. Das passivische Element der Gelassenheit verweist auf eine Erfahrung der Welt, die den üblichen Horizont vorstellenden (vergegenständlichenden) Denkens überschreitet.

Damit überhaupt Gelassenheit in uns wachsen kann, ist es nötig, »sich auf das einzulassen, was nicht ein Wollen ist« (Ebd., S. 33). Wesentlich ist, jedes planende Denken und methodische Vorgehen vorerst ruhen zu lassen, um auf das zu blicken, was gegenwärtig ist. Diese Besinnung auf das konkret Gegebene, auf das Hier und Jetzt, ist letztlich das, was Heidegger unter Denken versteht. Denken ist ein Sich-Besinnen, das davon ablässt, vorab Abläufe festzulegen, sich Gewohnheiten zu überlassen und immer schon zu wissen, wohin die Reise gehen soll: »Es genügt, wenn wir beim Naheliegenden verweilen und uns auf das Nächstliegende besinnen: auf das, was uns, jeden Einzelnen hier und jetzt, angeht; hier: auf diesem Fleck Heimaterde, jetzt: in der gegenwärtigen Weltstunde.« (Heidegger 2014, S. 13)

Das richtige Maß

Übertragen wir diese Gelassenheitshaltung auf das Verhältnis zu uns selbst, so kommen verschiedene Aspekte zum Tragen, die nochmals zu akzentuieren wären: Der Denkende lässt sich auf das sich Zeigende ein. In Rückbindung an das unmittelbar Gegebene, ist er gefordert, auf das zu blicken, was *tatsächlich* vorliegt und darauf, wie er selbst in den aktuellen Bezügen *tatsächlich* agiert. Hier ist zwar ein Abstandnehmen notwendig, aber kein distanzierter Modus versierter, fachgerechter Expertise. Man hält das Eigene nicht außen vor, lenkt nicht über grandiose Projekte und hochtrabende Selbstbilder von dringend anstehenden Maßnahmen bzw. von Korrekturen des eigenen Selbst ab. Der Begriff ›Heimaterde‹ könnte in diesem Zusammenhang auf die Notwendigkeit hinweisen, sich an die eigenen Wurzeln zu erinnern und damit auch die unausweichliche Begrenztheit der eigenen Möglichkeiten zu erkennen.

Erst indem wir dies zulassen, besinnen wir uns auf das richtige Maß und können wirksamer agieren. Die Rückbindung an den konkreten Moment öffnet gewissermaßen Augen und Ohren, da jemand im Zurückstellen gängiger Weltdeutungen die erscheinenden Dinge heranlässt, um sie vielleicht erstmals tatsächlich zu sehen und neu zu befragen. Indem er eingefahrene Sichtweisen ruhen lässt, gelangt er auf ein offenes Feld, wo sich ein unerschöpflicher Eigenwert des Gegebenen zu enthüllen vermag, und zwar jenseits der Ideologie unbegrenzter Verfügungsgewalt und Verwertbarkeit, die im technischen Zeitalter bis in die Sphäre des Innerpsychischen hinein dominant geworden ist. Im Modus der Gelassenheit gelangen wir also wieder zu unmittelbaren Erfahrungen, erkennen den Widerfahrnischarakter des Lebens, der sich durch all unser technisches Vermögen niemals aufheben lässt.

Gelassenheit ist keine lasche Untätigkeit, sondern bedarf besonderer Entschlusskraft, die »als das *eigens* übernommene Sichöffnen des Daseins *für* das Offene (...)« (Heidegger 1959, S. 59) zu verstehen ist. Damit wird klar: Eine solche Haltung verlangt einen dezidierten, mutigen Geist, der bereit ist, von eingefahrenen Üblichkeiten des Weltverstehens Abstand zu nehmen und das Wagnis einer immer wieder neu nachfragenden Denkhaltung einzugehen. Die Gelassene bedarf unbedingt der Bereitschaft zur Übernahme von Verantwortung für die eigenen Lebensbelange. Es geht um ein Vermögen, das Handeln aussetzt, um ein Vermögen kontemplativer Aufmerksamkeit, das den Blick weitet und alltägliche Denk- und Verhaltensmuster fraglich werden lässt, ein Vermögen, das die Grenzen der Verfügbaren und damit den Widerfahrnischarakter des Lebens anerkennt. Dieses pathische Vermögen bestimmt im Wesentlichen ein ethisches Denken, das Zurückhaltung gebietet und die Dignität des

Naturganzen achtet. Innehalten und Untätigkeit sind Schlüssel zur Rettung der Erde. Bezugnehmend auf Lessing formuliert Heidegger: »Rettung entreißt nicht nur einer Gefahr, retten bedeutet eigentlich: etwas in sein eigenes Wesen freilassen.« (Heidegger 1954, S. 144)

Was aber bedeutet dieses Zurückschrauben der eigenen Mittelpunktstellung für unser soziales Menschsein? Was bedeutet dieses – idealerweise – gelassene Hingeordnetsein auf Höheres und Unbestimmbares für das Verhältnis zum anderen Menschen und das menschliche Miteinander? – Florian Grosser konstatiert, dass Heidegger »das Thema zwischenmenschlicher Gemeinschaft wenn auch nicht komplett ausklammert, so doch vielfach unterbestimmt lässt«. Jedenfalls biete sein Werk nur wenige Anknüpfungspunkte für »substanziellere, d. h. kommunikatives, konzertiertes Handeln berücksichtigende Formen von Sozialität und Intersubjektivität.« (Grosser 2013, S. 305). Vorwiegend ist jedes Mitsein bei Heidegger von einem indifferenten ›Man‹ beherrscht und wirkt somit entfremdend. Heidegger stellt fest: »Zunächst ist das Dasein Man und zumeist bleibt es so« (Heidegger 1979, S. 129). Dieses ›Man‹, zu verstehen als das vorherrschende Agieren der Vielen, trägt diktatorische Züge, denn es sucht subtil und unauffällig jedes Selbstsein zu beeinträchtigen und zu untergraben. Es steht für die fraglose Unterwerfung der Mehrheit unter normierende Standards, auf deren Grundlage jeder konkrete Andere nach den Vorgaben normalisierter Durchschnittlichkeit vermessen wird. In Abgrenzung dazu ist in Heideggers Werk das ehrgeizige Projekt eines privilegierten Selbstseins dominierend, das sich den klebrigen Fängen des anonymen ›Man‹ zu entziehen vermag, das sich daher vorwiegend in der Abgrenzung von anderen seiner selbst vergewissert. Konstruktive Perspektiven auf das Mitsein bleiben bei Heidegger noch weitgehend unentfaltet, finden sich nur in Ansätzen. Besonders das Frühwerk ist von einer elitären Hochstilisierung des philosophischen Geistes durchtönt, der sich über eine Verfallenheit an das Man erhebt, der die verhängnisvollen Zusammenhänge technischer Weltbeherrschung erfasst und sich als Vorreiter eines gewandelten Weltverhältnisses sieht.[26]

Hannah Arendts Diagnose, dass Heidegger von Geniewahn und Verzweiflung ergriffen zu kompletter politischer Verantwortungslosigkeit gelangt sei, scheint vor diesem Hintergrund nicht vollends aus der Luft gegriffen. Seine Philosophie verleihe dem Menschen, wie sie schreibt, gleichsam gottähnliche Züge, indem das Dasein des Einzelnen allein auf das Selbst zurückgeführt werde. Heidegger erhebe »den Menschen unmittelbar zum ›Herrn des Seins‹« und verstehe das In-der-Welt-Sein und das Mit-anderen-Sein immer primär als »Abfall von sich selbst«[27], d.h. als Selbstverlust und Entfremdung. Arendt setzt dem entgegen, dass »ein Selbst, genommen in seiner absoluten Isolierung« (Arendt 1990, S. 31f.) keinerlei Sinn ergebe, denn es fehle diesem atomisierten Etwas die für ein gelingendes Leben wesentliche Verbundenheit mit anderen, die es als seinesgleichen anerkennt und sich selbst an Wert und Würde gleichstellt, ganz im Sinne Kants. Die Crux der Existenzphilosophie Heideggers liegt für Arendt deshalb darin, dass hier das individuelle Selbstsein an die Stelle einer Idee der Menschheit gesetzt werde sowie die Idee der Selbstverwirklichung an die Stelle der ›vita socialis‹ getreten sei. Damit werde die Anwesenheit des anderen Menschen im eigenen Inneren tendenziell vernichtet. Da es niemanden mehr zu repräsentieren habe, sei das Selbst dazu verdammt, ganz für sich zu stehen und gleichsam unabhängig von der übrigen Menschheit zu existieren.

Die Ausbildung einer Passivitätskompetenz, die sich mit Heideggers Idee der Gelassenheit verbindet, verlangt nach einer pluralitätsorientierten Weiterentwicklung. Intensivierte Anstrengungen müssen zudem darauf verlegt werden, die von Heidegger so emphatisch propagierte offene und fragende Welthaltung auf die ungelüfteten Geheimnisse des eigenen Innenlebens auszudehnen. Nicht zuletzt hier stoßen wir auf das einbrechende ›Ereignis‹, dem wir uns verstehend zuwenden müssen, weil es uns verdeutlicht, in welchem Ausmaß wir immer schon in die Welt eingebunden waren und sind. Hier gibt es Aspekte des Selbstseins, die sich unerwartet zeigen und Beachtung verlangen. Vor allem hier wird augenfällig, wie begrenzt jedes Subjekt in seiner reflexiven Selbstvergewisserung letztlich bleiben muss, wie wenig das zum Anderen hin immer schon geöffnete Sein in letzter Instanz *definierbar* ist.

Eine bedenkliche Wende

In Heideggers Thematisierung der Gelassenheit wird ein Ideal entschlossenen Selbstseins akzentuiert, welches in der Folgezeit im

II. Besonnenheit und Gelassenheit – zwei herausragende Tugenden

modernen Denken zunehmend Fahrt aufnimmt. Ganz anders als innerhalb der mittelalterlichen Welt tritt Gelassenheit nun in den Dienst eines subjektzentrierten Transformationsverlangens. Anders auch als in den antiken Konzepten wird sie tendenziell zu einem Instrument neuartiger Selbsterkundungs-, Selbstbehauptungs- und Selbsterweiterungsstrategien. Sie verliert dabei allmählich sowohl ihren ursprünglichen Nimbus einer vertrauensvollen Ergebenheit an eine höhere wohlwollende Seinsmacht, welche die Gelassenheit in alten Zeiten kennzeichnete – eine Haltung, die bei Heidegger allerdings durchaus in Nachklängen noch spürbar ist.

Merklich abgeschwächt ist hingegen in Heideggers Werk eine ethische Ausrichtung der Gelassenheit auf respektvolle, geduldigprüfende zwischenmenschliche Abstimmung. Vor allem in diesem Punkt zeichnet sich ein Trend ab, wonach Gelassenheit im Alltagsbewusstsein zunehmend in den Dienst eines subjektiven Lebenswillens tritt, welcher sich immer weniger – getragen von einem elementaren Weltvertrauen – zu bescheiden und konstruktiv mit dem großen Ganzen zu verbinden weiß. Die tradierte Tugendausrichtung verblasst, das Vertrauen in andere Menschen schwindet tendenziell dahin. Es etabliert sich nun vorwiegend jenes Modell einer ›kalten‹ Gelassenheit, die auf die Durchsetzung spezifischer Anliegen abgestimmt ist. Das seit der Antike geltende Gebot, mehr Vernunft und Gemeinsinn in die Welt hineinzutragen, verliert an Einflussmacht, während Ichfixierung und Solipsismus in wachsendem Maße Raum greifen. Somit tritt die *vernehmende* Vernunft als vormals zentraler Bestandteil der Gelassenheit mehr und mehr in den Hintergrund. Trifft es aber zu, dass Gelassenheit erst im Zusammenhang mit dialogischer Aufgeschlossenheit zu einer Tugend avanciert, aus welcher besonnene Handlungsweisen entspringen, so ist dies zweifelsohne als Verlust zu werten.

Ohne dies weit ausführen zu wollen, sei die Grundtendenz dieser historischen Entwicklung summarisch skizziert: Festzustellen ist eine Bewegung weg von freiwilliger, getroster Hingabe an höhere Mächte hin zu einer Praxis ungehinderter Selbsterschaffung, die in steigendem Maße von der Überzeugung getragen ist, aus eigener Kraft und nach eigenem Ermessen problemlos über (innere) Vorgänge verfügen zu können. Hier macht man zwar aktuell immer häufiger Anleihen bei stoischen Denkern, trägt jedoch dem hohen moralischen Anspruch dieser Denkschule kaum adäquat Rechnung.

2. Gelassenheit – historische Einblicke

Zudem entstehen Formen inszenierter Gelassenheit, darauf angelegt, persönliche Erfolgsziele zu erreichen: Indem man vorgibt, im Innersten unerschütterlich zu sein, d. h. unbeirrbar durch Hindernisse oder Schwierigkeiten, entzieht man sich der Einflussmacht möglicher Konkurrenten, um gradlinig eine steile Aufstiegslinie zu verfolgen. Mit cooler Attitüde nimmt man das Unangenehme hin, den Blick ›stur‹ auf ›bald‹ zu erreichende Gewinne fixiert.

Überblickt man allerdings die Lebensgeschichten derart emotional versierter Erfolgsjunkies, so zeigen sich hier in vielen Fällen längerfristig erhebliche Verwerfungen bis hin zu Abstürzen und Zusammenbrüchen. Angesichts dieser Gesamtlage liegt es nahe, mit Seneca (Lukrez zitierend) Folgendes zur rastlosen Umtriebigkeit vieler heutiger Menschen festzustellen: „›Auf diese Weise ist ein jeder stets auf der Flucht vor sich selbst‹. Aber was hilft es schon, wenn er sich nicht selbst entfliehen kann? Er sitzt sich selbst im Nacken und ist sein lästiger Begleiter.« (Seneca 2013, S. 26)

II. Besonnenheit und Gelassenheit – zwei herausragende Tugenden

3. Die Kraft der Gelassenheit – konkrete Ausblicke

Überlass es der Zeit
Erscheint Dir etwas unerhört,
Bist du tiefsten Herzens empört,
Bäume nicht auf, versuch's nicht mit Streit,
Berühr es nicht, überlass es der Zeit.
Am ersten Tag wirst du dich feige schelten,
Am zweiten läßt du dein Schweigen schon gelten
Am dritten hast du's überwunden,
Alles ist wichtig nur auf Stunden,
Ärger ist Zehrer und Lebensvergifter
Zeit ist Balsam und Friedensstifter.
   (Theodor Fontane, 1819 – 1898)

Bollnow, der dem Thema ›Tugend‹ in der Mitte des 20. Jahrhunderts eine Reihe von Schriften widmete, diagnostizierte schon damals fragliche Tendenzen anwachsender Singularisierung und Ichfixierung. In Heideggers Ideal der Entschlossenheit erblickte er den Niederschlag eines heroischen Existenzialismus, der ein völlig verzerrtes Bild des menschlichen Daseins zeichnet. Bollnow selbst war bestrebt, allen Vereinzelungstendenzen, in denen er ichbezogene Zerrbilder des Menschlichen erblickte, neue Wir-Formen der Gelassenheit, der Geduld und des getrosten Mutes entgegenzusetzen – Haltungen, mit denen er die Hoffnung auf eine Erneuerung zwischenmenschlicher Aufgeschlossenheit verknüpfte. Man müsse wieder lernen, »in Gelöstheit und Gelassenheit für das Geschenk des Augenblicks offen zu sein«, um sich von einer »subjektiven Selbstbefangenheit« frei zu machen und sich »für die berechtigten Ansprüche der anderen Menschen« zu öffnen. (Bollnow 2011, S. 33f.) Anders als Heidegger, der das individuelle Selbstsein an die Stelle der ›vita socialis‹ treten lässt und damit die Relevanz sozialer Verbundenheit für das Gelingen des Lebens bei weitem zu gering veranschlagt, verleiht Bollnow der Gelassenheitskategorie eine vornehmlich ethische Ausrichtung.

Gelassenheit ist nach Bollnow niemals sittlich indifferent. Wie alle Tugenden verweist sie auf vernünftige Lösungen, die darauf angelegt sind, »im Geist der Verträglichkeit durch beiderseitiges Entgegenkommen nach einer Überwindung der Gegensätze« (Bollnow 2009, S. 210) zu suchen. Eine Vernunftlösung ist eine Sache des Ausgleichs, sie liegt nicht in der Durchsetzung abstrakter Wahrheiten, sondern ist Ergebnis unermüdlichen Miteinanderredens und sorgfältiger Interessenabstimmung. Um die Wertverankerungen anderer Menschen nicht zu verletzen, um dem Habitus moralischer Selbstgerechtigkeit zu entgehen, müssen wir in Fragen der Moral unbedingt kompromissbereit sein, d. h. bereitwillig Zugeständnisse an eine unvollkommene Welt machen. Im Tugendsinne pocht man nicht dogmatisch auf bestehende Überzeugungen. Moral versteht sich eben nicht von selbst. Man weiß um die Ambivalenz gerade auch hoher moralischer Ansprüche, da – wie Adorno sagt – »die reine sittliche Forderung (...) durch die eigene Reinheit in das Böse übergehen« kann. (Adorno 1997, S. 234) Soll eine zuvor gewonnene allgemeine Einsicht auf eine besondere Situation angewendet werden oder, besser gesagt, soll unter neuen Rahmenbedingungen erprobt werden, ob die allgemeine Einsicht weiterhin trägt, so ist eine kommunikativ aufgeschlossene Urteilskraft vonnöten, die auf rückversicherndes Fragen und Sprechen setzt. Moralisch im eigentlichen Sinne vermag nur derjenige zu agieren, der von puritanischer Engstirnigkeit und monologischen Reflexionen absieht und bereit ist, Zugeständnisse zu machen, sich also nicht anmaßt, im Alleingang eine Vielfalt von Aspekten angemessen aufarbeiten zu können. Einzig auf dieser Grundlage erschließt sich die eigentümliche Funktion, die Vernunft im Leben moderner, metaphysisch heimatloser Menschen einnimmt: »Wo rücksichtsloses Machtstreben oder selbstbefangene Gereiztheit den reibungslosen Ablauf gefährden, da wirkt die Stimme der Vernunft wie das Öl, das die Reibungen zwischen den Menschen verhindert.« (Bollnow 2009, S. 210)

Der Geist der Verträglichkeit

Es lohnt sich, noch etwas eingehender diesen Geist der Verträglichkeit zu betrachten, denn Bollnows Anregungen eröffnen die Möglichkeit, Gelassenheit als Tugend in einem zeitgemäßen Sinne neu auszurichten. Elemente antiken Denkens aufgreifend, verleiht er der Passivitätskompetenz der Gelassenheit erneut ein hohes Maß an ethischer Aufgeschlossenheit. Zugleich wird in seinen Darlegungen deutlich, dass Gelassenheit und Besonnenheit als moralische Haltungen dem persönlichen Lebensglück in keiner Weise abträglich sind, sondern ganz im Gegenteil auch diesbezüglich eine konstruktive, förderliche Rolle spielen. Moralische Orientierung, zu verstehen als Rücksichtnahme auf soziale Bindungen und gemeinschaftliche Interessen, ist kein Gegenspieler, sondern ein Mitspieler des persönlichen Gelingens. Diese uralte, von Bollnow geteilte Einsicht, findet, nebenbei bemerkt, durch die aktuelle Glücksforschung Bestätigung. Demnach kann tugendgemäßes Verhalten als Glückslieferant ganz eigener Art angesehen werden. Das höchste Gut ist hier aber – anders als in der antiken Welt – keine uns gleichsam ›gegenständlich‹ gegenübertretende Vernunftsphäre, sondern es muss kooperativ ›erarbeitet‹ und ›errungen‹ werden. Oder besser: Es realisiert sich im Modus intersubjektiver Abstimmungsprozesse. Es steht auch nicht in unversöhnlichem Gegensatz zu unserem Affektleben, d. h. es minimiert und tabuisiert weder den Wert sinnlicher Freuden, noch verkennt es die handlungsstimulierende Relevanz der menschlichen Emotionalität, insbesondere des Mitgefühls.

Ein solches Tugendverständnis hebt sich spürbar gegen jenen tief in die abendländische Tradition eingefressenen Dualismus von Vernunft und Gefühl ab. So wird aufgezeigt, dass emotionale Impulse sich vor allem dann als tyrannisch und destruktiv erweisen, wenn man sie im Zeichen überspannter Freiheitsideale pauschal verdammt bzw. sie im Blick auf ein ideales Selbstbild forciert und verbissen niederhält, was in der Folge jede ehrliche Selbstbetrachtung korrumpieren muss. Ein problematischer Dualismus macht sich ebenso bemerkbar, wenn eine vermeintlich ›progressive‹ Moderne nahezu jede Form von Selbstbeschränkung als Verlust verbucht, wenn sie darin einzig Reglementierung und Einschränkung individueller Entfaltungsmöglichkeiten erblickt. Auch hier ist das Denken durch jenes althergebrachte, tief in unsere Tradition eingelassene Entweder-Oder gelenkt, das einen unversöhnlichen Gegensatz aufbaut: auf der einen Seite knebelnde Verpflichtungen (bestenfalls leidige Einsichten in das rechtlich oder beruflich Notwendige) und auf der anderen das Streben nach ungehemmter Selbstentfaltung.

Einige Denker der Aufklärung hingegen – wie etwa die englischen Sensualisten und hier vor allem Adam Smith, wenig später aber auch Friedrich Schiller – verfolgen einen anderen Weg. In Rückbesinnung auf das antike Ethos weisen sie die schroffe Entgegensetzung von Pflicht und Neigung als wirklichkeitsfremd und schädlich zurück. Sie akzentuieren demgegenüber schon früh erkennbare soziale Anlagen des Menschen und erblicken darin ein ureigenes Verlangen nach

Zugehörigkeit, welchem die meisten nicht zuletzt durch eigene Sorgebeiträge freudvoll nachkommen. Soziale Fürsorge und zwischenmenschliche Rücksichtnahme werden von den Vertretern dieser Strömung als zentrale Quellen auch der persönlichen Lebensfreude eines jeden angesehen. Laut Smith ist ein Drang nach intensivierter Anteilnahme tief in der Natur des Menschen verankert, eine Anlage, die unlöslich mit einem Bedürfnis nach wechselseitigem Gesehen- und Verstandenwerden verbunden ist. Es drängt uns nicht nur danach, andere unseres Mitgefühls zu versichern, sondern wir suchen umgekehrt insbesondere die Nähe von Personen, die auch unsere Empfindungen nachvollziehen können: »Was immer jedoch die Ursache für die Sympathie sein und auf welche Weise sie auch erregt werden mag, sicher ist, daß nichts unser Wohlgefallen mehr erweckt, als einen Menschen zu sehen, der für alle Gemütsbewegungen unserer Brust Mitgefühl empfindet, und daß uns nichts so sehr verdrießt, als wenn wir an einem Menschen kalte Gefühllosigkeit beobachten.« (Smith 2010, S. 13) Übereinstimmung, der Gleichklang der Gefühle, bereitet eminente Freude, in glücklichen geradeso wie in traurigen Momenten. Genau in dieser Tradition, in der auch Sinnesfreuden zu neuem Ansehen gelangen, ist Bollnows Ansatz zu verorten.

Auch wenn die Wirklichkeit dieses prosoziale Menschenbild oftmals Lügen straft, ist dennoch nicht von der Hand zu weisen, dass diese Sichtweise mittlerweile durch viele psychologische Studien nachdrückliche Bestätigung findet. Die Forschungen machen aber unmissverständlich klar, dass die soziale Anlage des Menschen, um sich entfalten zu können, einer spezifischen Förderung/Kultivierung bedarf, was nicht selten durch vorherrschende Lebensverhältnisse massiv behindert oder sogar unterbunden wird. Ohne gebührende ›Pflege‹ kann die soziale Verfasstheit des Menschen nicht angemessen heranreifen oder strandet womöglich in einer fraglichen Gruppenideologie, die eine krude Priorisierung der eigenen ›Genossen‹ vornimmt. Man respektiert nur seinesgleichen und baut problematische Freund-Feind-Denkmuster auf.

Es kann, wie Adorno einst schrieb, kein richtiges Leben im Falschen geben. Und wie er selbst betont, bedeutet dies weniger, dass es unmöglich ist, das beanspruchte Gute in einer fraglich eingerichteten sozialen Wirklichkeit umzusetzen, weil die Verhältnisse es konterkarieren. Er meint vielmehr, es sei zu beachten, in welchem Ausmaß vielleicht auch wir selbst vom Geist dieser Verhältnisse durchdrungen sind, möglicherweise weitaus mehr als wir zugestehen würden. Moralität nimmt, wie Adorno zeigt, sehr schnell einen fragwürdigen repressiven Charakter an, wenn die eigene Irrtumsanfälligkeit nicht mitgedacht wird. Auch wenn es unbedingt darum geht, an Überzeugungen und Wertmaßstäben – an einer »reflektierten Humanität« – festzuhalten, so braucht es darüber hinaus »vor allem das Bewusstsein der eigenen Fehlbarkeit, und damit (...) ist doch das Moment der Selbstbesinnung, der Selbstreflexion heute eigentlich zu dem wahren Erbe von dem geworden, was einmal moralische Kategorien hießen.« In diesem Sinne käme es darauf an, *gelassen genug* zur Reflexion auf die eigene Bedingtheit zu sein. Besonnenheit im Denken und Handeln wird dann möglich, wenn man einräumt, »daß das wahre Unrecht eigentlich immer genau an der Stelle sitzt, an der man sich selber blind ins Rechte und das andere ins Unrecht setzt«. (Adorno 1997, S. 251)

Obwohl es sich wirklich lohnen würde, dem Gedankengang Adornos an dieser Stelle weiter zu folgen, möchte ich nun dazu übergehen, einige Gesichtspunkte zu entfalten, die den Vorteil der Gelassenheit augenfällig machen. Bis hierher sollte bereits deutlich geworden sein, inwiefern eine kontinuierliche Tugendbildung, die *allen* Gegebenheiten der menschlichen Natur Rechnung trägt, gegen die Gefahren eines inhumanen moralischen Rigorismus gefeit ist. Dennoch erhalten wir die Suche nach verbindlichen Maßstäben aufrecht. Wenngleich wir niemals genau definieren können, was das Gute im absoluten Sinne ist, können wir an und in konkreten Situationen sehr wohl recht genau das Bedenkliche, Inhumane oder Destruktive ausmachen. Meistens setzt eine Art von Unwohlsein ein. Ein intuitiv wahrgenommener innerer Widerstand, manchmal auch Verärgerung, zeigt an, dass wir uns mit gewissen Vorfällen oder Verhaltensweisen nicht einverstanden erklären können. Hier nun gilt es innezuhalten, um dem ruhigen Wahrnehmen und Nachdenken Raum zu gewähren. Über Gelassenheit treten wir in ein neues Verhältnis zu den Dingen. Dies bedeutet keinesfalls, bestehendes Unrecht widerspruchslos hinzunehmen, es bedeutet vielmehr, in einen Modus der Ruhe einzukehren, der überhaupt erst eine angemessene Beurteilung ermöglicht. Indem man sich, Bollnows Anregungen und durchaus auch dem Rat der Stoiker folgend, aus dem mitreißenden Sog der Dinge herausnimmt, indem man den Reiz der von außen kommenden Ereignisse zunächst einmal verringert, indem man emotionale Aufwallungen der Entrüstung und innere Leidenschaften verebben lässt, eröffnet sich die Möglichkeit zu neuen Perspektiven und tieferen Einsichten. Was genau könnte sich zutragen?

Gesteigerte Aufmerksamkeit

Wir merken auf und geben Acht. Vielleicht kommen wir ganz unverhofft ins Staunen, weil wir, indem wir uns tatsächlich einmal auf den gegenwärtigen Moment einlassen, plötzlich Anderes und Neues in der Welt wahrnehmen. Wir schließen unsere Sinne auf, werden allmählich sensibler für die Schönheit vieler Dinge, die uns umhüllen: Wir entdecken neue Konstellationen, erleben bewusstseinshell den steten Wechsel von Licht und Schatten, entdecken vielleicht noch in der Schäbigkeit verlassener Areale Spuren besonderer Anmut. Intensives Betrachten alltäglicher Geschehnisse lässt uns am Ende vielleicht zu einem begabten »Augenliebhaber« werden, als welchen Fernando Pessoa sich verstand, während er unermüdlich die Straßen Lissabons durchstreifte und das Agieren der Menschen beobachtete. Wer kennt nicht den Genuss des Einfachen, Schlichten, Alltäglichen? Wen lässt die kratzige Stimme Louis Armstrongs ungerührt, wenn dieser von den kleinen, unspektakulären menschlichen Freuden singt, von den flüchtigen Momenten der Wärme und Freundlichkeit, deren Wert wir allzu leicht vergessen, derweil wir den großen Zielen nachjagen? – ›What a wonderful world!‹

Wer wie Aschenputtel die Linsen aus der Asche lesen muss oder über Stunden hin Kiesflächen von Geäst und Keimlingen befreit, wer Masche für Masche an einem Kinderpullover strickt und ihn unmerklich wachsen sieht, kann im wachen Blick auf einen kleinen Weltausschnitt besondere meditative Erfahrungen finden. Viele gewöhnliche Vorgänge erscheinen, wenn wir versuchsweise mit gespannten Sinnen hinsehen, hinhören und aufmerken, unverhofft in einem neuen, bereichernden Licht. So wäre mit Marc Aurel festzustellen: Wer die volle Gegenwart der Dinge auskostet, wird sich bald intensiv der Tatsache bewusst, »dass jeder nur diesen winzigen Moment lebt, der gerade gegenwärtig ist«. (Marc Aurel 2019, S. 31). Vielleicht schwärmt er dann mit Henry David Thoreau »Vom Glück, durch die Natur zu gehen«, ringt um Worte, die den nebelverhange-

II. Besonnenheit und Gelassenheit – zwei herausragende Tugenden

nen Kosmos eines Fischteiches im Herbst beschreiben, den es gerade so wie jetzt in dieser Sekunde kein zweites Mal geben wird. Auf diese Weise werden wir realer und müssen mit Thoreau erkennen, dass die Mehrzahl der Menschen ihr Leben in stiller, stereotypischer Verzweiflung verbringt – eine Diagnose, von der man sich selbst nicht vorschnell ausnehmen sollte. (Thoreau 2016, S. 39) Fokussiert auf das unmittelbar vor Augen Liegende, gelingt es vielleicht, besser der wenigen Dinge gewahr zu werden, auf die wir überhaupt aktiv Einfluss nehmen können. Wir versteifen uns nicht auf verstiegene Großprojekte, versinken nicht in uneinholbaren Erinnerungen oder bangen Zukunftsahnungen, folgen vielmehr dem Imperativ, wach und aufmerksam im gegenwärtigen Moment zu leben, um hier unser Bestes einzubringen. Das intensivierte (Selbst)Erkunden des Status quo führt Möglichkeiten und Grenzen vor Augen und vermag so auch ein realistisches Bewusstsein sozialer und politischer Verantwortung zu vermitteln.

Nahezu jedes Sich-Zeit-Nehmen wirkt als Gefühlsverstärker, denn man überantwortet sich im Ruhemodus der Eindringlichkeit des von außen Kommenden. Deshalb vermögen wir in der innehaltenden Öffnung eine emotionale Lebendigkeit zu verspüren, die während rastloser Alltagsgeschäfte zurückgedrängt bleibt. Mit wachen Sinnen erleben wir uns als von der Welt her berührbar, treten in Resonanz zu den Dingen, erfühlen die Welt, wobei wir gleichsam zeitlupenmäßig unsere in dieser Empfänglichkeit anklingenden Wertskalen erkennen und erkunden können. Wie Alfried Längle es ausdrückt, kommt den Gefühlen die Bedeutung zu, »daß wir das Leben ›erleben‹ können. Das Leben erhält gleichsam ›Fleisch und Blut‹ durch das Fühlen.« (Längle 2010, S. 60) Fühlend wird das für unser Leben Relevante offenkundig. Dem müssen wir Beachtung schenken, also nicht nur der unausweichlichen basalen Gegebenheit, dass wir fühlende Wesen sind, sondern auch den einzelnen vieldimensionalen Gefühlstatsachen selbst. Setzen wir uns über die Bedeutung der Gefühle hinweg, indem wir ein überhöhtes rationalistisches Selbstverständnis pflegen, so unterlaufen uns gravierende Fehleinschätzungen, so dass wir schließlich unseren eigentlichen Lebenskern verkennen, der an ein ganzheitliches Ineinanderspielen von Denken und Fühlen gebunden ist.

Je nachdem hat das Unterschätzen bzw. Abspalten emotionaler Kräfte problematische, ja fatale Folgen: Neben einer gesteigerten

Suchtgefahr, einem (heute allgegenwärtigen) Hang zu hysterischer Gefühlsentladung oder den vielleicht eher harmlosen Tendenzen seichter Sentimentalität ist hier vor allem auf die Symptomatik der Gefühlskälte und Empathielosigkeit hinzuweisen. Diesbezüglich werden die Weichen früh gestellt: Mangelt es an einer feinfühligen, aufmerksamen Interaktion zwischen Eltern und Kleinkind, werden Bildungsprozesse behindert, in denen junge Menschen lernen, ihre Affekte wahrzunehmen, zu erkennen, zu benennen und damit verknüpft emotionale Regungen konstruktiv in das Selbstsein zu integrieren, gegebenenfalls auch zu regulieren. Hohe Bedeutung kommt hier dem zwanglosen gemeinsamen Spiel, der Ausgelassenheit und dem ausgiebigen Herumstreunen in der Natur zu.

Die psychologische Forschung zeigt, dass wir den Spiegel der Anderen benötigen, um unsere Persönlichkeit zu bilden. Doch diese Anderen sind Chance und Gefahr zugleich: Wer emotionale Überforderung erfährt – sei es durch Desinteresse und Empathielosigkeit des Umfeldes oder sei es auch durch übersteigerte affektive Reaktionen seitens der Angehörigen und Nächsten –, der erleidet Schaden hinsichtlich der eigenen Gefühlskompetenz, wozu auch die Ausbildung eines grundlegenden zwischenmenschlichen Ethos gehört. »Der große Mann ist ein öffentliches Unglück« lautet ein chinesisches Sprichwort und zielt damit vielleicht auf denjenigen, der es im Zeichen verhängnisvoller Leitideale beizeiten lernen musste, sich zu wappnen. Wem das Weinen, Zagen und Zaudern in jungen Jahren ausgetrieben wird, der wird gleichermaßen hart und unempfänglich gegenüber den Leiden anderer. Dies zeigen viele Studien zur Empathie. Der aktuelle historische Moment gewährt uns traurige Einblicke in zahllose Vorgänge, die das verhängnisvolle Wirken einer gleichsam ›toxischen‹ Maskulinität augenfällig machen.

Rückzug von der Welt, die temporäre Reduktion sozialer Kontakte, laden dazu ein, mit Thoreau auch jene Verzweiflung zu erkennen, die sich hinter den »sogenannten Vergnügungen und Unterhaltungen der Menschheit« verbirgt. (Thoreau 2016, S. 39) In der Abgeschiedenheit wagt man es, mutiger und vorbehaltloser über sich selbst nachzudenken. Insbesondere längere Aufenthalte in der Natur werden uns mehr Weit- und Einsicht eröffnen. »Wir sind so gern in der freien Natur, weil diese keine Meinung über uns hat«, sagt Nietzsche. (Nietzsche 1988b, S. 22) Mitten im sozialen Geschehen hingegen, unter den mitunter irritierenden Blicken der Anderen,

II. Besonnenheit und Gelassenheit – zwei herausragende Tugenden

reagieren wir reflexhaft, agieren verwirrt, unkontrolliert oder fremdgesteuert. Ständig vergleichen wir uns, orientieren uns an äußeren Standards, ergeben uns dem Handlungsdruck und folgen überstürzt mutmaßlichen Notwendigkeiten oder Modetrends.

Sind wir hingegen für geraume Zeit dem Einfluss anderer, ihren (vermeintlich) fixierenden und taxierenden Blicken entzogen, so fällt es in der Regel leichter, einmal ehrlich der Frage nachzugehen, ob wir uns selbst überhaupt gut einschätzen und gerecht werden, ob wir tatsächlich *denjenigen* Zielen folgen, die den eigenen Werten und Möglichkeiten entsprechen. Das heißt: Indem wir uns dem Verlangen zu gefallen und Anerkennung zu finden vorübergehend entziehen, besteht die Chance, selbsttätig Einsichten zu gewinnen, um auf diese Weise neue Perspektiven zu entwickeln oder auch eine neue Grundlage der Selbstachtung aufzubauen. Im Zeitalter medialer Selbstdarstellung ist es mehr denn je notwendig, jenen Rat zu beherzigen, welchen Seneca einst dem jungen Lucilius erteilte: »Nur mit verwerflichen Mitteln ist die Gunst der Masse zu gewinnen. Du mußt ihnen ähnlich werden. Sie billigen nur, worin sie sich wiedererkennen. Es ist viel bedeutsamer, was du selbst von dir hältst, als was andere von dir halten.« (Seneca 1999a, S. 56f.) Die innere Stimme mutiger Selbstkritik (des Gewissens), von der hier die Rede ist, verstummt indes, wenn Personen über lange Zeiträume (moralisch) fragwürdiger Beeinflussung in dubiosen Kreisen ausgesetzt sind. Eine fatale Dynamik des Selbstbetruges setzt ein.

Um dem entgegenzuwirken, empfiehlt es sich – Senecas Beispiel folgend – das oben angeführte Ritual alltäglicher Selbst- und Gewissensprüfung durchzuführen. (siehe: S. 88f.) In der eingehenden Selbstbefragung könnte es u.a. um folgende Aspekte gehen: Kann ich mit meinem Tun einverstanden sein? Kann ich die Konsequenzen überhaupt absehen und sie auch verantworten? Erliege ich der Versuchung, wichtige Dinge zu verschieben oder auszublenden? Wenn ja, was hindert mich eigentlich daran, den Tag zu nutzen und das Anstehende zu tun? Erkenne ich meine Grenzen oder stecke ich mir zu hohe, anspruchsvolle Ziele, die zu erreichen von zahllosen Faktoren abhängt, welche nicht im Mindesten in meiner Macht stehen? Hier lehren die Stoiker, wie wir gesehen haben, eine spezifische Form der Bescheidenheit. Diese liegt darin, nur dasjenige mit Nachdruck zu verfolgen, worüber man tatsächlich verfügen kann, und sich im Übrigen so weit wie möglich von den Wechselfällen des Lebens unabhängig zu machen. Wer die eigenen Potentiale kennt und seine Maßstäbe dementsprechend ausrichtet, versteift sich nicht zwanghaft auf eine steile Karriere und die Anhäufung materieller Güter, sondern er entfaltet wache Aufmerksamkeit und soziale Umsicht. Er »sucht vor allem seine eigne Seele in einer vernünftigen und gemeinschaftsbezogenen Verfassung und Bewegung zu erhalten und arbeitet zu diesem Zweck mit dem zusammen, was ihm verwandt ist«. (Marc Aurel 2019, S. 71) Da uns im Prinzip alle Menschen verwandt sind, wird es stets ein wichtiges Ziel bleiben, viele andere für dieses Zusammenwirken zu gewinnen.

Doch was kann es heute noch bedeuten, dieses höhere Vernunftselbst in uns und anderen zu suchen und zu aktivieren? Darüber wäre nochmals nachzudenken, da einige Elemente der stoischen Lehren uns zweifelsohne fremd geworden sind. Insbesondere müssen wir unser kritisches Augenmerk auf die im Kontext dieser Weltsicht immer wieder propagierte radikale Abkoppelung von der Anerkennung durch andere richten. Liegt hierin nicht eine massive Verkennung unserer sozialen Natur? – Vorausgesetzt ich finde in einem ersten Schritt grundlegender Selbstüberprüfung heraus, ob ich einigermaßen im Einklang mit denjenigen Werten lebe, zu denen ich mich von höherer Warte aus bekennen würde. Wie kann ich in zweiter Instanz gewährleisten, dass ich in der Verfolgung meiner Ziele den rechten Umgang mit Applaus oder Missbilligung von außen habe? Dies konfrontiert mit der grundlegenden Frage, ob oder wie weit es überhaupt gelingen kann, zu einem unbestechlichen, eigenständigen Urteil zu gelangen. Gehen wir nicht als soziale Wesen im Guten wie im Schlechten aus Gemeinschaft hervor? Leben wir nicht fortdauernd in Angewiesenheit auf andere und benötigen wir nicht immer wieder ihre Rückmeldungen, um unser eigenes Selbst erfassen und ausformen zu können? – In Anbetracht all dessen, was uns von anderen her seit jeher eingeschrieben wurde, sollten wir unseren Anspruch auf Einzigartigkeit besser mit gemäßigtem Ehrgeiz verfolgen. Ohnehin gilt, wie zuvor unter Bezugnahme auf Freud thematisiert, dass wir uns keinesfalls umfassend transparent werden können. Deshalb empfiehlt sich – eingedenk dieses unergründlichen Selbsts im Dunkel – eine Politik der kleinen, behutsamen, sich immer wieder neu vergewissernden Schritte. Dies scheint der einzig gangbare Weg, wenn wir mit uns selbst vorankommen wollen. In jedem Fall müssen wir von Selbstkonzepten Abstand nehmen, in denen wir Eigenes und Fremdes messerscharf gegeneinander abgrenzen.

Ehrlichkeit vor sich selbst

Zu einer gelassenen Selbstüberprüfung gehört zweifelsohne Offenheit auch solchen Erfahrungen gegenüber, die zeigen, dass man einige Dinge – vielleicht eingefärbt von spontanen Emotionen – vorschnell und womöglich nur vordergründig wahrgenommen hat. Nähere Beschäftigung mit spontanen Reaktionsmustern kann viele Aufschlüsse über das implizite Wertedenken erteilen. Indem man – um Aufrichtigkeit bemüht – erklärte Maßstäbe mit tatsächlichen Verhaltensweisen vergleicht, kann man auf Widersprüche, Ungereimtheiten und Defizite stoßen, die auf Dauer nicht außer Acht gelassen werden sollten. Deshalb wird seit jeher dazu angeraten, ein ritualisiertes Innehalten für die gründliche Revision emotionaler Abläufe zu nutzen. Hier zeigen sich Verschiebungs- und Umwandlungsprozesse, die auf verborgene Einstellungen zu grundlegenden Lebensthemen hinweisen und damit implizite Sinnkonzepte erkennen lassen.

Soll der Tugendsinn wirklich in eigener Hand liegen, soll er sich zudem nicht aus der brachialen Niederhaltung des Emotionalen gewinnen, sondern den Vorstellungen moderner integrativer Konzepte folgen, dann ist ein Nachdenken über emotionale Stürme von vorderster Dringlichkeit. Genaues Hinsehen, das Aufspüren problematischer Strukturen versetzt uns in die Lage, unerwünschten Überfällen vorzubeugen, ihnen etwas entgegenzuhalten, um einen völligen Kontrollverlust abzuwenden. Förderlich ist es, zunächst eine differenzierte Sprache für den emotionalen Bereich zu entwickeln, wobei man sich bereits darin übt, zu inneren Vorgängen in Distanz zu treten. In Achtsamkeitsübungen ergibt sich die Möglichkeit, Phasen wertfreier Betrachtung zu durchlaufen, so dass auch das Unerwünschte, weniger Schmeichelhafte in unserer Innenwelt Anerkennung findet. Häufig kollidiert das, was sich in aufrichtiger Selbstwahrnehmung zeigt, mit unseren Selbstidealen. Dies verleitet dazu, Strategien der Abwiegelung, Beschwichtigung oder Verleugnung zu verfolgen – Reaktionsmuster, die ein wirkliches Vorankommen verhindern. Die Gefahr einer fundamentalen Selbsttäuschung wächst.

Gleichwohl dies heute schwerer denn je fallen mag, empfiehlt es sich, eigene Fehler und Schwächen einzugestehen, sich selbst in diesem Punkt mit Nachsicht, Geduld (heute spricht man auch von ›Selbstmitgefühl‹) und einer gesunden Portion Humor zu betrachten. Nur so kann man überhaupt auf gute Weise mit sich selbst befreundet sein und mit der Zeit vielleicht auch ein wenig über sich selbst hinauswachsen.

Den Wert des Gegebenen erkennen

Innehalten bedeutet auch, dass uns unverhofft der Wert des Gegebenen bewusst wird. Plötzlich begreifen wir, wie wichtig es ist, nicht immer einzig an das zu denken, was man entbehrt, sondern stattdessen zu erkennen, was das eigene Leben uns tatsächlich bietet und/oder bisher geboten hat. Hier ist es hilfreich, sich in Erinnerung zu rufen, welch schwierigen Weg man einmal bewältigen musste, um bestimmte Ziele, Werte und Lebensformen zu erlangen – Errungenschaften, die mittlerweile vielleicht ganz selbstverständlich und wenig sensationell erscheinen. Es empfiehlt sich auf jeden Fall, folgende Anregung Marc Aurels zu beherzigen: »Nicht an abwesende Dinge denken, als ob sie schon da wären, sondern unter den vorhandenen die besten auswählen und sich bei ihnen daran erinnern, wie heftig man nach ihnen verlangen würde, wenn sie nicht da wären.« (Marc Aurel 2019, S. 91)[28] Gleichermaßen sollte man sich nicht mit denjenigen Zeitgenossen aufhalten, die uns rücksichtslos und ungehobelt begegnen, sondern lieber an die Vorzüge anderer Mitmenschen denken, »bei dem einen an seine Tatkraft, bei dem anderen an seine Bescheidenheit und bei dem nächsten an seine Freigebigkeit, bei einem anderen wieder an etwas anderes«. (Ebd., S. 82)

Hier zeigt sich ein fatales Muster unserer Emotionalität: In Entsprechung zu unseren Erwartungshaltungen reagieren wir mehr oder weniger intensiv auf Ereignisse. Ausschlagegebend für hochfliegende Gefühle ist vor allem das Erleben des Besonderen, Neuen und Ungewöhnlichen. Läuft alles so, wie es vorgesehen war, bleiben wir gleichmütig und nehmen in geringerem Maße Notiz von den Dingen. Das hat den unglückseligen Nebeneffekt, dass ein gewohnheitsmäßiges Glück uns mit der Zeit kaum noch rührt, während

II. Besonnenheit und Gelassenheit – zwei herausragende Tugenden

selbst ein noch so kleines Ärgernis, sofern es überraschend eintritt, erheblichen inneren Aufruhr stiften kann. Dass das Glück der Normalität irgendwann gleichsam symptomlos bleibt, hat schon manchen dazu veranlasst, es überstürzt und kopflos zu verwirken. Ein Bewusstmachen und Reflektieren dieser Zusammenhänge, ergänzt durch stoische Übungen, könnten dem entgegenwirken.

Um in all dem die rechte Grundhaltung zu finden, ist es zentral, sich immer wieder die Grenze des Todes bewusst zu machen, eine Grenze, die man theoretisch jeden Tag erreicht haben könnte. In Anbetracht dessen wäre zu fragen: Wie würde sich mein Leben von heute aus im Rückblick ausnehmen? Wie aber sollte es nach meinem Ermessen erscheinen? Wo wäre folglich eine Veränderung anzustreben? – »Leben heißt, sterben lernen«: ein zentraler philosophischer Gedanke, der, von den Stoikern unendliche Male wiederholt, über die Jahrhunderte tradiert wurde und insbesondere in die Entwürfe der Existenzphilosophie und in moderne Lebenskunstkonzepte Eingang fand. Er besagt, dass wir erst dann beginnen, ein gutes Leben zu führen, wenn wir uns schonungslos mit der Vergänglichkeit und Flüchtigkeit aller uns betreffenden Dinge konfrontieren, etwa indem wir uns alltäglich sagen: »Die Zeit, wo Du alles vergessen hast, ist nahe, nahe auch die Zeit, wo dich alle vergessen haben.« (Ebd., S. 90) In dieselbe Richtung weisen Überlegungen, die Wilhelm Schmid zur Gelassenheit vorbringt: »Dass eine zeitliche Grenze erkennbar ist, motiviert dazu, aus dem Leben etwas zu machen, das bejahenswert erscheint – soweit das möglich ist.« (Schmid 2014, S. 96f.) Im mutigen Blick auf den eigenen Tod kann ein Prozess selbstkritischer Besinnung angeregt werden, der uns zum einen dazu veranlasst, das Leben wacher, bewusster und umsichtiger zu gestalten, der uns zum anderen aber auch versöhnlicher und nachsichtiger mit den Fehlern anderer verfahren lässt. Auch hier enthüllen verlangsamte Betrachtung und einfühlsame Bezugnahmen oftmals verborgene Qualitäten und Vorzüge, die zu positiven Veränderungen im Miteinander ermutigen.

Da Menschen emotionale Wesen sind, konfrontiert die Todesbedrohung bzw. die Nähe des Todes sie zugleich immer auch mit Angst sowie mit Gefühlen von Ohnmacht, Sinnverlust und Trostlosigkeit. Wenn wir einem unaufrichtigen Heroismus entgehen wollen, müssen wir diese Tatsache innerhalb der Philosophischen Praxis unbedingt ernst nehmen. Einige moderne psychotherapeutische Schulen greifen diesen Faden auf und können hier inspirierend wirken. Insbesondere die von Viktor Frankl begründete Logotherapie sowie die existenzielle Psychotherapie von Irvin D. Yalom weisen eine hohe Affinität zur Philosophischen Praxis auf, insofern beide Richtungen den Menschen als zutiefst sinnorientiertes Wesen begreifen, in dessen alltäglich auftretenden Problemlagen vielfach untergründig und verhüllt allgemeine existenzielle Fragen mitschwingen. Im nachfolgenden Abschnitt, der näher auf die Themen ›Sterben, Tod und Trauer‹ eingeht, sowie im Trostkapitel werde ich diese Linie weiterverfolgen.

Ein Ethos der Begrenztheit und Nachsicht

Momente ruhiger Selbstreflexion konfrontieren uns unausweichlich mit der Begrenztheit der eigenen Existenz, und zwar nicht allein mit der im Tod liegenden unabwendbaren zeitlichen Grenze, sondern ebenfalls mit Limitierungen, die jedem Einzelnen durch Naturell, Talente und soziale Herkunft auferlegt sind. Der Tod lässt sich niemals besiegen, aber auch die in uns selbst liegende Bedingtheit können wir, wenn überhaupt, nur mit Anstrengungen und in kleinen Schritten überwinden. Eine besondere Herausforderung stellt ein Weg dar, der tiefgreifende charakterliche Wandlungen anstrebt, so wie das Tugendkonzept es vorsieht. Hier wird es ernst, denn es geht nicht um die Aneignung zweckorientierter Kompetenzen oder Tools, die man im Dienst der Selbstoptimierung einsetzen und wieder fallenlassen kann. Im Ringen um grundlegende Transformation müssen wir mit vielen Schwierigkeiten, Hemmnissen und Rückschlägen rechnen, ja, wir sollten derartige Hindernisse sogar positiv bewerten und mit Marc Aurel alles, was sich uns unerwartet in den Weg stellt, als ein Mittel zu ehrlicher Selbsterprobung betrachten. Weder sollten wir uns schämen, wenn wir Hilfe benötigen, noch sollten uns Fehlschläge und Bruchlandungen dauerhaft entmutigen. Was in unserer Hand liegt, ist vor allem eine unbeirrbare Orientierung an ethischen Maßstäben, im Vertrauen darauf, dass gerade dies die Lebenszufriedenheit steigern wird: »Was bleibt sonst noch, als das Leben zu genießen, indem man ein Gutes mit dem anderen verknüpft, ohne auch nur den geringsten Zwischenraum zurückzulassen.« (Marc Aurel 2019, S. 174f.) Wie weit wir es darin gebracht haben, offenbart sich in der Altersphase.

II. Besonnenheit und Gelassenheit – zwei herausragende Tugenden

Mag man auch heute nicht mehr wie die antiken Denker an eine Durchsicht auf höchste Dinge glauben, mag man weniger als diese von Vernunftbegeisterung beflügelt sein und weitaus mehr eine unaufhebbare Fehlerhaftigkeit aller menschlichen Einsicht unterstellen, so gewinnt dennoch – gerade vor diesem Hintergrund – *ein* zentrales Grundprinzip ethischer Verantwortung seine eigentliche, tiefgründige Bedeutung. Unhintergehbar erscheint die von Kant formulierte Menschheitszweckformel: »Handle so, daß du die Menschheit, sowohl in deiner Person, als in der Person eines jeden anderen jederzeit zugleich als Zweck, niemals bloß als Mittel brauchest. (Kant 1996, S. 61) Mit diesem Grundsatz, der eine alternative Formulierung des kategorischen Imperativs bietet, lässt sich, so man ihn ernsthaft beherzigt, in konkreten Situationen außerordentlich viel anfangen. Wir haben es mit einem bewusstseinsbildenden Regulativ zu tun, das uns anleitet, eine den jeweiligen Umständen und Erfordernissen adäquate Praxis zu finden und zu verantworten. Ob wir über die Zulässigkeit einer beabsichtigten Unaufrichtigkeit nachdenken, ob wir unsere emotionalen Impulse einer Angemessenheitsprüfung unterziehen, ob wir Räume individueller Freizügigkeit abstecken wollen oder Fragen der Gerechtigkeit im Einzelfall erwägen, wir kommen, sofern wir moralische Absichten verfolgen, niemals umhin, diese Verpflichtung auf eine nicht-objekthafte Umgangsweise mit anderen zu beherzigen und damit auch das Kantische Prinzip der gleichen Freiheit aller anzuerkennen.[29]

Wie schon angesprochen, kann innere Einkehr mit Erfahrungen und Erkenntnissen konfrontieren, die dazu veranlassen, Einstellungen und Werte nochmals zu bedenken und gründlicher zu prüfen. Eine moderne Praxis der Gelassenheit, die auch die leiblich-emotionale Weltverwicklung ernstnimmt, wird sich niemals auf ein absolutes Wahrheitswissen berufen können. Vor allen anderen Dingen werden wir zu ergründen haben, wo sich Grenzen und Schwächen an uns selbst bemerkbar machen, zu denen wir uns bekennen sollten, um nicht in Selbsttäuschung oder Dünkel zu verfallen. Angesichts unabweisbarer eigener Unzulänglichkeiten gelassen zu bleiben, ist vermutlich die größte Herausforderung, die ein (moderner) Mensch zu meistern hat. Anzuerkennen, dass man selbst bedingt ist, ist zugleich der wichtigste Schritt auf dem Weg einer tugendgemäßen Persönlichkeitsentwicklung, denn hierin wurzelt die Bereitschaft, auch den Anliegen, die von anderen eingebracht werden, ernsthaft, respektvoll und eingehend Gehör zu schenken. Um aufmerksam, zugewandt und langmütig im sozialen Umgang zu werden, muss man deshalb zunächst einmal sich selbst gegenüber aufrichtig und ›nachsichtig‹ sein. Hierzu gilt es, (vor allem für die ältere Generation) aus dem eigenen Schatten herauszutreten, um tiefsitzende Vorurteile – die drückende Last früh ›injizierter‹ reglementierender Autoritäten – zu erhellen.[30]

In allen menschlichen Angelegenheiten benötigen wir ein basales Regulativ, welches Kierkegaard auf eine treffende Formel brachte, als er die Empfehlung aussprach, »zugleich derart streng zu sein, wie die Wahrheit es heischt, und dennoch derart mild, wie die Liebe es wünscht, um den zu gewinnen, gegen welchen man die Strenge braucht«. (Kierkegaard 1983, S. 372) Überaus zuträglich ist an dieser Stelle auch die Aktivierung eines ganz spezifischen selbstrelativierend-milden Humors. Sehr schön formuliert finden wir diese Haltung in den Worten Peter Sloterdijks: »Erst wo der Witz nach innen geht und das eigene Bewusstsein, zwar aus der Höhe, doch nicht allzu ungnädig, sich über sich selbst beugt, dort entsteht eine Heiterkeit, die kein physisches Gelächter und kein zynisches Lächeln an den Tag bringt, sondern kampflos gewordener Humor.« (Sloterdijk 1983, S. 556)

Ein schonungsvoller Modus

Während Gelassenheit nicht zuletzt in dieser Art von Humor ein beträchtliches Maß an Unbefangenheit sich selbst gegenüber benötigt, rät sie im Umgang mit anderen zu einer schonungsvollen und milden Herangehensweise, die weder Spott noch Zudringlichkeit gestattet. Wie insbesondere Plessner bereits vor einigen Jahrzehnten im Blick auf die moderne Welt dargelegt hat, verlangt gerade die hochindividualisierte Gesellschaft eine Kultur des liberalen und rücksichtsvollen Umgangs miteinander, in dem andere nicht nur als gleichberechtigt anerkannt, sondern vor allem in ihrer menschlichen Verletzlichkeit wahrgenommen werden. Eine spezifische von Plessner entfaltete »Weisheit des Taktes« folgt der Devise: »Schonung des anderen um meiner selbst willen, Schonung meiner selbst um des anderen willen.« (Plessner 2002, S. 109) Beschrieben ist hier ein zwischenmenschliches Verhaltensethos, welches getragen ist vom unentwegten Bemühen um Verständigung und Kompromiss und dabei insbesondere die mildernde Wirkung von Nachsicht, Takt und Humor zu schätzen weiß. In wacher, behutsamer Bezogenheit auf andere, deren Wertgefüge zumeist merklich von unserem unterschieden sind, können so unvermutet neue Wege durch das Dickicht akuter Problemlagen aufscheinen. Im Streitfall wird man einerseits weniger rigoros auf Eindeutigkeit drängen und sich so weit als möglich um nachvollziehbare Tatsachenklärungen bemühen, man wird Uneinigkeiten mit Langmut begegnen und viele argumentative Mühen auf sich nehmen, um einen Konsens oder Kompromiss zu finden. Dieses »Ethos der Grazie«, wo ein »tänzerischer Geist« gilt (Plessner 2002, S. 80)[31] und in dem die Andersheit des Anderen Anerkennung findet, mündet in ein Konzept neuartiger kommunikativer Verhaltensweisen, die in erster Instanz auf Schonung und zwischenmenschlichen Respekt gepolt sind.

Takt und Gespür, die eine milde Note in den zwischenmenschlichen Verkehr hineingeben, erfahren aktuell, wie unschwer festzustellen ist, immer weniger Beachtung und Anerkennung. Man könnte beinahe behaupten: Wir pendeln gegenwärtig gewissermaßen hin und her zwischen ›cooler‹ Nichtbeachtung, wenn nicht gar kruder Missachtung auf der einen Seite und einem übersteigerten, nahezu investigativen Intimitätsverlangen auf der anderen. In persönlichen Dingen glauben wir, alles bis ins letzte Detail hinein ausloten und aushandeln zu können, ja zu müssen. Geraten wir in Konflikte oder nehmen Anstoß an anderen, so wähnen wir uns häufig sogar berechtigt dazu, das Verhalten oder den Charakter unserer Mitmenschen öffentlich kritisch sezieren und Fehler entlarven zu dürfen.

In unseren Liebesbeziehungen streben wir nach der perfekten Feinabstimmung zweier Individualitäten und durchlaufen – diesen hochfliegenden Anspruch unbeirrt vor Augen – eine scheinbar unendliche Reihe von Enttäuschungen und Schiffbrüchen, welche uns stets unsanft auf den Boden der Realität zurückholen und daran erinnern, dass die Andere tatsächlich eine Andere ist, die sich unseren Wunschträumen und Erwartungen regelmäßig entzieht. Wie oft vernimmt man die fassungslose Feststellung, erst in der Trennung oder vor dem Scheidungsrichter erkannt zu haben, wer der Andere ›eigentlich‹ ist, nämlich eine unpassende und zudem noch gänzlich unwürdige Person. Demgegenüber sind taktvolle Zurückhaltung, Gespür für den richtigen Moment, kommunikative Leichtigkeit und

Humor in ihrer verbindenden Kraft kaum zu überschätzen. Oftmals reichen sie weiter als das aussichtslose Streben nach Konsensbildung unter Beibehaltung hochgradig individualisierter Lebensträume.

Takt bedeutet aber keineswegs Desinteresse oder gar Abgebrühtheit, vielmehr ermöglicht er eine Ethik der Empfänglichkeit, wie sie in Anlehnung an Plessner umrissen werden kann. Es geht in hohem Maße darum, *die fremde Seele* durch das Zurückhalten schneller Aburteilung zu schonen, d. h. den *Anderen* nicht den Risiken von Bloßstellung, Beschämung und Lächerlichmachen auszusetzen. Wo die menschliche Würde unangetastet bleiben soll, muss es Grenzen der Begutachtung und Bewertung geben. Takt ist der grundlegende Respekt vor der Seelentiefe anderer und damit wie gesagt die »erste und letzte Tugend des menschlichen Herzens«. (Plessner 2002, S. 107)[32]

Manchen mag dies ethisch problematisch erscheinen. Sie werden geneigt sein, hier Unehrlichkeit und Kriecherei zu beanstanden. Doch Takt ist weder Lüge noch Schmeichelei, sondern – in Anbetracht der letztlichen Unergründlichkeit der menschlichen Seele – Respekt vor der Eigenart anderer Menschen, über die man sich kein übereiltes Urteil erlauben sollte. Ist man im Zuge einer Praxis der Aufmerksamkeit zu einer angemessenen und fairen Einschätzung gelangt und will diese zur Sprache bringen, werden erst recht Takt und Gespür benötigt, um sich behutsam heranzutasten und zu erspüren, wo und wie sich ohne Aufdringlichkeit oder Hochmut etwas sagen lässt. Wer stattdessen mit schwerem Geschütz auf die Fehler anderer losgeht, übersieht schnell eine Reihe von Dingen: die Unzugänglichkeit individueller Motivationslagen, die von außen her unwägbaren Verletzlichkeiten eines jeden, die unzähligen blinden Flecken, vor allem aber die limitierte (moralische) Verlässlichkeit der meisten, auch der eigenen Person. Nicht minder verkennt er die von einigen DenkerInnen herausgestellte heilsame Wirkung rücksichtsvoller Umgangsformen, sowohl im Blick auf Einzelbeziehungen als auch auf das Ganze der menschlichen Gesellschaft bezogen. Hier ist es schlichtweg nur auszuhalten, wenn eine gefasste Haltung eingenommen wird, welche zu Höflichkeit und Rücksichtnahme führt und so den herben Aufeinanderprall hoch individualisierter ›Ichlinge‹ mäßigt.

Ist Gelassenheit nicht zumindest in Ansätzen vorhanden, stellt sich, wie oft zu beobachten ist, mit der Zeit Eiseskälte zwischen

II. Besonnenheit und Gelassenheit – zwei herausragende Tugenden

Menschen ein. Kaum nötig festzustellen, dass angesichts einer derzeit erschreckenden Verrohung der Umgangsweisen im öffentlichen Raum hier dringender Handlungsbedarf besteht. Ehrlichkeitsfanatismus und geschäftsmäßig-cooles Desinteresse scheinen vordergründig einander entgegengesetzt zu sein, doch sie ähneln sich darin, dass sie soziale Räume ungemütlich werden lassen. Verstärkt wird dieser Temperaturabfall heute durch anonyme Beleidigungen, Anfeindungen und Mobbing in den neuen Medien, welche gleichermaßen Mitverursacher wie Symptomträger eines unablässigen sozialen Niedergangs sind. So verstetigt der Rückzug ins abgedunkelte Computerverlies das traurige Phänomen sozialer Isolation und steigert es zuletzt zu maßloser Einsamkeit. Viele tragen heute die Spuren und Blessuren einer ungastlichen, ihnen dauerhaft zusetzenden Lebenswirklichkeit. Umso mehr kommt es darauf an, nach Maßgabe des Taktes auch Wege des Indirekten und Umweghaften zu beschreiten. Wir müssen uns darin üben innezuhalten, nachzudenken, hinzuspüren – den Eigenwert des Anderen auch in Unverständnis, Uneinigkeit und spontaner Ablehnung bestehen zu lassen. Wir benötigen unbedingt eine neue Kultur der Aufmerksamkeit, d. h. Übungen und Techniken, um uns innerlich neu auszurichten und von selbstsüchtiger Energie zu reinigen.[33]

Zuvorderst müssten wir die destruktiven, lebensfeindlichen Effekte des nie endenden Zeitdrucks begreifen, uns den Dauerbelastungen widersetzen, um Handlungsentschlüssen ein neues kontemplatives Fundament zu geben. Wollen wir der unglückseligen Fusion von Zeit und Geld entgehen, so müssen wir lernen, gegenwärtig zu sein. Erst wenn wir uns als zeitlich-vergängliche Wesen begreifen, deren Dasein dem Bann der Kontingenz niemals entrinnen kann, erfassen wir den Wert eines jeden Augenblicks. Heute ist angesagt, mit durchtrainierter Weltläufigkeit geschmeidig durch die Wirklichkeit zu surfen. Dies verspricht enorme Beschleunigung des Lebenstempos, derweil die jeweils voneinander abweichenden Einzelheiten der Ereignisse unerheblich werden. Wer Zeit zu Geld machen will, darf nicht grüblerisch und skrupulös in tausend Richtungen sinnieren. Vielmehr muss er, um schnell und gezielt entscheiden zu können, auf erprobte Abläufe und Lösungsroutinen zurückgreifen. Daraus erwachsende Geschäftsbeziehungen sind üblicherweise durch Distanziertheit, genau definierte Sprachspiele und kontrollierte Gebärden gekennzeichnet. Hier regieren weder Gelassenheit noch das Feingefühl des Taktes, sondern eine zweckorientierte Verhaltensreduktion, die irgendwann keine Tür zu menschlicher Nähe mehr offenhält. Fokussiert auf das ›Wesentliche‹, wird vieles konsequent ausgeblendet. Auf Dauer mündet dies in einen Habitus berechnender Selbstbezogenheit, gleichwohl man dann immer noch – die Fakten beschönigend – von ›Geschäftsfreunden‹ sprechen und miteinander dicktun mag.

Demgegenüber verfolgt Plessners Plädoyer für eine Kultur des ›Nichtzunahetretens, des Nichtzuoffenseins‹ (Plessner 2003, S. 106) gänzlich andere Intentionen. Ihm geht es darum, intersubjektive Übergriffigkeit sowie auch die politischen Ideologien bestimmter ›Gemeinschaftsapologeten‹ zurückzudrängen, die mit moralischem Druck Wesenskonformität, rückhaltlose Anpassung und Eindeutigkeit herbeizwingen wollen. Jede Überbetonung gleichförmiger Gesinnung verkennt das ›Schicksal der Individualisierung‹, welches mit geistiger Verfeinerung und Ausdifferenzierung des Menschlichen verbunden ist. (Ebd., S. 60f.)[34] Zwischenmenschliches Gelingen benötigt eben jenen ›tänzerischen Geist‹, der in der Anerkennung von Nichtidentität das Geheimnis der fremden Seele respektiert und Zurückhaltung wahrt. »Unter nichts leidet die Seele so, wie unter dem Unverstandensein, ihrem doch wesensmäßigen, von ihrer eigenen Natur selbst herausgeforderten Schicksal. Denn dieses Nichtverstehen ist kein einfaches Verfehlen einer Sache, ein Vorbeisehen am Wirklichen, sondern im gewissen Sinne beides zugleich: Verfehlen und Treffen.« (Plessner 2002, S. 64)

Weiterführende Reflexion

Marc Aurel warnt davor, den ›Einbildungen‹ der eigenen Seele zu folgen. Auch wenn die stoische Auffassung in diesem Punkt radikal ist, insofern sie quasi alle Emotionen als Fehlurteile stigmatisiert, ist diesem Rat dennoch einiges abzugewinnen. Vor allem wenn uns negative bzw. sozial destruktive Affekte ergreifen, ist es unbedingt anzuraten, Überprüfungen der eigenen Emotionalität anzustrengen. Wer wütend ist, wähnt sich stets im Recht. Gerade dann lohnt es sich, noch einmal genauer hinzusehen und abzuklären, ob die Tatsache/das Phänomen, auf das sich der Zorn bezieht, wirklich adäquat wahrgenommen wird oder ob man es nicht vielmehr zu großen Teilen mit einem Produkt der Einbildungskraft zu tun hat.[35]

Nicola Gess zeigt in ihrem Buch über *Halbwahrheiten* an einigen Beispielen auf, wie wenig zutreffend, fundiert oder aussagekräftig Tatsachenaussagen, die zur Erregung der Gemüter herangezogen werden, mitunter sind. Oft ist nur ein Bruchteil des Dargelegten wirklich belegbar. Verifizierbare Einzeltatsachen werden aus ihrem ursprünglichen Kontext herausgerissen und durch fiktive Elemente ergänzt, wodurch sich neuartige, oftmals ungerechtfertigte Interpretationen aufdrängen. Es entstehen sogenannte ›Halbwahrheiten‹, die als verifizierbare Teile eine insgesamt erfundene ›Erzählung‹ stützen sollen. Gleichwohl solche Erzählungen häufig um Kohärenz bemüht sind und die Belege entsprechend ausgesucht werden, haben sie in letzter Instanz aber nur noch sehr wenig mit der Wirklichkeit zu tun.

Das Operieren mit halbwahren Fakten macht es möglich, den Anschein von Seriosität zu wahren. So werden Prozesse in Gang gesetzt, in denen berechtigte Sachkritik blitzschnell in eine paranoide Verschwörungstheorie umkippt. Gezielt werden dabei problematische Emotionen wachgerufen: Neid bzw. ein Gefühl grundsätzlicher Benachteiligung, Angst vor sozialem Abstieg sowie ein in vielen Punkten durchaus legitimer und nachvollziehbarer Zorn über Ungerechtigkeiten fließen ineinander und stimulieren als brodelndes Gefühlsgemisch eine enorme Angriffslust, währenddessen ein äußerst lässiger Umgang mit der Wahrheit nicht mehr zur Kenntnis genommen wird. Wer von ungelüfteten Emotionen vor sich hergetrieben wird, neigt also tatsächlich häufig zu ›falschen Meinungen‹. In dieser Verfassung ist er oder sie ein willkommenes Objekt für die Herrschaftsansprüche narzisstischer Machtmenschen.

Es wäre also angeraten, wann immer möglich, penible Tatsachenprüfungen vorzunehmen und sich gegebenenfalls von ausgewiesenen ExpertInnen beraten zu lassen. Im Anschluss wäre es in einem weiteren Schritt sinnvoll, vor allem *diejenigen* Wertmaßstäbe nochmals zu überdenken, deren Niederschlag sich in unseren emotionalen Reaktionen ausmachen lässt. Zu fragen wäre: Erhebe ich tatsächlich legitime Ansprüche? Interpretiere ich einen Vorfall in vertretbarer Weise oder verfolge ich dabei Interessen, die sich von einer allgemeineren Warte aus eher nicht rechtfertigen lassen? Bin ich überhaupt bereit, meine subjektiven Ziele im Blick auf das Wohl anderer zu korrigieren? Und selbst wenn dies der Fall sein sollte und ich zu dem Schluss komme, dass z. B. mein Zorn einen Anspruch ausdrückt, von dem ich in Anbetracht der Sachlage keinesfalls ablassen sollte, bleibt schließlich immer noch zu fragen, auf welche Weise ich meinen Überzeugungen angemessen Ausdruck verleihen kann. Hier öffnet sich nochmals ein ganz neuer Fragehorizont, denn nun kommt das zuvor beschriebene Verhaltensethos zum Tragen, das den Respekt vor der Seele anderer bewahrt. Auch unser gerechter Zorn sollte sich, wie wir nicht zuletzt von Seneca lernen können, nicht ungehemmt über andere ergießen, weil dies selten zielführend ist. Eher offenbart sich hier der besonders abstoßende Hochmut desjenigen, der sich selbst ohne Tadel und frei von Fehlurteilen wähnt. In dieselbe Richtung weist Marc Aurels lakonische Feststellung: »Denn der Dünkel, der sich auf seine Dünkellosigkeit etwas einbildet, ist der allerschlimmste.« (Marc Aurel 2019, S. 173)

Es ist also durchaus etwas dran an dem Ratschlag Senecas, sich nicht aufzuregen, loszupoltern oder aufzuspielen – ein Ratschlag, den man in der Regel demjenigen erteilt, der sich bereits entsprechend verhalten hat. Wie auch die Stoiker einräumen, entsteht Zorn unwillkürlich und gewinnt schnell eine vehemente Eigendynamik. Doch bleibt durchaus eine Wahl: Man kann sich der jeweiligen Emotion blind überlassen oder man kann sich darum bemühen, die Erregung in jedem Fall zunächst einmal mit geeigneten Mitteln herabzudimmen, um eine Selbstüberprüfung vorzunehmen. Sollte Letzteres nicht gelingen, so steht es uns immer noch frei, emotionale Ausbrüche im Nachhinein zu überdenken und gegebenenfalls für Schadensbegrenzung und Wiedergutmachung zu sorgen.

Passivitätskompetenz und Autonomie

Überlegungen dieser Art tragen aufs Ganze gesehen dazu bei, gelassener zu werden. Sie legen uns nahe, von Aktionen Abstand zu nehmen, mit denen wir über Unverfügbares verfügen wollen. Stoiker haben eine klare Vorstellung von dem, worauf Menschen tatsächlich Einfluss nehmen können und worüber sie letztlich keine Verfügungsgewalt besitzen und folglich auch nicht beanspruchen sollten. Hier liefert Marc Aurel, wie im Rahmen der stoischen Übung deutlich wurde, eindeutige Vorgaben. Während Meinung, Trieb, Begierden und Abneigungen von uns selbst gesteuert werden, können wir

II. Besonnenheit und Gelassenheit – zwei herausragende Tugenden

weder über die basalen leiblichen Notwendigkeiten bestimmen noch liegen äußere Güter wie Vermögen, Ansehen und gesellschaftliche Positionen in unserer Hand.

Von heute aus betrachtet stellt sich die Sachlage anders dar, ja sie scheint sich gewissermaßen verkehrt zu haben: Während sich der Glaube an die Verfügbarkeit über die äußeren Faktoren des Lebens deutlich erhöht hat, während man zunehmend sogar den eigenen Leib operativ umgestaltet, räumt man der Eigendynamik von Trieben, Begierden und Affekten sehr viel mehr Raum ein als in vergangenen Zeiten. Das Gefühlsleben wird gewissermaßen zum heiligen Gral der Authentizität, zum Indikator des eigentlichen Selbst und damit zum absoluten Richtmaß erhoben. Die wissenschaftliche Erforschung der menschlichen Natur dient zwar durchaus dem Zweck, sachgerecht in wirkende Kausalitäten einzugreifen (d. h. durch Umkonditionierung oder medikamentöse Interventionen Persönlichkeitsmodifikationen zu bewirken), doch merklich seltener vertritt man die Auffassung, dass Menschen ›souverän‹ und ›frei denkend‹ über ihre emotionalen und sinnlichen Impulse verfügen sollten. Zugespitzt ließe sich im Blick auf diese Veränderungen sagen, dass viele dieser Phänomene Formen der (Selbst)Entmündigung anzeigen. So wird zunehmend ›manipulativ‹ über Personen disponiert, die ihrerseits bereit sind, sich selbst als Spielball anonymer Faktoren zu begreifen und darzustellen. Demgemäß realisiert sich Selbstverwirklichung primär über den Anspruch, eigenen Bedürfnissen blind zu folgen und genau darin eine adäquate Realisierung der Persönlichkeit zu erblicken.

Faktisch aber werden uns wichtige Lebensentscheidungen Zug um Zug ›abgenommen‹ bzw. auf subtile Weise ›nahegelegt‹. Während wir uns selbstbestimmt wähnen, werden fragliche Formen der Passivität gedankenlos hingenommen. In Anknüpfung an unsere Präferenzen werden wir leichthin manipulativ gesteuert und zu Konsumhandlungen animiert. Ungefragt werden wir über Rechner, Tablet und Smartphone mit individualisierten Informationen und Angeboten überschüttet. Im Zuge der digitalen Revolution ist dies zu einer Selbstverständlichkeit geworden, gegen die nur wenige ernsthaft aufbegehren. Durch eine rasant zunehmende technische Innovation wird das berechnende Prinzip bis in die innersten und intimsten Angelegenheiten des menschlichen Daseins hineingetragen. Menschen werden, ohne es noch recht zu bemerken, zunehmend zum Objekt der Verfügungsgewalt kommerzieller Interessen. Anhand von Algorithmen, die auf der Basis vergangener Verhaltensweisen zukünftige Wünsche ›berechnen‹, wird die Welt möglichst reibungslos unseren vermeintlichen Wünschen angepasst.

Fatalerweise glauben viele, sich dabei ›frei‹ zu entfalten. Das ungehinderte Ausleben emotionaler Impulse und Vorlieben, unzählige Möglichkeiten spontaner Bedürfnisbefriedigung scheinen dem Ideal authentischer Selbstverwirklichung Genüge zu tun. Schon kleine Kinder wachsen mit der Erfahrung heran, per Knopfdruck in magische Welten zu gelangen, in denen sie mit spielender Hand über die Welt verfügen.[36] Gefühle subjektiver Macht und Aktionsfreiheit bauen sich auf, obwohl man tatsächlich auf Schritt und Tritt zum willfährigen Opfer von Manipulation durch social engineering, verborgene Mechanismen und suggestive Werbetechniken wird. Während man sich als autonom und einzigartig wähnt, wachsen die Risiken, bis in die innerste Selbstwahrnehmung hinein zum Produkt ›industrieller Fertigung‹ zu werden. So wird das nach wie vor propagierte Ideal souveräner Selbststeuerung zusehends sinnentleerter, weil es in der modernen Massengesellschaft unablässig von einer Strategie durchkreuzt und unterminiert wird, die den menschlichen Geist primär als Ressource für kommerzielle Interessen nutzbar zu machen sucht. Erstaunlich ist, dass nur wenige Menschen sich lautstark gegen diese Totalvereinnahmung wehren, während politische Verfügungen, die ihnen (wie z. B. in der Coronakrise) zeitlich begrenzt bestimmte Reglementierungen auferlegen, sie auf die Barrikaden bringen.

Die Ausbildung einer neuartigen Kompetenz zu ruhiger Betrachtung, die sich dem Sog medialer Einflüsse zumindest zeitweilig entzieht, um sich den ungeklärten Themen des eigenen Innenlebens zuzuwenden, ist von höchster Dringlichkeit. Wir müssen mit Sorgfalt darum ringen, in einer offenen und fragenden Welthaltung zu erkunden, was uns im jeweiligen Moment umtreibt bzw. in welcher Weise wir aktuell (und vielleicht seit jeher schon) in problematische Gegebenheiten eingebunden sind. Neue Aspekte freier Selbsttätigkeit zeigen sich und verlangen Beachtung. Vor allem aber wird über kurz oder lang augenfällig, wie begrenzt der Einzelne in seiner reflexiven Selbstvergewisserung letztlich bleiben muss und wie wenig sein zum anderen hin geöffnetes inneres Sein in letzter Instanz festlegbar ist – eine Erkenntnis, die zumindest einige PhilosophInnen emphatisch propagieren. Es handelt sich um wesentliche Einsichten, die zunächst einmal irritierend wirken, so dass man sich behutsam auf sie einstellen muss. Doch sie sind den zwischenmenschlichen Vollzügen überaus zuträglich, denn sie veranlassen dazu, eine erhöhte Wachsamkeit und Sachlichkeit zu kultivieren, indem man bescheiden und selbstrelativierend zu Werke geht.

Wir räumen ein, dass wir auch da, wo ›rationale‹ Planungen möglich werden, niemals vollständig über Realitäten verfügen können. Da wir von der Wirklichkeit her stets überrascht werden können, erweist sich jedes Verlangen nach absoluter Sicherheit als illusionär. Schon allein deshalb, weil die Reichweite unseres Handelns begrenzt ist, müssen wir es lernen, uns mit Gelassenheit im Unsicheren aufzuhalten – auch dann, wenn wir unser Bestes geben, was wir fraglos immer tun sollten. Wer gelassen ist, vertraut also darauf, dass der Gang der Ereignisse ein vernunftgeleitetes Leben letztendlich nicht zerstören kann. Denn ein solches Leben realisiert sich über ruhige Selbst- und Gewissensprüfungen, die auch dann in unserer Macht stehen, wenn uns äußere Belastungen herausfordern. Stets gilt es, innere und äußere Tatsachen möglichst unvoreingenommen zu erheben. Das ist nicht immer leicht, doch der Sinn der Tugend wird sich auch in schwierigen, schicksalhaften Lebenslagen zeigen.[37] Unter allen Umständen – so der hohe Anspruch der Stoiker – heißt es, den Weg ohne Jammern und Klagen fortzusetzen. Denn es ist vermessen und illusionär, für sich selbst ein Leben ohne Schwierigkeiten, Scheitern oder Verluste zu beanspruchen, während andere leiden. »Lass deinen Wahn schwinden, du hörst auf dich zu beklagen. Beklagst du dich nicht mehr, ist auch das Übel weg.« (Marc Aurel 2018, S. 23) – behauptet Marc Aurel. Dem muss man zumindest insoweit zustimmen, als tatsächlich ein großes Übel darin liegt, sich über Kleinigkeiten zu beklagen, während man unbewegt hinnimmt, dass andere von Katastrophen betroffen sind.

In einer ruhigen Haltung, die sich den Schmerzen des Lebens zugleich stellt und verweigert, liegt aus stoischer Sicht der Schlüssel zum Lebensglück. Dieses Glück besteht darin, größtmögliche Freiheit zu erlangen in Verachtung der Dinge, die nicht in unserer Gewalt stehen. Das Versprechen lautet: Wenn man sich hingegen ganz und gar auf das tatsächlich Mögliche konzentriert, so wird daraus nicht nur ein Mehr an moralischer Zuverlässigkeit hervorgehen, sondern damit verbunden ganz außerordentliche Lebensfreude. Ich

3. Die Kraft der Gelassenheit – konkrete Ausblicke

erinnere an Marc Aurels Ratschlag, ohne Pause gute Taten aneinanderzureihen, mit dem er die Verheißung höchsten Lebensgenusses verbindet. Wie steht es nun aber aus moderner Sicht um den Lebenstrost, den die Stoiker auch angesichts schwerwiegender Vorfälle mit ihren Lehren verbinden?

4. Gelassenheit und Trost

> *Da wir leben, schulden wir dem Dasein unseren Tod. Er ist uns mit dem Leben mitgegeben, als seine unentrinnbare, unabstreifbare Bedingung.*
> (Dieter Wellershoff, 1925 – 2018)

> *Trösten ist eine Kunst des Herzens. Sie besteht oft nur darin, liebevoll zu schweigen und schweigend mitzuleiden.*
> (Otto von Leixner, 1847 – 1907)

Was tröstet uns?

Akzeptiert man die leidvollen Seiten des Lebens, so mag sich in der Tat allmählich eine gefasstere Haltung aufbauen. Man gibt es auf, für sich selbst – gedankenlos, quasi wider besseres Wissen – eine Ausnahmeregelung zu erwarten, so als könnte man das Naturgesetz umgehen und irgendwie doch ohne Schmerzen und Fehlschläge davonkommen. Wenn tatsächlich ein Unglück eintritt, ist die Erfahrung, mit anderen in einem Boot zu sitzen, oft ein großer Trost. Genau deshalb suchen Leidende die Nähe von Menschen, mit denen sie ihre schmerzlichen Erfahrungen teilen können, z. B. in Selbsthilfegruppen, deren Ziel ist, ausgiebig über die eigene peinvolle Lage sprechen zu dürfen, dabei ein geduldiges, empathisches Zuhören zu erleben und von oberflächlichen Beschwichtigungsfloskeln verschont zu bleiben.

Die stoische Vorgehensweise ist eine vollkommen andere. Sie rät nicht nur davon ab, persönlichen Leiden besonderes Gewicht beizumessen oder gar die eigenen Wunden zu lecken, sie stellt auch in Abrede, dass es Sinn macht, sich einfühlsam auf die Leiden (und Freuden) anderer einzuschwingen. So lesen wir: »Nicht mitjammern, sich nicht erregen« (Marc Aurel 2019, S. 94 – in anderer Übersetzung: »Mit Anderen weinen oder jubeln, nicht geziemt's« – Marcus Aurelius 2015, 7. Buch, 43). Stattdessen wartet man den Leidgeplagten mit vernunftgelenkten Reflexionen auf, die Aufmunterung bieten und zur Seelenruhe verhelfen sollen. Doch wie trostreich ist es, wenn etwa eine Mutter, die ein begabtes, vielversprechendes Kind verloren hat, folgende Worte zu hören bekommt: »Alle menschlichen Verhältnisse sind schwankend und unbeständig. Gerade das, was uns am meisten am Herzen liegt, ist auch am stärksten gefährdet und empfindlich. Daher soll man glücklichen Menschen den Tod wünschen, weil angesichts dieser Unbeständigkeit und Verwirrung aller menschlichen Verhältnisse nur das Vergangene gewiß ist. Wer hätte dir versprechen können, daß die körperliche Schönheit deines Sohnes, die er dank seiner Schamhaftigkeit unter den Augen der genußsüchtigen Stadt bewahrt hatte, allen möglichen Krankheiten hätte entgehen können, so daß er sich seine schöne Erscheinung bis ins Alter unangefochten erhalten hätte? Denke auch an die unzähligen Charakterfehler! Selbst Menschen mit guten Anlagen haben oft im Alter nicht das gehalten, was man in der Jugend von ihnen erhofft hatte. Vielfach haben sie sich gründlich geändert. Wenn du dies alles in Betracht ziehst, dann wird dir klarwerden, daß diejenigen Menschen am besten daran sind, die die Natur zur Belohnung möglichst schnell in Sicherheit bringt.« (Seneca 1999b, S. 191f.)

Ohne die bizarre Logik dieser Argumentation untersuchen zu wollen, sei an dieser Stelle vor allem die herzlose Verkennung der menschlichen Seele angesprochen, welche sich mit diesen Worten Bahn bricht. Dass wir durch manchen Schmerz hindurchgehen müssen, dass auch Tränen eine kathartische Wirkung zukommt, das geduldiges Ertragen des Unglücks erst am Ende eines langen Weges steht, schert den gestrengen Weisheitslehrer wenig. Stattdessen wird jede Träne als weichliche Vermehrung der Leiden angesehen, als eine Quelle, aus der alle traurigen und unglücklichen Affekte nur neue Nahrung beziehen, so dass »schließlich der Schmerz für den unglücklichen Menschen zu einer verkehrten Lust« wird. (Ebd., S. 187) Kann diese Form drakonisch aufgezwungener Gelassenheit, so sie denn ihr Ziel überhaupt je erreichen kann, tatsächlich als moralischer Fortschritt gewertet werden? Ist es nicht zynisch und hochtrabend, einer trauernden Mutter in dieser Manier zu begegnen? Ist Leidverkennung nicht sogar das Schlimmste und Abträglichste, was man anderen und auch sich selbst im Ringen um Beruhigung und moralischen Fortschritt zumuten kann? Liegen darin nicht zuletzt enorm hohe Gefahren emotionaler Taubheit und eitler Vermessenheit, ja der Selbsttäuschung? – Und treibt man den Gedanken noch weiter, so ließe sich fragen: Transportiert die stoische Weltsicht nicht ein Verständnis des Menschseins bzw. ein Konzept menschlicher Subjektivität, welches mit dramatischen Folgen die reale Weltverwobenheit des Menschen verkennt und in Abrede stellt?

II. Besonnenheit und Gelassenheit – zwei herausragende Tugenden

Nun ja, festzuhalten ist, dass Senecas Brief an Marcia den üblichen Trostgründen der Zeit folgt. Andere Passagen seines Werks lassen durchaus mehr soziales Empfinden und menschliches Zartgefühl erkennen als diese doch recht ›abgeklärten‹ Worte gegenüber einer trauernden Mutter. Neben den zuvor referierten Berichten über eigene Inkonsequenzen kann z. B. auf seine Schrift *Von den Wohltaten* verwiesen werden, die mehr Anteil nehmende Lebensnähe zeigt. Hier schlägt der Ton eines hilfsbereiten Freundes durch, der aus eigener Erfahrung glaubhaft von den Schwierigkeiten des Lebens berichtet. Man weiß zudem aus Senecas Leben, dass er temporär durchaus zu Zugeständnissen und Schmeicheleien an Machthaber bereit war, wenngleich auch dies seinen Lehren keinesfalls entsprach. Übermittelt wird außerdem, dass er im Wohlstand lebte, gleichwohl er unermüdlich Bescheidenheit und Armut predigte. Auf der anderen Seite wissen wir, dass er das Todesurteil, welches sein vormaliger Zögling, der grausame Kaiser Nero, über ihn verhängte, mit großer Würde und Gelassenheit entgegennahm. Aufrecht und klaglos durchlitt er, wie überliefert wird, einen qualvollen Tod.

Einst hatte er dem jungen Kaiser, dessen zwiespältiger Charakter sich früh offenbarte, in erzieherischer Absicht eine Schrift *Über die Milde* gewidmet, um ihn zu innerer Umkehr zu bewegen. Angesichts der blutrünstigen Regentschaft Neros muss dies als ein fruchtloses Unterfangen bewertet werden. Dahingestellt sei, ob der Grund für das erzieherische Scheitern Senecas in der unbesiegbaren psychopathologischen Anlage Neros zu suchen ist oder ob dieses Beispiel uns womöglich bereits zeigt, dass eine allein auf rationale Überzeugungsarbeit abgestellte Einflussnahme in der Regel zu kurz greift und fruchtlos bleiben muss. Aus heutiger Sicht müssen wir mit Skepsis auf eine Praxis blicken, die der emotionalen Labilität einer Person von vornehereinn den Kampf ansagt, indem Emotionen ausnahmslos als Störungen und Beeinträchtigungen bewertet werden. Im Blick auf das große Ganze finden lediglich eine generelle leidenschaftslose Menschenliebe sowie ein sanftmütiges Wohlwollen Zuspruch und Anerkennung: »Die Freude des Menschen ist es, das dem Menschen Eigentümliche zu tun. Eigentümlich für den Menschen aber sind das Wohlwollen gegenüber seinesgleichen, die Verachtung der sinnlichen Regungen, die kritische Prüfung der glaubhaften Vorstellungen und eine Betrachtung der Natur des Weltganzen und dessen, was ihrem Willen nach geschieht.« (Marc Aurel 2018, S. 109f.)

Auch wenn bis heute trotz vieler Fortschritte in Technik und Medizin die leidvolle Dimension menschlicher Existenz keinesfalls ausgeräumt ist, auch wenn die Stoiker in der Beurteilung der menschlichen Lage also zu guter Letzt immer noch weitgehend richtig liegen, stehen moderne Menschen dennoch in einem völlig veränderten Verhältnis zur diesseitigen Lebensverwicklung. Sowohl den Freuden als auch den Leiden begegnen sie mit grundlegend anderen Bewertungsmustern. Eine Person, die im Geiste stoischer Ratschläge den Schmerz eines Mitmenschen geringschätzen wollte, um darin hauptsächlich die Bestätigung falscher Erwartungen an das Leben zu erblicken, wird heute kaum als gute Beraterin gelten. Sie wird nicht hilfreich wirken können. Im Gegenteil, sie wird das Ausmaß der Schmerzen erhöhen, so dass ihr vorzuwerfen wäre, letztlich die Selbstwirksamkeit ihres Gegenübers nicht gefördert, sondern beeinträchtigt zu haben, so sehr es ihr auch darum gehen mochte, im Dienst der Tugenderziehung die Möglichkeiten und Grenzen menschlicher Verfügungsmacht erkennbar zu machen.

In den meisten therapeutischen und pädagogischen Kontexten sowie auch in Beratungsberufen setzt man gegenwärtig auf die positive Kraft des Mitgefühls, weil man darum weiß, wieviel Leidlinderung durch Anteilnahme und wechselseitige Verständigung angestoßen wird. Kaum jemand käme noch auf die Idee, individuelle emotionale Schmerzen allein mit nüchterner Sachlogik und allgemeiner Belehrung ausräumen zu wollen. Vermutlich verfehlte die allzu strikte Strategie der Stoiker zu allen Zeiten das selbstgesteckte Ziel, veritablen Trost zu spenden und Gelassenheit zu bewirken. Immer schon zeigte sich, wie ich vermute, Folgendes: Als Trostbedürftige sind wir angewiesen auf andere, die uns trösten, aber andere Menschen sind sehr häufig auch der Grund dafür, warum es uns überhaupt nach Trost verlangt. Reagieren sie z. B. gefühllos auf unsere Not, wächst das Verlangen nach Trost ins Unermessliche, denn jeder Schmerz will zunächst gehört und gesehen werden. Wenn eine Person sich erklärt, indem sie innere Konflikte offenbart, dann erhofft sie sich von ihrem Gegenüber ein einfühlsames, interessiertes Zuhören. Nimmt dieses Gegenüber stattdessen eine rasche Einordnung vor, öffnet gleichsam eine vermeintlich passende Diagnoseschublade, entnimmt

II. Besonnenheit und Gelassenheit – zwei herausragende Tugenden

dieser das passende Behandlungsinstrument oder bedient sich einfach nur abgedroschener Plattitüden, so befördert dies ein Erleben innerer Einsamkeit und Niedergeschlagenheit. Der Schmerz nimmt zu.

Was Trost eigentlich ausmacht, wird treffend von Georg Simmel in Worte gefasst, indem er schreibt: »Der Mensch ist ein trostsuchendes Wesen. Trost ist etwas anderes als Hilfe – sie sucht auch das Tier; aber der Trost ist das merkwürdige Erlebnis, das zwar das Leiden bestehen läßt, aber sozusagen das Leiden am Leiden aufhebt, er betrifft nicht das Übel selbst, sondern dessen Reflex in der tiefsten Instanz der Seele.« (Simmel 1923, S. 17) Damit ist durchaus im Sinne Senecas gesagt: Von zahllosen Leiden an und in der Welt können andere uns letztlich nicht befreien. Dies gilt in Fällen persönlicher Bedrängnis, insbesondere aber im Blick auf die elementare Unsicherheit und Fragilität der menschlichen Existenz. Doch während der Stoizismus, wie wir gesehen haben, ›höhere‹ Tröstungen bereithält, ist der metaphysisch entwurzelte moderne Mensch im Verweis auf das Große und Ganze kaum mehr wirklich zu erreichen und aufzumuntern. Seine schwierige existenzielle Grundsituation ist unaufhebbar, so dass er in letzter Instanz untröstlich bleiben muss. Dies sieht auch Simmel. Und dennoch ist in Anbetracht dieser misslichen Lage ein wenig Entlastung oder Abmilderung möglich, nämlich durch die aufmerksame Gegenwart anderer, an die wir unseren Schmerz herantragen dürfen, die uns liebevoll zuhören und ausdauernde solidarische Anteilnahme bezeugen – eben auch an dem, was letztlich für uns wie für sie selbst unabänderlich ist. Auf diese Weise wird im akuten Schmerz temporäre Erleichterung durch ›Delegation‹ des Leidens an diese anderen möglich, welche aber zugleich signalisieren müssen, sich selbst grundsätzlich unter dieselben schwierigen existenziellen Bedingungen gestellt zu sehen. Der Trost Spendende präsentiert sich nicht als über den Dingen stehend, ungerührt und überlegen, sondern er offenbart sich selbst gleichfalls als vulnerablen Teil einer menschlichen Gemeinschaft, in der es jeden hart treffen kann. So entsteht eine Atmosphäre der Verbundenheit, ein schmaler Steg hinein in einen Begegnungsraum des ›Zwischen‹, gleichwohl akuter Schmerz in seiner Spezifik kaum jemals adäquat mitteilbar ist.

Trost wird möglich, wenn wir es wagen, – gegen den Strom einer optimierungsfixierten Zeit schwimmend – unsere Begrenztheit und konstitutionelle Schwäche einzuräumen, wenn wir hinreichend viel Mut aufbringen, Angst und Verunsicherung zuzulassen, welche sich aus unserer unabwendbaren Betroffenheit von Vergänglichkeit[38], Leiden, Krankheit und Tod ergeben, wenn wir vielleicht sogar jene Untröstlichkeit beim Namen nennen, die das Erleben unstillbarer Wünsche und Sehnsüchte mit sich bringt. Philosophische oder psychologische Lehren hingegen, die unsere Verwundbarkeit brandmarken und in ihr hauptsächlich das Symptom einer schlecht verwalteten Seele erblicken, werden nicht nur wenig trostreich wirken, sie werden im Gegenteil aller Voraussicht nach die Trostbedürftigkeit sogar noch steigern und die sich unverstanden fühlende Seele zu problematischen Schutzmanövern animieren. So werden Menschen veranlasst, sich fortan keine Blöße mehr zu geben und stattdessen eine Maske der Abgeklärtheit, Indifferenz und Coolness anzulegen. Nicht selten wird genau dies dann euphemistisch ›Gelassenheit‹ genannt. Dies mag fraglich sein, dennoch ist besser, dass jemand ein Trugbild der Gelassenheit abgibt, als dass er durch aufbrausende Affektivität zum sozialen Problemfall wird.

Wirklicher Trost würdigt die Schmerzen des Lebens. Ihn zu spenden, bedeutet, wie der Psychologe Frank-M. Staemmler differenziert darlegt, »sich in den Dienst des erschütterten und daher empfindlichen und verletzlichen Menschen zu stellen und dabei ebenso geduldig wie demütig auf jede Form der Machtausübung oder zielgerichtete Beeinflussung zu verzichten«. (Staemmler 2021, S.41) Entscheidend ist anzuerkennen, dass sich Trost nicht durch Belehrung, Überzeugungsarbeit oder Anwendung spezifischer Techniken gleichsam ›herstellen‹ lässt. Was zählt, ist vielmehr die spürbare Präsenz eines einfühlsamen Mitmenschen, der die oftmals weitreichende, existenzielle Verunsicherung des Leidenden annimmt und aufmerksam mitzutragen sucht. Wesentlich ist, einfühlsam nachzuvollziehen, wie grundlegend gravierende, einschneidende Ereignisse die Befindlichkeit eines Menschen irritieren. Viele Betroffene geben zu verstehen, sich wie herausgerissen aus aller Vertrautheit zu erleben, obwohl sie ihre Tätigkeiten nach außen hin scheinbar unverändert weiterführen. Sie empfinden Verlorenheit und Entfremdung, gleichwohl diese tiefgreifende Desorientierung von anderen auf Anhieb kaum wahrgenommen wird.

II. Besonnenheit und Gelassenheit – zwei herausragende Tugenden

Anders gesagt: Die Nähe einer aufmerksamen und einfühlsamen Person verschafft Erleichterung, gerade wenn *nicht* versucht wird, das Selbsterleben des Leidenden aufzuheben oder dagegen anzureden. Von höchster Bedeutung ist also schlichtes Dasein für den Anderen in seinen quälenden Nöten – ein offenes Ohr, eine mitfühlende Verbundenheit, die auch dann trägt, wenn wir selbst von akutem Unglück verschont sind. Nur indem wir geduldig ausharren, zuhören und aufnehmen, was die leidende Andere uns mitteilt, indem wir keinesfalls überstürzt auf Verbesserung hindrängen, öffnen wir eine Tür zum Raum der Gelassenheit, welcher vielleicht auch diese Leidende nach und nach zu berühren und zu umhüllen vermag. Mitunter wird sie in trostreicher Rufweite gleichsam atmosphärisch angesteckt, um aus der Perspektive des Leidens einen Schritt herauszutreten und Vertrauen in veränderte Sichtweisen zu fassen. Trost entsteht aus der Kraft der Gegenseitigkeit, die sich nicht treffender beschreiben lässt als mit den Worten Astrid Lindgrens: »Lange saßen sie dort und hatten es schwer, aber sie hatten es gemeinsam schwer und das war ein Trost. Leicht war es trotzdem nicht.« (Lindgren, aus *Die Brüder Löwenherz*) Diese verändernde Kraft der Beziehung spielt sowohl in psychotherapeutischen Kontexten als auch innerhalb der Philosophischen Praxisarbeit eine maßgebliche Rolle.

Tod, Trauer, Trost

Da menschliche Verbundenheit Trost spendet, wirkt sie insbesondere in der Bewältigung von Trauer und Todesangst lindernd und unterstützend. Wer dem eigenen Tod mit Gelassenheit entgegensehen will, benötigt mehr als die großen, markigen Worte berühmter Dichter und Denker. Vornehmlich braucht er ein Gegenüber, mit dem ein aufrichtiger, vertrauensvoller Austausch möglich ist. Zu solchen Gesprächen gehört es, ehrlich und freimütig in Ängste einzutauchen, die Einsamkeit des Todes zu sehen und zu bedenken. Überdies muss möglich sein, rückblickend Fehlschläge einzuräumen und wehmütige Erinnerungen wachzurufen sowie überhaupt aus dem Herzen zu sprechen, zu weinen. Jede nur mögliche Antwort – auch die ›Weisheit‹ vergangener Geistesgrößen – darf geprüft und hinterfragt werden. Weniger noch als in anderen Begegnungen geht es gerade hier um dreimal kluge Belehrungen oder ein verheißungsvolles Aufgebot an Problemlösungsmethoden. Es geht um behutsam-mutige Prozesse gegenseitiger Selbstoffenbarung, in denen *alle* Beteiligten die Todeserschütterung sowie die Angst vor Auslöschung an sich heranlassen.

Das tibetische Buch vom Leben und Sterben weist einen Weg. Es zeichnet eine Bewegung nach, die beginnend in überwältigender Verstörung zu einer gesteigerten Wertschätzung allen Lebens gelangt, während zugleich die Intensivierung und Festigung zwischenmenschlicher Solidarität aufgerufen wird. Innere Größe wurzelt nicht in intellektueller Überlegenheit, nicht im abgeklärten Schulterzucken, sondern in der ›erfühlten‹ Akzeptanz der Widerfahrnisstruktur menschlicher Existenz, wovon auch das eigene Selbst nicht ausgenommen ist: »Wenn wir aber schließlich zu der Gewissheit kommen, dass wir sterben müssen und alle anderen fühlenden Wesen ebenso, entsteht ein glühendes, fast herzzerreißendes Gefühl für die Zerbrechlichkeit und Kostbarkeit jedes Augenblicks und jedes Lebewesens, und daraus kann sich ein tiefes, klares, grenzenloses Mitgefühl für alle Lebewesen entwickeln.« (Sogyal Rinpoche, zit. nach Irvin Yalom 2008, S. 115) Indem wir nicht länger dasjenige zurückdrängen und in uns verschließen, was uns als Schwäche erscheint, durchbrechen wir eine tiefverankerte narzisstische Illusion, die nur die Verluste und Debakel der Anderen kennt.

Sogyal Rinpoche rührt an den ›Glutkern‹ unseres Erlebens, während die Sentenzen stoischer Denker zur Frage der Sterblichkeit von kühler Abgeklärtheit und Teilnahmslosigkeit geprägt sind. Sie folgen dem Bestreben, das kreatürliche Selbst zurückzudrängen und die Todesfurcht wie alle Emotionen als Ausdruck einer unaufgeräumten Seele zu deuten. Wenn überhaupt, so findet Panik angesichts der Vergänglichkeit ihren Niederschlag bei den Stoikern vermutlich darin, dass die Todesthematik omnipräsent ist. Keine Denkfigur beherrscht die stoischen Diskurse so beharrlich und durchgängig wie der gedankliche Vorlauf auf den Tod, die mahnende Erinnerung an die Flüchtigkeit aller Dinge. »Eine kurze Weile noch, und du wirst die Augen schließen. Um den Menschen aber, der dich hinaustragen wird, wird bald ein anderer trauern.« Immer wieder wird höhere Fügung, eine undurchschaubare, seit ewigen Zeiten ablaufende ›Verflechtung der Ursachen‹ als Trostgrund angeführt: »Verlust ist nichts anderes als Veränderung. Daran hat die Natur des Weltganzen, gemäß der alles geschieht, ihre Freude; seit Ewigkeit geschah es in gleicher Weise, und es wird ebenso in alle Ewigkeit sein.« (Aurel 2019, S. 148f., S. 137, S. 131f.) Die nie endende Thematisierung von Tod und Vergänglichkeit im Lebenskampf des Weisen muss letztlich auf eine enorm hohe affektive Erschütterung durch die Todesbedrohung zurückgeführt werden.

Zu herausragender Berühmtheit gelangte in der abendländischen Tradition ein Wort aus der Schule der Epikureer, eine Aussage, deren anregende Kraft und bezwingende Stringenz bis heute nicht in Abrede zu stellen ist. Epikur, der der Auffassung war, dass die permanente Todesfurcht all unsere Freuden im Leben eintrübe, bietet folgendes Gedankenexperiment als Gegenmittel an: »Gewöhne dich an den grundlegenden Gedanken, daß der Tod für uns ein Nichts ist. Denn alles Gute und alles Schlimme beruht darauf, daß wir es empfinden. Verlust aber dieser Empfindung ist der Tod. (...) Für den, der recht begriffen hat, daß es im Nichtleben nichts Schreckliches gibt, für den gibt es ja auch im Leben nichts Schreckliches. Daher ist ein Tor, wer da erklärt, er fürchte den Tod nicht, weil er Leid zufügen werde, wenn er da sei, sondern weil er Leid zufüge, da er bevorstehe. Es ist unsinnig zu glauben, was nicht beunruhige, wenn es da sei, werde Leid zufügen, weil es zu erwarten sei. Das schauerlichste Übel also, der Tod, geht uns nichts an; denn solange wir existieren, ist der Tod nicht da, und wenn der Tod da ist, existieren wir nicht mehr.« (Epikur 1988, S. 54f.)

Auch Epikur setzt auf das rationale Argument und eine kohärente Begriffsbildung, um die falsche irreführende Weltauffassung der Gefühle zu korrigieren. Auch hier regiert der stoische Gedanke, dass unsere Emotionen und Wünsche keinen eigenständigen Wert besitzen, sondern durch vernünftige Überzeugungen gesteuert werden müssen. Viele von uns wären vermutlich im Sinne Epikurs als Toren zu bezeichnen. Sie erleben sich fatalerweise eher nicht durch den Gedanken daran beruhigt, dass ein Zustand der Nichtexistenz uns nicht ängstigen sollte, weil wir dann ebenso wie vor der Geburt nicht wissen, dass wir nicht existieren, und deshalb das Leben auch nicht schmerzlich vermissen können. Überstark und unbezähmbar ist vielmehr der Drang, in einer Lebendigkeit, die uns vertraut ist, zu überdauern. Gerade die Tatsache, dass wir um die Aussichtslosigkeit unseres Wünschens wissen, intensiviert die Leiderfahrung. Die Angst vor dem Tod bezieht sich auf die irreversible Auslöschung des Individuums, ist Angst vor dem schlechthin Unbekannten, das jedes Vorstellungsvermögen übersteigt. Schwer nachvollziehbar für die meisten ist die Abwesenheit jeder Todesangst. Darin sieht man entweder den Ausdruck eines langwährenden Lebensüberdrusses oder man erklärt dieses Phänomen mit Freuds These, »dass im Unbewussten jeder von seiner Unsterblichkeit überzeugt ist«. (Freud 1915, S. 341) Vielleicht wirkt nicht zuletzt diese tiefliegende Überzeugung an der Wurzel des stoischen Gleichmuts.

Entsprechen wir mit unserer Angst einem Urinstinkt, den man als biologisch markieren müsste? Oder wäre es nicht treffender zu sagen, dass Todesfurcht jener existenziellen Dimension geschuldet ist, die sich erst aus der Struktur des menschlichen Selbstbewusstseins ergibt? Der Existenzphilosoph Sören Kierkegaard erkennt angesichts der menschlichen Freiheit, die auf all ihre Möglichkeiten blickt, einen Taumel der Angst: »Man kann die Angst mit einem Schwindel ergreifen. Wer in die gähnende Tiefe hinunterschauen muß, dem wird schwindelig.« (Kierkegaard 1992, S. 72) Derselbe Schwindel ereilt uns, wenn wir vorbehaltlos an den eigenen Tod denken, dessen Ankunft wir niemals genau vorhersagen können. Empfindungen der Zufälligkeit, Hinfälligkeit, ja Belanglosigkeit aller Lebensvollzüge rücken uns bedrohlich zu Leibe. Bodenlose Angst begleitet den Blick in jene abgründige Tiefe, in welche wir alle uns bedeutsamen Dinge hineinstürzen sehen – ein noch fern erscheinender, unsichtbarer Graben, der das Geheimnis vollkommener Abwesenheit und Reglosigkeit birgt.

Wenn man eine Weile gelebt hat, tritt das Vergänglichkeitsgefühl mit Macht an uns heran. Wir betrachten Kinderfotos, auf denen die längst verstorbenen Großeltern abgebildet sind, wir treffen ehemalige SchulkameradInnen, in deren Gesichter sich tief die Spuren des Alters eingegraben haben. Irgendwann packt uns – zumeist ganz unversehens – das Erleben eines rasanten Abbaus körperlicher Kräfte. Wehmütig versinken wir in verblassenden Erinnerungen an längst verlorene Freundschaften und Beziehungen, an die Unbeschwertheit und Unvoreingenommenheit jugendlicher Erkundungen, an Reisen, Konzerte und Momente körperlicher Verausgabung. Konfrontiert mit jener »gähnenden Tiefe«, von der Kierkegaard spricht, imaginieren wir das gierige, hässliche Maul des Todes, welches sich stetig nähert und in naher Zukunft alles verschlingen wird. Blicken wir mutig in diesen weit geöffneten Schlund, so sehen wir alles darin entschwinden, was uns lieb und wert ist: die vielen kleinen Augenblicke des Glücks, ihre unwiederbringliche sinnliche Tönung, die nur wir selbst so und nicht anders in jenen fernen Stunden erleben konnten. Gegen Betrübnisse, die aus sinnlicher Anhaftung hervorgehen, sind stoische Übungen machtlos. Möglicherweise wirken sie (heute) sogar eher angstverstärkend, weil sie große Teile menschlichen Erlebens von vorneherein entwerten.

›Nunc stans‹ – das stehende Jetzt

Erinnerungen verbinden sich unablässig mit dem Wissen um die Flüchtigkeit all dieser Eindrücke. Ins Dunkel starrend erkennen wir ungeschönt, dass sogar dem Totsein eine Steigerungsform zukommt, die Dieter Wellershoff mit dem »Dreischritt von gestorben, erinnert, vergessen« markiert. (Wellershoff 2006, S. 26) Möglich ist aber auch, dass wir uns tief durchdrungen von einem fortan unrevidierbaren Gefühl der Zerbrechlichkeit darauf verlegen, uns abzuwenden von grüblerischen Gedanken an den Tod, um dem Leben noch ein paar helle, unbeschwerte Jahre ›abzutrotzen‹. Manche üben sich darin, auf wundersame Weise, das Unwiederbringliche und Einmalige zwischen zwei Wimpernschlägen auf Dauer zu stellen. So liest man, dass der Philosoph Thoreau, nachdem er sich in die Natureinsamkeit zurückgezogen hatte, mitunter Stunden in einem einsamen Weiher verbrachte, während nur sein Kopf aus dem Wasser ragte und sein Blick dem endlosen Wechselspiel der flirrenden Insekten oberhalb der glitzernden Wasseroberfläche folgte. Eine strömende Flut von Eindrücken ohne Wiederholungen, ein Fluss wechselseitiger Durchdringung und Verschmelzung der Wahrnehmungen, die allesamt unwiederbringlich in die Vergangenheit abfließen, während das Bewusstsein trotz aller Veränderung unablässig bei sich ist, sich als innere Dauer erlebt. Wie Henri Bergson sagt, können wir nur vor dem Hintergrund dieser Dauer überhaupt Veränderung erleben, d. h. ein Kontinuum des Wandels von sich überlagernden und durchdringenden Phasen gleichsam wie eine Melodie durchlaufen. »Eine Wirklichkeit gibt es (...), die wir alle von innen her durch Intuition und nicht durch einfache Analyse erfassen, das ist unsere eigene Person in ihrem Fluß durch die Zeit. Es ist unser Ich, welches dauert.« (Bergson 1948, S. 184) Dauer wird am ehesten erfahrbar, wenn das Ich sich zeitweise unmittelbaren Lebensprozessen öffnet und überlässt. So werden Augenblicke der Entrückung möglich, in denen die üblichen Konstruktionen von Zeit gesprengt sind. Unendliche Vergangenheit und unendliche Zukunft fallen in zeitloser Gegenwart zusammen, in einer Präsenz, der das Empfinden erhabenen Glücks korrespondiert.

Ein Beispiel hierfür ist die berühmte ›Madeleine-Episode‹ in Prousts Roman *Auf der Suche nach der verlorenen Zeit*. Deutlich wird, dass sich ein solches Überwinden der Zeitstruktur nicht forcieren lässt. Wir lesen: »Vergebens versuchen wir die Vergangenheit wieder heraufzubeschwören, unser Geist bemüht sich umsonst. Sie verbirgt sich außerhalb seines Machtbereichs und unerkennbar für ihn in irgendeinem stofflichen Gegenstand – in welchem ahnen wir nicht.« Schließlich aber erfasst den Erzähler unwillkürlich ein besonderes, erhaben-glückvolles Erleben von Zeitlosigkeit und Entgrenzung: »Ein unerhörtes Glücksgefühl, das ganz für sich allein bestand und dessen Grund mir unbekannt blieb, hatte mich durchströmt. Mit einem Schlag waren mir die Wechselfälle des Lebens gleichgültig, seine Katastrophen zu harmlosen Missgeschicken, seine Kürze zu einem bloßen Trug unserer Sinne geworden; es vollzog sich damit in mir, was sonst die Liebe vermag, gleichzeitig aber fühlte ich mich von einer köstlichen Substanz erfüllt: oder diese Substanz war vielmehr nicht in mir, sondern ich war sie selbst. Ich hatte aufgehört, mich mittelmäßig, zufallsbedingt, sterblich zu fühlen. (...) Die Ursache aber erriet ich nunmehr, wenn ich untereinander jene verschiedenen beseligenden Eindrücke verglich, die das gemeinsam hatten, dass ich sie zugleich im gegenwärtigen Augenblick und in einem entfernteren erlebte, bis schließlich die Vergangenheit auf die Gegenwart übergriff und ich selbst sofort nicht mehr sicher war, in welcher von beiden ich mich befand.« (Proust 1978, S. 63f.)

Umgang mit der Grenze

Solchen außerordentlichen Höhenflügen stehen existenzielle Grenzerfahrungen gegenüber, die die Flüchtigkeit aller Dinge unübersehbar werden lassen, in denen alle Sinnbezüge zu zerbrechen drohen. Es kann sein, dass solche Einschnitte dauerhaft das Heimischsein in der Welt untergraben, es sei denn die Person findet Trost im Glauben an eine metaphysische Wahrheitswelt, die das Vergänglich-

II. Besonnenheit und Gelassenheit – zwei herausragende Tugenden

keitsgeschehen überwölbt und trägt. Heute weichen viele Menschen instinktiv dem Nachdenken über tiefere Seinsvorgänge aus, lassen sich von vordergründigen Attraktionen und dem Ansturm trivialer Alltagsnotwendigkeiten absorbieren, um so die Gefahr eines umfassenden Weltverlustes zu bannen. Sie spielen forciert auf Sieg, lenken sich mit Berufsroutinen und fortwährendem Kulturtrubel nicht zuletzt auch von Gedanken an die undurchdringliche Düsternis des Todes ab.

Auf der anderen Seite wissen wir, dass eine unerwartete Konfrontation mit der Todesgrenze positive Auswirkungen auf ein Leben haben kann. Dies bekunden viele Menschen, die von schwerer Krankheit getroffen werden. Sie berichten, erst aufgrund einer negativen Diagnose ein Gespür für die wesentlichen Dinge des Lebens gefunden zu haben. Ähnlich aufbauende Einflüsse sind infolge der Bewusstmachung unterdrückter bzw. überlagerter Todesängste in therapeutischen Kontexten zu beobachten. Wie Irvin Yalom an vielen Beispielen aus dem Kreis seiner Patienten aufzeigt, führt ungehinderte Vergegenwärtigung der eigenen Endlichkeit dazu, dass Personen ihr Leben von Grund auf neu überdenken und nachhaltig transformieren. In vielen Fällen zeigt sich: Intensivierte Selbstreflexion reißt aus einem angepassten, gedankenlosen Lebensalltag heraus, aus einer Blindgläubigkeit, in der wir den Angeboten und Zerstreuungen der Massenkultur folgen und uns ohne Widerspruch dem Streben nach Erfolg und materiellem Prestige ergeben.

Mit Heidegger gesprochen kann der Schock der Vergänglichkeit in einen ontologischen Modus führen, in dem die Person nun darum ringt, ihr Leben eigenständig, sich selbst gemäß und verantwortungsbewusst zu gestalten. Die ›unerhörte‹ Erfahrung, sich als Teil letztlich unbegreiflicher Seinsprozesse vorzufinden, vermag in der Seele eine spezifische (nichtreligiöse) Ehrfurcht wachzurufen, welche grundlegenden Bewusstseinswandel in Gang setzt. Dass nur angesichts des Todes das ›wahre‹ Selbst geboren wird, ist ein Gedanke, der vielfach variiert die Philosophiegeschichte durchzieht. ›Bedenke, dass Du sterben musst‹, gilt überdies als Warnung vor allen Formen der Hybris. Es ist ein Weckruf, der die Kostbarkeit eines jeden Augenblicks vor Augen führt und anmahnt, das kurze Dasein nicht an vordergründige Verführungen und fragliche Notwendigkeiten zu vergeuden, sondern *die Dinge zu tun, die wirklich von Wert für uns sind*. In diesem Sinne rät Yalom zu einer bewussten, überlegten Gestaltung des Lebens: »Erschaffe das Schicksal, das Du lieben kannst«, formuliert er in Anlehnung an Nietzsches Idee der ewigen Wiederkunft. (Yalom 2008, S. 102)

Doch wie ist dieser Imperativ zu verstehen, wenn er nicht die vermessene Idee grenzenloser Selbsterschaffung nähren soll? In der Literatur finden sich viele Beispiele dafür, dass Menschen in der Nähe des Todes, oft erst auf dem Sterbebett, einen radikalen moralischen Wandel durchlaufen. Sie werden milde und nachsichtig, respektieren ihre Angehörigen, versöhnen sich sogar mit langjährigen Widersachern und Feinden. Doch ebenso wird geschildert, dass der unwiderruflich nahende Tod größte Qualen auslösen kann, weil eine Person sich schlagartig mit der Erkenntnis eines falsch gelebten – und nun nicht mehr änderbaren – Lebens konfrontiert sieht. Abrupt, ja schockartig, drängen am Ende einer triumphal erscheinenden Lebensreise Erinnerungen an nicht revidierbare Niederlagen und zwischenmenschliche Zerwürfnisse in den Vordergrund, die man über lange Zeiträume aus dem Blickfeld zu verbannen verstand. An der Todesschwelle steigert sich das anwachsende Bewusstsein interpersonalen Scheiterns ins Unerträgliche und hinterlässt ein drückendes Gewicht der Einsamkeit.

Zuträgliche Einsichten

Im Blick hierauf legen VertreterInnen der Psychologie ihr Augenmerk verstärkt auf quälende Emotionen wie Angst, Wut und Neid, die oft schon früh das Leben usurpieren. Die therapeutische Arbeit zeigt, dass dies besonders häufig der Fall ist, wenn eine Person sich beharrlich existenziellen Themen und den damit verbundenen tieferen Lebensfragen verweigert. Hinter angestauter Wut und diffusen Angstzuständen steht, wie sich vielfach offenbart, ein uneingestandenes, eher ahnungsvolles Wissen um moralische Fehlentscheidungen und andere gravierende Irrtümer. Unübersehbar wird: Wenn dem Einspruch der Vernunft kein Gehör mehr geschenkt wird, dann signalisiert die eigentümliche Sprache unserer Emotionen in vielen Fällen, dass wir uns auf dem Holzweg befinden. Tragischerweise neigt man gerade in Perioden hoher Belastungen dazu, verbissen einen Fehlkurs beizubehalten und das ungute Spiel bis zum Kollaps fortzusetzen. Fernab ruhiger Überlegungen stürzt man sich kopflos

II. Besonnenheit und Gelassenheit – zwei herausragende Tugenden

in ein fragliches Geschehen. Nicht selten dient unmäßiges Ausleben von Genusssucht und Sexualität dem Zweck, Verluste und Tod von der Bühne des Bewusstseins zu verjagen. Doch es scheint so, als stimuliere jede Vermeidung von Tiefe – hier und in anderen Dingen – den bodenlosen Quell der Todesfurcht erst recht. Weil existenziellen Ängsten auf diese Weise kaum beizukommen ist, flammt immer wieder neu ein Empfinden ungelebten Lebens auf und man stürzt sich abermals in ablenkende Exzesse. So bewegt man sich ohne rechten Plan in der Schwankungsbreite von jähen Lustgefühlen und dumpfer Schwermut. Eine heitere Atmosphäre der Gelassenheit, die sich immer wieder neu in die Sorge um die eigene Endlichkeit einwebt, kann nicht gefunden werden.

Die Macht des Gedankens ist begrenzt, mancher Schmerz ist unverfügbar. Yalom, der in seiner therapeutischen Arbeit zeitlebens auf die menschliche Fähigkeit zu klarsichtigem Nachdenken setzte, um trostreiche Prozesse bei seinen PatientInnen anzuregen, musste dies an sich selbst erleben. So bekennt er im hohen Alter angesichts des Todes seiner Frau Marilyn bei sich selbst ein Empfinden von Untröstlichkeit, welches durch keine Reflexion zu mildern sei. Für längere Zeit bestimmen Taubheitsgefühle und irrationale Episoden sein Erleben. Er durchläuft Perioden, in denen er sich entfremdet und abgelöst von der Wirklichkeit erfährt. Wie oftmals von Trauernden berichtet wird, erlebt er magische Phasen, in denen er das Wissen um den Verlust seiner Frau gefühlsmäßig nicht einholen kann. Immer wieder erlebt er sich – »frappierend und erschütternd« – als eine Person, die »hartnäckig an dem Glauben festhält, dass Marilyn noch am Leben ist«. (Yalom 2021, S. 241) Zwei zentrale Einsichten drängen hervor: zum einen, dass Yalom, ein renommierter Apologet der »Rationalität und Klarheit«, sich der Macht des Irrationalen nicht zu entziehen vermag; zum anderen aber, dass die Dinge des Lebens für ihn erst durch die Gespräche mit seiner Frau wirklich wurden. Selbst der Wunsch nach einem Wiedersehen in einem anderen Leben, an welches er als bekennender Materialist niemals zu glauben vermochte, ergreift Besitz von ihm. Zugleich bekennt er, den stets Alpträume über das eigene Sterben plagten, nun »vollkommen gelassen beim Gedanken an meinen Tod zu sein«. (Ebd., S. 230).

Auch die amerikanische Schriftstellerin Joan Didion schildert eindrucksvoll ein Durchleben tiefster Trauer, welche man in (vorausblickenden) Imaginationen niemals auch nur annähernd einholen kann: »Leid, so stellt sich heraus, ist ein Ort, den von uns niemand kennt, solange wir nicht dort sind. Wir ahnen (wir wissen): jemand, der uns nah ist, könnte sterben, aber wir gucken nicht über den Rand der wenigen Tage oder Wochen hinaus, die diesem eingebildeten Tod folgen. Wir mißverstehen sogar, was diese wenigen Tage oder Wochen bedeuten. Wir mögen damit rechnen, schockiert zu sein, sollte der Tod plötzlich eintreten. Aber wir rechnen nicht damit, daß dieser Schock uns auslöscht. Körper und Seele tilgt. Wir mögen damit rechnen, daß wir niedergeschmettert sind, untröstlich, verrückt angesichts des Verlustes. Aber wir rechnen nicht damit, daß wir wortwörtlich verrückt sind, Leute, die – hart im Nehmen – glauben, daß ihr Ehemann zurückkommt und dann seine Schuhe braucht.« (Didion 2008, S. 209)[39]

Unabweislich schiebt sich die Bedeutung der Anderen in den Vordergrund. Der deklarierte Rationalist Yalom erlebt nun hautnah an sich selbst, was *tatsächlich* zeitlebens für seine therapeutische Arbeit maßgeblich war und in vielen seiner Schriften auch deutlich artikuliert wurde: Letztlich werden tiefverankerte Ängste nicht durch rationale Argumente transformiert, ein wirksames Gegenmittel kann allein in seelischer Verbundenheit gefunden werden. Wenn überhaupt, so können Trauer und Todesfurcht nur durch die Anwesenheit eines aufmerksamen Anderen gemildert werden, der sich dem Ausdruck seines Gegenübers voll und ganz zuwendet und sich auch selbst offenbart. Ist diese Solidarität gegeben, so lassen sich im Vorlauf auf den Tod mitunter neue Ausblicke auf das gegenwärtige Leben gewinnen.

Gemeinsam kann man nochmals mutiger einige Fragen stellen: Wie würde sich mein Leben ausnehmen, wenn ich morgen sterben müsste? Könnte ich zufrieden auf mein Wirken blicken oder müsste ich feststellen, meine eigentlichen Ziele ständig aufgeschoben und nie wirklich angegangen zu haben? Gibt es vielleicht Anzeichen dafür, dass ich positive Spuren hinterlasse, die auf andere einwirken, vielleicht über mehrere Generationen? Könnte ich in solchen möglichen Wellenbewegungen nicht ein gewisses Maß an Trost angesichts meines unvermeidlichen Ablebens finden? Oder unterwerfe ich mich über Gebühr einem Mythos endlosen Wachstums, was mich daran hindert, unmerkliche Wirkzusammenhänge überhaupt zur Kenntnis zu nehmen? Diese und andere Fragen kann man besonders ergiebig im Gespräch mit einer anderen Person ausloten, die

II. Besonnenheit und Gelassenheit – zwei herausragende Tugenden

sich selbst diesen Fragen ebenso stellt. Dies kann nur eine Person sein, die nicht sofort eine Lösung parat hat, die andere also nicht nach rationalen Mustern und fixen Vorstellungen ›reparieren‹ oder ausbessern will, die der unaufhebbar subjektiven emotionalen Weltverflochtenheit hinreichend Beachtung schenkt.

Was ›vernünftig‹ ist und möglicherweise Trost zu spenden vermag, kann nur im gemeinsamen Prozess gefunden werden. (Er)Lösung liegt nicht in der Schaffung einer versierten kognitiven Verfassung, die ›defizitäre‹ Gefühle aufklärt und zurechtweist, sondern sie liegt im sich besinnenden Einlassen auf die je individuelle Lebensgeschichte. Diese bedarf ehrlicher und sorgfältiger Auslotung, schließlich einer Neubeurteilung in Anbetracht der Wünsche und Werte, die machtvoll an die Oberfläche drängen. Radikales Eintauchen in die Historizität einer Person lässt für sie relevante, prägnante Grundmuster hervortreten. Um den jeweils eingeschlagenen Kurs gut zu verstehen, müssen wir gleichermaßen mit Sorgfalt über die ›Widerständigkeit‹ der umgebenden kulturellen und sozialen Rahmenbedingungen nachdenken. Zu fragen wäre beispielsweise: Was hat maßgeblich Einfluss gehabt, was hingegen versperrte oder behinderte die zunächst beabsichtigte Route? Wo gab man sich Illusionen über das Menschenmögliche hin und ging in die Falle der Selbsttäuschung? – Umfassende Selbsterkenntnis ist vermutlich ein unerfüllbarer Wunschtraum, doch es werden sich Muster und Regelmäßigkeiten abzeichnen, die uns interessante Aufschlüsse für einen zukünftig realisierbaren Weg erteilen. Vor allem werden wir den Manövern der Selbstentfremdung auf die Spur kommen und uns, wo immer möglich, umbesinnen und neu orientieren. Wenn wir in dieser Weise näher an uns selbst heranrücken, wirken wir der uneingestandenen Angst um ein ungelebtes oder falsches Leben entgegen, eine Angst, die im Untergrund wühlt, sich mit anderen schmerzhaften Emotionen verbündet und letztlich auch der Todesfurcht in die Karten spielt. Innere Ruhe und Zuversicht bis hin zu einer gelassenen Akzeptanz der eigenen Sterblichkeit sind der Erträge einer bewussten Lebenspraxis, die dem Schwierigen und Unangenehmen nicht ausweicht, die sich auch in moralischer Hinsicht Rechenschaft abverlangt.

Wir sehen nun besser, was bzw. wer Trost spendet. Es ist die Begegnung mit Menschen, deren Bereitschaft zu verstehen sich mit einem bedingungslosen Vertrauen auf ein ›höheres Selbst‹ in jeder einzelnen Person verbindet. Diese wissen: Es gibt immer einen Teil in jedem von uns, der Kenntnis davon hat, *dass* wir Angst, Wut, Neid oder Hass empfinden. Dieser Teil *hat*, wenn man so will, weder Angst noch Wut noch Neid, sondern er nimmt den Standort eines Beobachters ein und stellt sich dem Geschehen gegenüber. Hier liegt die Chance zu einer wachen Geistesverfassung, die Blockaden abzubauen sucht, gerade indem sie das Schwierige, Dunkle und Undurchdringliche nicht übergeht, sondern (zunächst einmal) bedingungslos annimmt. Hier liegt eine Chance, mehr Ruhe und Gelassenheit zu finden. Diesen langmütigen, unparteiischen Betrachter in uns zu aktivieren, gelingt in der Tat am besten mit einem zugewandten und wohlwollenden Anderen, der Unangenehmes oder Fragliches nicht um jeden Preis vermeiden will. »Die Intelligenz des Mitgefühls fördert eine Freundlichkeit, die das Leid nicht loszuwerden versucht«, schreibt der buddhistische Sterbebegleiter Frank Ostaseski. (Ostaseski 2017, S. 251) Da wir nun einmal unwiderruflich sozial verfasste Lebewesen sind, ist es leichter, an der Hand eines mitfühlenden Anderen Ängsten zu begegnen und unabwendbare Schmerzen zu durchlaufen. Nicht allein das Vergehen der Zeit heilt unsere Wunden, sondern vor allem die Zeit, die wir in liebevoller Gemeinschaft miteinander verbringen. Wir lassen die Enge des Getrenntseins hinter uns, öffnen uns einer erweiterten Weltsicht, in der wir aus der Tiefe unseres Innersten heraus (an)erkennen, dass wir nicht befähigt sind, allein auf uns selbst gestellt ein gutes Leben zu realisieren.

Ziehen wir alle Aspekte der menschlichen Existenz in Betracht, dann erweist sich Gelassenheit nicht als einsamer Akt rationaler Selbsterhebung über Lebensschwierigkeiten und emotionale Verwicklungen. Gelassenheit verdankt sich vielmehr der nährenden Erfahrung sozialen Rückhalts, die unseren Lebensweg begleitet. Möglicherweise bewerkstelligen wir irgendwann eine innere Beruhigung ganz auf uns selbst gestellt. Soll dies indes frei von großspuriger Selbstherrlichkeit geschehen, so bedürfen wir einer frühen seelischen Vorbereitung durch andere in einem Klima warmer zwischenmenschlicher Zugewandtheit, die es uns gestattet, fortan mit offenen Augen durchs Leben zu gehen. Oft ist die familiäre Ausgangslage eher problematisch, so dass wir später im Leben nach freundlichen BegleiterInnen Ausschau halten müssen. Ein Vorankommen gibt es, wie Ostaseski schreibt, letztlich nur in der Begegnung mit einem

»Weiß-nicht-Geist«, einem Geist, der nicht durch festgefügtes Wissen verengt ist, sondern der nach dem Vorbild des Sokrates vor allem weiß, dass er *nicht* weiß. Beinahe eingängiger noch sagt es der Zen-Meister Suzuki Roshi, indem er von einem Anfänger-Geist spricht und feststellt: »Im Anfänger-Geist gibt es viele Möglichkeiten, im Geist der Experten nur wenige.« (Ebd., S. 327) Und noch einmal sei gesagt: Das Sich-Einlassen auf andere Möglichkeiten setzt ein bewusstes Mitfühlen und Zartgefühl voraus und kann deshalb nicht im Siegeszug einer Willenskraft gewonnen werden, die primär mit problematischen Entgegensetzungen von Verstand und Gefühl arbeitet.

5. Berührbarkeit und Glück

Mäßigkeit setzt Genuss voraus, Enthaltsamkeit nicht. Es gibt daher mehr enthaltsame Menschen als solche, die mäßig sind.
(Georg Christoph Lichtenberg, 1742 – 1799)

Fraglos bewerten auch stoische Denker Freuden prinzipiell höher als alle Formen des Unglücks. Dennoch erteilen sie den üblichen Lustanstrengungen der Menschen eine rigorose Absage. Das harsche Urteil lautet: Sinnlich erfahrbare Glücksgüter anzustreben, ist Symptom einer fundamentalen Fehleinschätzung aller menschlichen Dinge, deren zentrales Merkmal nun einmal in Leiden und Schmerz, Vergänglichkeit und Verlust, Bedrohung und Tod liegt. Die Unausweichlichkeit des Negativen, die Allgegenwart böser Überraschungen waren in Anbetracht der damaligen Lebensumstände wohl kaum zu leugnen. Dies verlangte ein massives Gegensteuern. Auf Schritt und Tritt musste man gerüstet sein, um ohnehin unabwendbaren Schicksalsschlägen die Stirn zu bieten. Also malte man sich die Übel vorsorglich detailreich aus, um nicht von unliebsamen Einbrüchen überrollt zu werden, denn bekanntermaßen schlägt Unerwartetes besonders heftig affektiv zu Buche. Manchmal gewinnt man den Eindruck, dass der stoische ›Held‹ vor diesem Hintergrund harte Prüfungen, also im Grunde sogar Marter und Qualen, regelrecht herbeizuwünschen scheint, um seine mentalen Kräfte zu trainieren und zu stählen. Da es die größere Aufgabe ist, »Schwierigkeiten zu überwinden, als Erfreuliches mit Maß zu tragen« (Seneca 1999a, S. 103), muss durch kontinuierliches mentales Training vornehmlich der Umgang mit Angst erlernt werden, um im Ernstfall nicht den Boden unter den Füßen zu verlieren. Gleichwohl das Eintreten von Übeln unvermeidlich ist, ist der Moment dennoch niemals exakt vorauszusehen. Auch kommt es meistens anders, als man erwartet hat.

Wir müssen anerkennen, dass wir kaum je exakt wissen können, was bevorsteht. Vielfach müssen wir im Nachhinein einräumen, es sei halb so wild gewesen. Auch dies erläutert Seneca zur Ermutigung des Lucilius. Die Unwägbarkeit aller Dinge macht es leichter, prophylaktisch eine gute Handhabung der Angst zu finden. Im Vorausblick auf Nur-Mögliches schützt uns ein Sicherheitsabstand gegen die veritable Schlagkraft dieser Emotion. Wir stellen uns auf problematische Eventualitäten ein, eignen uns Bewältigungsstrategien an,

II. Besonnenheit und Gelassenheit – zwei herausragende Tugenden

die wir dann in vielen Fällen gar nicht benötigen, weil das Kommende eben nicht genau vorhersehbar ist. Auf diese Weise wachsen allmählich innere Kraft und Zuversicht heran, so dass es uns gelingen kann, auch realen Schwierigkeiten zu begegnen. In kleinen Schritten bauen wir im Zuge dessen *vor allem* die Angst vor der Angst ab.

Dies ist gewiss keine schlechte Methode, mit Lebensängsten zu verfahren. Gleichwohl wissen wir, dass wir den Eventualitäten des Lebens in letzter Instanz niemals gewachsen sein werden, denn es kann uns, wie Yalom bekundet, trotz aller weiser Voraussicht eiskalt erwischen. So erlernen wir zwar eine verbesserte Umgangsweise mit schmerzlichen Emotionen, aber es erweist sich als vergeblicher Wunschtraum, diese komplett ausschalten zu wollen. Dies sollte auch gar nicht geschehen, denn heute wissen wir, dass Angst, Abscheu oder Zorn in vielen Fällen durchaus sinnvolle Reaktionen sind (keine bloß falschen Einschätzungen), die uns dazu veranlassen, Gefahren aus dem Weg zu gehen, Fehlverhalten zu benennen sowie in Konflikten um gute Lösungen zu ringen. Um handlungsfähig zu bleiben, kommt es allein darauf an, nicht von heftigen Affekten wehrlos überrollt und beherrscht zu werden. Für einen adäquaten Umgang mit Emotionen sind die vorgestellten stoischen Übungen zweifelsohne überaus förderlich.

Insgesamt aber ruft die stoische Lehre berechtigte Skepsis hervor. Wie wir gesehen haben, steht hier das harte Übungsfeld schmerzensreicher Zukunftsspekulationen im Fokus, um Tapferkeit und andere Tugenden des Standhaltens zu erproben. Demgegenüber erfahren glückvolle Lebensverwicklungen weitaus weniger Beachtung und erst recht keine positive Anerkennung. Als flüchtige, trügerische Gefühlsereignisse werden sie vielmehr pauschal herabgesetzt und geringgeschätzt. Sie gelten als bloße Einbildungen und Verblendungen, die vom Wesentlichen ablenken, weil uns irgendein unvermeidliches Unglück bereits an der nächsten Wegbiegung auflauert. Wer gut beraten ist, rüstet sich schon in ruhigen Momenten gegen jede erdenkliche Misere. Er misstraut dem wohligen Anschein und nimmt in der Vorstellung das kommende Desaster vorweg: körperliche Qualen, zufallsbedingte Katastrophen, Übergriffe durch Machthaber, Gefängnis, Verbannung. »Ein Unglücksschlag, an dessen Möglichkeit man schon vorher gedacht hat, trifft uns weniger hart. Für die törichten Menschen, die dem Glück vertrauen, haben die Umstände immer wieder ein neues unerwartetes Gesicht. Ein großer Teil des

5. Berührbarkeit und Glück

Unglücks liegt für unverständige Menschen in der Überraschung.« (Seneca 1999a, S. 118f.)

Hieraus resultiert eine eigentümliche Glücksökonomie: Indem wir allen Schicksalsschlägen durch geistige Übung das Überraschende nehmen, härten wir uns emotional ab und entwickeln einen unerschütterlichen Geist. Ausschließlich aus einem solchen Geist sollen in letzter Instanz überhaupt Glücksmöglichkeiten erwachsen. Das einzige Glück, das im stoischen Denken Zuspruch findet, liegt in einer Haltung geistig abgeklärter und gefasster Souveränität. Zurückgewiesen und verkannt wird hingegen der positive, lebensdienliche Eigenwert erhebender Resonanzmomente, die sich ganz unwillkürlich aus tiefer Verbundenheit mit der Welt ergeben können. Ein solches Erleben wird als verfehlt und schädlich angesehen, da es uns in Abhängigkeit von situativen Faktoren bringt, deren Herbeiführung nur sehr bedingt in unseren Händen liegt. Im Taumel der Gefühle liefern wir uns wehrlos den Umständen aus, während die Vernunft allenfalls noch eine Nebenrolle einnimmt. Der Rat lautet also: Besonders dann, wenn es gut zu laufen scheint und wir in sensuellen Freuden schwelgen, sollten wir uns niemals arglos vom Sinnenglück blenden lassen, uns vielmehr in steter Wachsamkeit und Vorsicht üben. Besser als den gegenwärtigen Moment in seiner höchst flüchtigen und darum letztlich nichtigen Erlebnisfülle auszukosten, ist es, auf der Hut zu sein und unermüdlich für imaginierte Zukunftsszenarien des Unglücks ›aufzurüsten‹.

Gleichwohl ein gewisses Maß an mentaler Vorbereitung zweifellos anzuraten ist, müssen wir uns dennoch eines klar machen: Treibt man es in der Nachfolge stoischer Lehren allzu weit mit Schwarzmalerei und Defätismus, so ist zu erwarten, dass gerade diese Strategie gravierende Folgen nach sich ziehen wird. Wer sich auf Negatives einschwört, öffnet dem Unheil gleichsam Tür und Tor. Aufbauen wird sich weniger tugendsame Gelassenheit als vielmehr ein pessimistisch-phlegmatischer Fatalismus (oder eine self fulfilling prophecy), der jede aufkeimende Lebensfreude im Keim erstickt, der sogar lebenspraktische Hilfen, etwa geeignete Vorsorgemaßnahmen, in den Wind schlägt. Gewiss können wir nicht damit rechnen, von jeder Zumutung des Schicksals verschont zu bleiben, trotzdem lassen sich viele Mittel und Wege ersinnen, um Unheil abzuwenden und einzudämmen: Wir können unsere Häuser sicherer bauen, uns gegen Wind und Wetter schützen, wir können eine gute Vorratshaltung einrichten, Krankheiten erforschen und bekämpfen, und ebenso können wir Menschenkenntnis erwerben, können lernen, Konflikte einvernehmlich zu regeln und Leidenden anteilnehmenden Trost zu spenden. Unbestreitbar erscheint mir, dass derjenige, der immer nur herannahendes Unglück ausmalt, kaum ein Gewinn für sein Umfeld ist.

Vieles mehr ließe sich gegen den Negativismus stoischer Weltbetrachtung anführen. Es kann nicht zuträglich sein, im Dienst der Leidvermeidung rationale Strategien anzupreisen, die das Elend schließlich noch vergrößern müssen, weil man Menschen nicht in hinreichendem Maße als fühlende Kinder dieser Erde ansieht, sondern sie ausschließlich als Anrainer einer vernunftdurchwirkten Wahrheitswelt anerkennt und traktiert. Im Ergebnis impliziert dies eine widersinnige Denkweise, wenn nicht sogar eine grandiose Selbsttäuschung. Denn warum sollten wir alle unsere Energien auf die Bezwingung des Leids verlegen, wenn wir nicht letztlich in hohem Maße unaufhebbar affektiv in die Dinge eingewoben wären?

Warum sollten wir Wesen sein, die begabt sind, unmittelbare Glücksmomente zu empfinden, wenn diesen Erfahrungen kein bedeutsamer Eigenwert zukäme? Warum sollten wir darum ringen, ganz im Sinne der Stoiker durch ›sittliches‹ Verhalten fremdes Leid zu verhindern, wenn wir anderen damit die Chance nehmen, sich in tugendhaftem Standhalten zu üben? All die klugen Überlegungen und Ratschläge machen doch letztlich nur dann Sinn, wenn wir auch der menschlichen Eingebundenheit in angenehme, wohltuende Erlebensweisen einen Wert in sich selbst zumessen, so vergänglich diese Phänomene auch sein mögen. Dass auch Seneca hin und wieder derartige Gedanken hegte und sogar einen moderaten Genuss anriet, darf nicht unerwähnt bleiben. So räumt er z. B. ein, dass man sich bei Gelegenheit ein Glas Wein nicht vorenthalten sollte.

Wollen wir den Schwerpunkt unserer Lebensanstrengungen auf eine humanere Gestaltung konkreter Lebensverhältnisse legen, müssen wir uns unbedingt als leid-, aber auch lustempfängliche Lebewesen annehmen. Mit den Stoikern erkennen wir an, soziale Tugenden auszubilden und politisch verantwortlich zu agieren. Doch anders als sie nahelegen, sollte dies ohne geringschätzige Abwehr sinnlicher Lebensgenüsse vollzogen werden, vor allem aber ohne Verachtung denjenigen gegenüber, die dauerhaft an ihrem Leben kranken und untröstlich sind. Wir müssen uns klar machen: Härte sich selbst gegenüber, die alle Widerfahrnisse des Lebens – ob Freude oder Leid – primär als zu besiegende Schwachpunkte ansieht, birgt neben Gefahren der Selbstverkennung vor allem hohe Risiken zwischenmenschlicher Herzlosigkeit.

Natürlicher Moralsinn und individuelles Glück

Gegen alle sinnenfeindlichen Lehren wäre einzuwenden, dass weder die Flüchtigkeit des Genusses noch die darin liegende Gefahr der Maßlosigkeit als hinreichende Gründe dafür gelten können, die Bestimmung des Menschen allein in einer streng reglementierenden und versagenden mentalen Kraft zu sehen. Unser Vernunftvermögen ist dazu da, wenn notwendig, in ein nachdenklich-prüfendes, abwägendes Verhältnis zu uns selbst als Sinnenwesen zu treten, nicht jedoch dazu, jede gefühlsgetragene, intensive Lebensverwicklung im Wesentlichen als wertlos und verhängnisvoll zu deklarieren, sie in jedem Fall aber als zweitrangig einzustufen. Vielmehr muss es um ein Bild des Weisen gehen, dem als Vernunftträger keine abgeschottete, stillgestellte Identität zufällt, der vielmehr alle Facetten des Menschseins ausfüllt, wobei er seine innere Mannigfaltigkeit situationsbezogen jeweils neu zu orchestrieren vermag.

»Wird der einen anderen lieben, der sich selbst hasst?«, fragt Francis Hutcheson (Hutcheson 1986, S. 22), den man durchaus als guten Kenner der menschlichen Natur bezeichnen kann. Wie auch sein Schüler Adam Smith, der eine umfassende *Theorie der menschlichen Gefühle* vorlegte, weiß Hutcheson um den hohen, unverzichtbaren Wert ruhiger Selbstliebe, die das eigene sinnliche Wohlergehen mit Bedacht verfolgt, d. h. ohne in Eigensucht oder Maßlosigkeit zu verfallen. Handlungsmotivierend wirken stets unsere Gefühle, nicht der Verstand – dies ist der zentrale Gedanke der Sensualisten, die prosoziale Handlungen auf einen natürlichen Moralsinn des Menschen zurückführen bzw. auf eine rudimentäre, ausbaufähige Anlage zum Nach- und Mitempfinden. Mittlerweile wurde eine solche angeborene prosoziale Disposition des Menschen in vielen empirischen Untersuchungen an kleinen Kindern nachgewiesen und näher analysiert. Die pädagogische Empathieforschung macht augenfällig, wie zentral eine nicht unterdrückerische Kultivierung dieser Gefühlsanlagen für ein gleichberechtigtes, friedvoll-kooperatives Miteinander ist.[40]

II. Besonnenheit und Gelassenheit – zwei herausragende Tugenden

Viele Studien legen zudem den Rückschluss nahe, dass Menschen erst dann, wenn sie ihren sozialen Antrieben entsprechen, im eigentlichen Sinne glücklich werden können, weil tiefsitzende Wünsche nach Zugehörigkeit und Gemeinschaft sie lenken. Letztlich wollen sie für andere liebens*wert* und achtens*wert* sein. Da dieser Moralsinn oder besser diese Tugendanlage dennoch keineswegs ein Selbstläufer ist, sondern unter geeigneten äußeren Bedingungen zur Entfaltung gebracht werden muss, sind entsprechende Bildungsangebote notwendig. Diese leiten Kinder behutsam dazu an, ihre Grundbedürfnisse adäquat zu befriedigen. Sie lernen, eigene Fähigkeiten auszubauen sowie das eigene Wohl zu verfolgen, ohne die Belange anderer zu übergehen, und arbeiten auf diese Weise der ganzen Gemeinschaft in konstruktiver Weise zu.[41]

Zu berücksichtigen ist, dass Personen im Blick auf ihre Bereitschaft und Befähigung, sich aktiv in Gemeinschaften einzubringen, prinzipiell ganz unterschiedlich belastbar sind. Der Respekt vor der menschlichen Seele verlangt deshalb immer auch anzuerkennen, dass die soziale Anlage des Menschen sich dem jeweiligen Naturell entsprechend ganz unterschiedlich ausprägt, weshalb auch Zurückgezogenheit und ein stilleres Wirken im Hintergrund gesellschaftliche Wertschätzung erfahren sollten. Das Spektrum der Tugenden ist weit und es wäre fatal, eine Welt schaffen zu wollen, in der allein der aktive bzw. weithin sichtbare Einsatz für Gerechtigkeit und sozialen Fortschritt zählt. Vielmehr verlangt eine Tugendorientierung wie die hier dargelegte, die das selbstverantwortliche Individuum in den Mittelpunkt stellt, nachgerade, dass jede Person sich gemäß ihren eigenen Möglichkeiten entwickeln und in das Gemeinschaftliche einbringen kann. Wenngleich sich mit Tugendsinn stets die Wahrung einer überindividuellen Perspektive verbindet, wäre dennoch zu akzeptieren, dass sich dies in sehr unterschiedlicher Weise zeigen und niederschlagen kann. Nur soweit individuelle Besonderheiten Anerkennung finden, können Tugend und Glück einander bedingen.

Ähnlich ausgerichtet betont Hutcheson: »Mangel an Selbstliebe wäre allgemein schädlich« (Hutcheson 1986, S. 67). Er weist mit seinen Überlegungen darauf hin, dass manche überstrenge, von außen auferlegte Tugendhandlung, die das persönliche Wohlbefinden gravierend beeinträchtigt, letztlich auch dem Allgemeinwohl keinen Vorteil verschafft. Wie Smith wendet er sich gegen Auswüchse des Pflichtgedankens, mit denen eine prinzipielle Kontrastierung zwischen unseren emotionalen Neigungen und unserer sittlichen Verantwortung vorgenommen wird. Ein rigides, d. h. gegen alles persönliche Glücksstreben gerichtetes Verständnis moralischer Obligationen führe letztlich zu Verhärtungen, die unsere Sympathieneigung unterlaufen und unser Mitgefühl irgendwann unwiderruflich außer Kraft setzen. Mitgefühl aber sei der zentrale Motor bei der Verbesserung sozialer Verhältnisse.

Zugleich ist Smith ein Fürsprecher der Gelassenheit, die in seiner Terminologie als »Selbstbeherrschung« bezeichnet ist. Gemeint ist aber keine massive Unterdrückung unmittelbarer emotionaler Impulse, sondern ihre umsichtige und nachdenkliche Mäßigung. Aus der Sympathieanlage erwachsen lebendige Anteilnahme und die Bereitschaft zu Selbstdistanzierung, die das Wohl und Glück anderer gefühlsverwandter Wesen in den Blick nimmt. Erst durch vielfachen Perspektivwechsel, durch das Einholen von Informationen und exploratives Abwägen können einseitige Konzepte des Guten und Richtigen korrigiert werden. Weiterführende Reflexionsstufen dienen dem Zweck, Gründe und Gegengründe weitsichtig abzuwägen, woraus schließlich tragfähige allgemeine Regelungen hervorgehen.[42]

Smiths Konzept des unparteiischen Beobachters beschreibt ein Ideal anteilnehmender und umsichtiger Urteilsbildung, das im Zuge der historischen Genese moralischer Normen wohl kaum je vollumfänglich zum Tragen kam. Wie Christel Fricke darlegt, ist es eher als ›Gedankenexperiment‹ zu verstehen, das aufzeigt, welche Schritte zu gehen wären, wenn wir die Parteilichkeit des emotionalen Modus hinter uns lassen wollen, um humane Lösungen zu finden.[43] Smith macht klar, dass interaktive Prozesse der Normenbegründung gelingen, sofern die abstandnehmende Beurteilung ihren korrigierenden Einfluss nicht bloß in Bezug auf andere geltend macht, sondern auch im Selbstverhältnis: Wir sind gefordert, eigene Emotionen zu reduzieren und zurückzustellen, um mehr als nur uns selbst zu sehen. Wir müssen lernen, während wir persönliche Bedürfnisse befriedigen und subjektive Interessen verfolgen, auch unsere sozialen Fähigkeiten wach zu halten.

Indem spontan aufkommende Impulse solchermaßen moderierend erwogen werden, ist sehr viel wertvolleren emotionalen Antrieben gedient, vornehmlich dem allgemeinmenschlichen Streben nach wechselseitiger Sympathie und Anerkennung. Smith erläutert dies in etwa so: Wir wünschen – insbesondere in Not und Bedrängnis

–, dass andere Menschen unsere Gefühle nachempfinden können, derweil diese Anderen sich naturgemäß oft in einer völlig unterschiedlichen, vielleicht konträren Lage befinden und unsere intensiven Empfindungen kaum je auf Anhieb nachvollziehen können. Um dennoch ihre »innigere Sympathie« für uns zu gewinnen, ist es angeraten, den emotionalen Ausdruck so weit herabzuschrauben, dass Außenstehende bzw. dass »Zuschauer mitzugehen vermögen«. (Smith 2010, S. 24) Laut Smith liegt hier die Quelle stoischer Gelassenheit. Als geheime (verkannte) Motivkraft dieser Tugend diagnostiziert er ein naturgegebenes Sympathieverlangen und eben nicht eine von Emotion gereinigte, primär vernunftmäßige Einsicht in das kosmische Gesamtgefüge. Mit dieser Art von Gelassenheit verbindet sich für Smith – und einige nachfolgende Denker – ein Konzept menschlicher Würde, das keineswegs auf der Abwertung unserer körperlichen und emotionalen Konstitution basiert.

Sofern wir uns darum bemühen, können wir den ›unparteiischen Beobachter‹ in unserem Inneren mobilisieren. Wir tun dies, indem wir in innere Distanz zu uns selbst treten und uns gleichsam versuchsweise von außen mit den Augen eines Anderen, der eine neutrale Position einnimmt, begutachten. Allein schon durch ein Innehalten, welches die Entladung ungefilterter Impulse und Emotionen verhindert, wird eine Dämpfung des Affektlebens bewirkt, was weitere qualitative Veränderungen nach sich zieht. Dem Nachdenkenden wird sich Zug um Zug die Einsicht aufdrängen, wie schwer nachvollziehbar für andere das eigene komplexe Innenleben letztlich ist. Indem er temporär einen Schritt neben sich tritt, vermag er sich davor zu bewahren, in seinen innersten Regungen und idiosynkratischen Eigenarten missverstanden, ignoriert oder gar verlacht zu werden. Das behutsame, aufmerksame Durchlaufen verschiedener Perspektiven dient so immer auch dem Selbstschutz, d. h. der Wahrung basaler Ich-Interessen.

Die für das Zusammenführen verschiedener Perspektiven notwendige Horizonterweiterung verlangt unweigerlich eine Orientierung an überindividuellen Maßstäben. Doch es sind nicht primär aufoktroyierte Normen und Zwänge, die ›echte‹ Verständigungsbereitschaft bewirken, entscheidend ist vielmehr eine innere Regieinstanz der Vernunft, die möglichst alle Stimmen zu Wort kommen lässt und zu konzertieren sucht. Dass die Kultivierung dieses Vermögens kein leichtes Unterfangen ist, gibt Smith unmissverständlich zu verstehen: »Die edle und erhabene Tugend der Seelengröße verlangt zweifellos weit mehr als jenen Grad von Selbstbeherrschung, den auch der schwächlichste der Sterblichen zu üben fähig ist.« (Ebd., S. 34)

Das heißt in der Summe: Mit Blick auf die Realisierung eines einigermaßen zufriedenstellenden und akzeptablen Lebens muss stets miteinbezogen werden, inwieweit andere von den eigenen Lebensäußerungen mitbetroffen sind. Die Absicherung persönlicher Lebensbelange erweist sich als unauflöslich mit der Berücksichtigung fremder Interessen verzahnt, selbst dann, wenn diese Interessen auf Anhieb als Störfaktoren auf dem Weg zum persönlichen Erfolg betrachtet werden. Selbst im Falle einer lediglich erfolgstaktischen Berücksichtigung anderer Personen wird der unverzichtbare Wert einer sozial umsichtigen Aufmerksamkeit augenfällig. Alle Formen des Gelingens, die Raum für vielfältige inhaltliche Vorstellungen menschlichen Glücks bieten, verlangen die Ausbildung eines zumindest rudimentären ›Moralbewusstseins‹ – und sei es nur als Mittel zum Zweck. Geht man weiter und betrachtet den Anderen als gleichwertig in seinen menschlichen Bedürfnissen sowie in seiner Verletzlichkeit, so wird sich allmählich eine Kultur des liberalen und rücksichtsvollen Miteinanders entfalten. Dies verweist letztlich auf die spezifische ›Weisheit des Taktes‹, die laut Plessner zu wechselseitiger Schonung motiviert und darüber hinaus zugleich auch eine Basis für proaktive soziale Fürsorge und Rücksichtnahme darstellt.

Die Verwobenheit von Glück und Moral ist ein humanes Faktum, das inzwischen durch neurologische und psychologische Studien untermauert wurde. Vor diesem Hintergrund erweist es sich als wenig zielführend, das persönliche Glücksstreben moralisierend als Hemmschuh für ein gelingendes Leben in sozialer Verantwortung zu betrachten. Es ist im Gegenteil regelrecht geboten, unseren natürlichen Bedürfnissen nach materiell-sinnlichem Wohlergehen sowie nach ästhetischen und emotionalen Genüssen zu entsprechen, solange dies nicht auf Kosten bzw. zum Nachteil anderer geschieht. Im Grunde genommen befähigen erst eigene Zufriedenheit sowie eine gewisse ›Glücksexpertise‹ dazu, Mitmenschen bei der Verbesserung ihrer Lage behilflich zu sein. Im Blick auf eine solchermaßen lebenskluge Handhabung unserer Glücksanstrengungen sind noch ein paar vertiefende Gedanken anzuschließen.

II. Besonnenheit und Gelassenheit – zwei herausragende Tugenden

Die Logik des Genießens

»Je mehr es dem Menschen um die Lust geht, umso mehr vergeht sie ihm auch schon. Je mehr man nach dem Glück jagt, umso mehr verjagt man es«, konstatiert Viktor Frankl und macht uns hiermit auf die Vergeblichkeit aller Versuche aufmerksam, ein Glückserleben auf direktem Wege, also vorsätzlich und forciert anzusteuern. (Frankl 1989, S. 228) Gerade das zupackende, umweglose Auskosten und Ausweiden möglicher Lustangebote verschafft kaum nachhaltige Befriedigung. Stattdessen lauert hier das hohe Risiko, sich nach ersten euphorisierenden Höhepunkten schnell in Uferlosigkeit zu verlieren. »Der Löwenjäger erlebt kein Abenteuer über den dritten Löwen hinaus«, schreibt Fernando Pessoa. (Pessoa 1995, S. 25) Gierig ergreifen wir, was uns Lust verspricht, und verspüren schon bald einen schalen Geschmack. Emotionale Intensität verflüchtigt sich rasch durch Gewöhnung, denn sie ist an neuartige Eindrücke und Überraschungsmomente gebunden. In der Wiederholung nutzt sie sich ab, sofern wir nicht die Dosis der ›Reizmittel‹ permanent erhöhen. Mit der Zeit verlangt es uns unablässig nach neuen Köstlichkeiten und stärkeren Stimulanzen. Dieser Teufelskreis des Lusterlebens, der den meisten vermutlich bekannt ist, wird heute durch die Gehirnforschung untermauert: Wenn das Objekt der Begierde an Neuheitswert verliert und das Wachrufen von Lustempfindungen gewissermaßen ›mechanisch‹ erfolgt, stumpft das tatsächliche Genusserleben in der Regel schnell ab. Frankl ist Recht zu geben. Wenn wir auf sensuelle Euphorie aus sind, sollten wir paradoxerweise nicht allzu genau vorabsehen und planen wollen, was diese herbeiführt. »Es ist generell die große *Erwartung* der Belohnung, die den – hoffentlich – sich anschließenden Genuss steigert, aber die Erwartung verliert ihre genusssteigernde Wirkung mit dem Grad der Sicherheit des Eintretens der Belohnung«, konstatiert auch der Neurowissenschaftler Gerhard Roth. (Roth 2007, S. 248) Es nützt also wenig, die rasant verfliegende Freude an einem neuen Paar Schuhe durch ein weiteres Paar toppen zu wollen, weil wir mit Carrie Bradshaws medial verabreichten High-Heel-Höhenflügen mitzuhalten versuchen.

Hilfreich ist, sich die ›Funktionsweise‹ unser Glücksempfindungen bewusst zu machen. Während Rausch und Kicks rasend schnell dahinschwinden, verheißen andere Glücksquellen mehr Tiefe und Dauer, insofern sie sich gewissermaßen in Geist und Gedächtnis

5. Berührbarkeit und Glück

›eingraben‹. Zu denken wäre hier an die gesammelte Aufmerksamkeit ästhetischer Genüsse oder auch das Erleben erhöhter mentaler Präsenz im Zwischenmenschlichen, das temporär den Schmerz der Isolation außer Kraft zu setzen vermag. Man muss noch einen Schritt weitergehen und vor allem *einen* Aspekt näher beleuchten: Höhere Glückserfahrungen sind – anders als bloßes Wohlbefinden – an die besonderen Gegebenheiten der menschlichen Daseinsstruktur gebunden. Diese konfrontiert uns mit jener fundamentalen Gebrochenheit, von der schon die Rede war: Wir sind genötigt, unser Leben durch aktives Handeln ›künstlich‹ zu gestalten und müssen uns zugleich kontinuierlich sinnorientiert hinterfragen. Jede moralische Bewertung unserer Handlungen wäre zwecklos, wenn wir nicht grundsätzlich befähigt wären, nachdenkend in Distanz zu uns selbst als Sinnenwesen zu treten.

Gleichwohl manche es vermeiden, sich gezielt mit großen Lebensthemen wie Freiheit, Einsamkeit und Tod herumzuschlagen, bestimmt sie dennoch ein Bewusstsein ihrer selbst. Sie unterliegen unweigerlich dem Anspruch, ihr Leben – mehr oder weniger selbsttätig – *gut* gestalten zu müssen/wollen. Hier lauern diverse Risiken wie Irrtum, Entfremdung, das Verlangen nach Anpassung an andere, aber auch ein überschießender Drang nach Profilierung, Absonderung und ungehemmter Selbststeigerung.

Doch nicht nur lebenspraktische Herausforderungen rühren von dieser ›Duplizität‹ des Menschen her. Zugleich liegt hier auch der Ursprung aller Glückserfahrungen. Letztlich verdankt sich jedes intensivierte Momenterleben diesem reflektierenden, von sich selbst abgerückten In-der-Welt-Sein der menschlichen Natur. Sie verdankt sich unserer zwar sehr weit, aber nie zur Gänze aufhebbaren Gebrochenheit im Welt- und Selbstverhältnis. Größtes Glück empfinden wir, wenn wir in Resonanz mit den uns umgebenden Dingen treten. In solchen Momenten weicht das Empfinden des Bruchs zurück, scheint kaum mehr spürbar zu sein, obwohl wir auch dann niemals ganz aufhören, Betrachtende zu sein. Dass wir einerseits als Sinnenwesen eingebunden sind und andererseits als denkendes Wesen die eigene Lage zu beurteilen haben, ist für unser Erleben insgesamt bestimmend. So basiert auch jede Bewusstwerdung temporärer Erfüllung letztlich auf der Tatsache, dass menschliches Sein fundamental zerrissen ist, also niemals restlos in sich selbst aufzugehen vermag.

Weil dem so ist, weil wir niemals vollständig mit uns selbst und dem uns Umgebenden in Einklang stehen können, wird das Streben nach Glück überhaupt ein Thema für uns. Denn in Anbetracht dieser elementaren Spaltung verlangt es uns unablässig danach, das leiblich-affektive Zusammenspiel mit der Welt zu steigern. In raren Momenten echter Hingabe, in temporärer Selbstvergessenheit gelingt dies gewissermaßen ›maximal‹. Unverhofft tritt das Empfinden unserer Gebrochenheit in den Hintergrund, wir fühlen intensive Anwesenheit, erleben uns ganz in uns selbst hineingenommen und zugleich größtmöglich mit anderen(m) verbunden. Dennoch ist unsere Bewusstseinsstruktur auch für dieses Erleben bedeutsam, insofern der erfüllende Seinszustand wie ein besonderes Gnadengeschenk empfunden wird. Gleichsam blitzartig werden wir wie von außen her ergriffen, geben uns hin und heißen dieses Erleben vorbehaltlos gut. »Ein glücklicher Mensch muss daher, um einer zu sein, sich selbst als jemanden erfahren können, der in seiner Tätigkeit aufgeht. Diese minimale Distanz zu sich aber ist ein Konstitutivum des (...) Glücks«, schreibt der Philosoph Andreas Luckner. (Luckner 2005, S. 72) Glück ist demnach eine Angelegenheit fühlender Geistwesen. Auf eine Formel gebracht, könnte man sagen: Nichts schafft so intensive Gegenwart, wie das im Heraustreten aus uns selbst fühlend und denkend anverwandelte Leben. Dieses Heraustreten aber verlangt zunächst eine Unterbrechung unserer atemlosen Geschäftigkeit, es verlangt ›gelassenes‹ Innehalten.

Legen wir immer mal wieder eine ausgiebige Pause ein und blicken von einer höheren Warte aus auf unsere Lebensvollzüge, so haben wir die Möglichkeit, auch unangenehme Empfindungen besser zu verstehen bzw. eine Einstellung dazu zu finden. Ein Gefühlshoch ist eine ziemliche flüchtige Schönwetterlage, ein Zustand von kurzer Dauer, den wir nicht herstellen oder forcieren können. Wenn wir jedoch kontinuierlich über unser Leben nachdenken, wenn wir uns selbst inmitten der Ereignisse aufmerksam begleiten und auch unsere Werte nicht aus dem Blick verlieren, kann sich ein Grundempfinden von Sinnerleben und Zufriedenheit einstellen. Das klingt vielleicht ein wenig langweilig, ist aber, soweit ich mich auskenne, eine sehr gute Voraussetzung dafür, immer mal wieder unerwartet in den Himmel der Hochgefühle katapultiert zu werden.

Ruhiges Nachdenken verhilft dazu, alle Dinge (wieder) in Relation zu setzen. Falls wir nicht wachsam sind, können spontane

5. Berührbarkeit und Glück

Emotionen uns völlig überraschend und ungewollt aus der Bahn werfen und unser Leben negativ beeinflussen. Im Grunde ist es eine alltägliche Aufgabe, ein inneres Gleichgewicht herzustellen. Wie Hannah Arendt schreibt, stellt Nachdenken in diesem Sinne ein stummes inneres Zwiegespräch dar. Es ist ein Vorgang, in dem die ursprünglich im menschlichen Bewusstsein angelegte Dualität aufbricht, das Selbst sich also ›vorsätzlich‹ spaltet und in ein abständiges, beurteilendes Verhältnis zu sich selbst tritt. Im Denken ist es so, als wäre man zu zweit, sagt Arendt. Man beginnt, verschiedene Ansichten abzuwägen und miteinander zu vergleichen, um darüber letztlich auch die Anliegen anderer Menschen, denen man (dauerhaft) verbunden und verpflichtet ist, besser zu verstehen. Wer sich der Partnerin im eigenen Inneren stellt, vermeidet es, so Arendt, seine eigene Gegnerin zu werden und sich zu verlieren. Sie nennt dies das »Zwei-in-einem« des Menschen. (Arendt 1998, S. 179f.)[44] Durch das Nachdenken hindurchzugehen, sagt sie, sei immer irritierend, denn es bedeute, sich in Dingen verunsichern zu lassen, »die über jeden Zweifel erhaben schienen, als man noch gedankenlos tätig war« (Ebd., S. 175). Gemeint ist ein bewusster Vorgang prüfender Selbstdistanzierung ganz im Sinne des ›unparteiischen Beobachters‹ von Adam Smith. Wir betrachten eine Angelegenheit auf neue Weise, indem wir – vielfach erst nachträglich – ein kritisch-abwägendes Verhältnis zu unseren Antrieben und Interessen einnehmen. Wollen wir einigermaßen mit uns selbst zufrieden sein, muss diese Art des Denkens unser Leben kontinuierlich begleiten. Dies macht uns nicht nur lebendig und prägt das Besondere einer jeden Persönlichkeit aus, sondern es stiftet vor allem eine Form grundlegender Zufriedenheit, die die spontane situative Glücksempfänglichkeit in hohem Maße begünstigt. Arendt sagt: »Ein Leben ohne Denken ist durchaus möglich; es entwickelt dann sein eigenes Wesen nicht – es ist nicht nur sinnlos, es ist gar nicht lebendig. Menschen, die nicht denken, sind wie Schlafwandler.« (Ebd., S. 190)

Der umrissene Modus des In-der-Welt-Seins eröffnet Raum für Resonanzerfahrungen, zu verstehen als besondere Formen des In-Beziehung-Tretens zwischen Subjekt und Welt. Der Soziologe Hartmut Rosa widmet diesem besonderen Resonanzgeschehen eine Reihe von Büchern. Er definiert und erläutert es als eine spezifische Antwortbeziehung, die sich dann ereignet, wenn es uns in Begegnungsmomenten gelingt, mit eigener Stimme zu sprechen und gleichzeitig genau zu vernehmen, was von der anderen Seite her auf uns zukommt. Entscheidend ist, dass eine ›Eigenschwingung‹ *beider* Seiten vorhanden ist und diese auch im ›Zusammenklang‹ bestehen bleibt. Rosa unterscheidet diese Beziehungsform von verschiedenen anderen Möglichkeiten der Einwirkung auf andere, wie etwa der instrumentellen Einflussnahme, die darauf zielt, den ›Eigensinn‹ des Gegenübers auszuschalten bzw. diesen für sich selbst auszunutzen. Gleichfalls zielen auch symbiotische Beziehungen sowie die Echokammern homogener Gemeinschaften darauf, den je eigenen Willen der TeilnehmerInnen auszuschalten. Unter diesen Voraussetzungen wird Resonanz als echte Begegnung im lebendigen Austausch vereitelt.

Damit wird klar, dass sich das besondere, immer positive Resonanzerleben nur bei derjenigen Person einstellt, die mit sich selbst in wachem Kontakt steht bzw. die ihre inneren Regungen wahrzunehmen und angemessen zu interpretieren weiß. Resonanz ist also keinesfalls reine Gefühlssache, wenngleich sie stets mit intensivem Fühlen verbunden ist. Rosa schreibt: »Resonanz ist kein emotionaler Zustand, sondern ein Beziehungsmodus. Dieser ist gegenüber dem emotionalen Inhalt neutral. Daher können wir traurige Geschichten lieben.« (Rosa 2016, S. 298) Anders als Sentimentalität oder Rührseligkeit, welche reine Stimmungsphänomene sind, ist das Resonanzerleben laut Rosa von einem ausgeprägten Wertebewusstsein getragen. Um in lebendiger Weise von der Welt (anderen Menschen, Natur, Kunst) angesprochen und bewegt zu werden, muss eine Person eine eigene Wertquelle mitbringen, auf die hin sie existenziell berührbar ist. Ob und wann dies geschieht, bleibt in letzter Instanz unverfügbar. Resonanz als besondere Beziehungsqualität lässt sich nicht gezielt produzieren, so sehr wir es auch versuchen mögen, sie der Welt durch gezielte Aktionen abzuzwingen. Sie ist unverfügbar, was nach Rosa besagt, »dass es keine Methode und keinen *Sieben- oder Neun-Schritte-Ratgeber* gibt, mit deren Hilfe sich gewährleisten ließe, dass wir mit Menschen oder Dingen in Resonanz treten können«. (Rosa 2019, S. 43) In diesem Sinne ist die Resonanzerfahrung an jenes Zurücktreten, Innehalten und Abwartenkönnen gekoppelt, welches mit der Tugend der Gelassenheit verbunden ist.

Wollen wir gelingende Weltbeziehungen realisieren, wirken sich Beschleunigung, Innovationsverdichtung und Leistungsdruck, das Streben nach Prestige und exquisiten Luxusgütern als hochgradig belastend aus. Indem diese Faktoren unser Selbst dem Sog unablässiger Betriebsamkeit überantworten, tragen sie dazu bei, dass die Welt – entgegen unseren Wünschen – stumm und abweisend bleibt. Das gewöhnliche Berufs- und Familienleben wird zumeist im »Alltagsbewältigungsverzweiflungsmodus« geführt, »in einem beständigen Kampf gegen eine To-do-Liste, die niemals abzuarbeiten ist und deshalb zum Inbegriff einer Welt aus Aggressionspunkten geworden ist (...)«. (Ebd., S. 88) Weder besinnen wir uns hinreichend, um eine eigene Stimme entfalten zu können, noch erweitern wir durch unangestrengtes Pausieren und Innehalten unsere Hörfähigkeit, darauf bauend und vertrauend, andere schließlich erreichen zu können. Allgegenwärtige Panik vor dem Verstummen der Welt zeitigt zahllose traurige Folgen: angefangen bei Selbst- und Naturentfremdung, über Psychokrisen aller Art, bis hin zu Politikverdrossenheit, die sich in rasenden Wutausbrüchen gegen ein vermeintliches Establishment Ausdruck verschafft.[45]

II. Besonnenheit und Gelassenheit – zwei herausragende Tugenden

6. Wieviel Stoizismus brauchen wir?

Das Leben ist freilich weiter nichts als ein eitles Jagen nach Pomp, als ein Bühnenspiel, wo Züge von Last und anderem Vieh erscheinen, oder ein Lanzenrennen, ein Herumbeißen junger Hunde um den hingeworfenen Knochen, ein Geschnappe der Fische nach dem Bissen, die Mühen und Strapazen der Ameisen, das Hin- und Herlaufen unruhig gemachter Fliegen, oder ein Guckkasten, wo ein Bild nach dem anderen abschnurrt: Aber mitten in diesem Getreibe festzustehen mit ruhigem und freundlichem Sinn, das eben ist unsere Aufgabe.

(Marc Aurel, 121 – 180)

Zuschauer unserer selbst

Die stoische Zurückweisung vitaler Empfänglichkeit leugnet den Eigenwert einer lebensvollen, diesseitigen Existenz. Man geht sogar so weit, den Tod »als die beste Erfindung der Natur« zu preisen, weil er der Versklavung durch Begierden, Kränkungen und Notlagen ein segensreiches Ende setzt. (Seneca 1999b, S. 190) Diese Denkfigur ist höchst problematisch, denn sie verkennt die, wenn auch oft schmerzvolle, so doch stets notwendige Rückbindung aller Erkenntniserträge an lebendige Erfahrungen. Oder sie muss, um sich selbst Substanz zu verleihen, glückvolle Erfahrungen auf eine nach dem Tod zu erwartende reinere und höhere Seinsebene verlagern. Angewendet auf heutige Verhältnisse, würde eine Einstellung, die das diesseitige Leben als ›ganz und gar beweinenswert‹ erachtet und die zur Untermauerung dieser These scheußlichste Grausamkeiten ausmalt, voraussichtlich Panikattacken auslösen. So jedenfalls sieht es Thea Dorn, die die Mutmaßung äußert, dass »man diesen tollkühnen Stoiker auch direkt in die Psychiatrie stecken« würde. (Dorn 2021, S. 128) Dorn könnte hiermit durchaus richtig liegen, was aber nichts daran ändert, dass man auch gegenwärtig kaum lange Ausschau halten müsste, um konkrete Anschauungsbeispiele für Gräuel aller Art zu finden – Schreckensbilder und Kriegsszenarien, die ein Stoiker nicht drastischer hätte erdenken können.

Trotz der berechtigten Kritik an der stoischen Abwertung sinnlicher Weltverwicklung bleibt über die Jahrhunderte hinweg dennoch unverrückbar die Richtigkeit einiger Kerngedanken dieser Schule bestehen: Glück als etwas dem Menschen Eigentümliches kann keinesfalls losgelöst von der ›moralischen‹ Dimension betrachtet werden, weil unsere Existenz zutiefst sozial verfasst ist. Evolutionsgeschichtlich betrachtet, wird Moralentstehung als Ausdruck einer sozietären Logik verstanden, durch die Überlebensvorteile gesichert werden. Demnach benötigen das soziale und ökonomische Vorankommen die Ausbildung spezifischer Tugenden wie Zuverlässigkeit, Wahrhaftigkeit und Gerechtigkeit, die das gemeinsame Handeln stärken und damit den Erfolg einer Gruppe gewährleisten.[46]

Diese zentrale Einsicht, die seit der Antike alle tugendethischen Entwürfe begleitet, wird heute vielfach verkannt. Derzeit erleben wir in nahezu allen westlichen Gesellschaften Prozesse sozialer Spaltung, woraus – im Wegbrechen der sozialen Mitte – alarmierende Verfeindungsstrukturen hervorgehen. Eine wachsende Anzahl von Menschen verfällt in Resignation und Depression, andere wiederum verbinden sich der Angriffslust rechtslastiger Propagandisten und machen ihrem Unmut in den Straßen der Großstädte lautstark Luft. Prozesse der Polarisierung, in denen Meinungsverschiedenheiten gezielt verstärkt und verschärft werden, heizen das soziale Klima auf. Um Ängste und Besorgnisse abzuschütteln, überantworten zahllose Menschen sich einem besinnungs- und rücksichtslosen Aktionismus. Sie kapitulieren vor den komplexen Gegebenheiten der modernen Gesellschaft, verwerfen nahezu jede Möglichkeit einer sachgerechten Analyse, die bereitwillig auch eigene Überzeugungen auf den Prüfstand stellt. Zunehmend mangelt es an einer Kultur, in der Selbstdistanzierung, Hinterfragung, Perspektivwechsel und Dialogbereitschaft ineinandergreifen.

Gelangen die menschlichen Vernunftanlagen nicht mehr zu selbsttätiger Entfaltung, so wird die Person von den sie umgebenden sozialen Verhältnissen gewissermaßen ›determiniert‹. Ihr Würdevermögen erscheint gleichsam wie narkotisiert, gelangt nicht hinreichend zur Ausreifung. Doch irgendwie registriert die Seele diese Verkennung ihres ›höheren Selbst‹, was alle möglichen Symptomatiken des Unglücks zur Folge hat. Warum ist das so? – Unsere Bewusstseinsstruktur macht uns unabwendbar zu Zuschauern unserer selbst. Wir können es verweigern, den mühevollen Weg selbstbestimmter Entfaltung zu beschreiten, wir können die Warte der Unparteilichkeit außer Acht lassen. Mit Heidegger gesprochen können wir uns ›auf die Flucht vor dem Denken‹ begeben, dennoch ergibt sich immer wieder die Notwendigkeit, den Blick von außerhalb

II. Besonnenheit und Gelassenheit – zwei herausragende Tugenden

(gleichsam den Blick der Anderen) auf unser Tun zu richten, um ihn wohlüberlegt zu integrieren. Ignoriert man es, die eigene Position in der Welt ›gelassen‹ zu bedenken, um sich Rechenschaft abzulegen, so schlägt diese Praxis auf lange Sicht negativ zurück: unwillkürliche Schamattacken kommen auf und untergraben das Selbstwertgefühl, die Anerkennung anderer bleibt aus, das soziale Gefüge wird porös, Menschen wenden sich ab, Beziehungen zerbrechen, gegebenenfalls hat man sogar mit Sanktionen oder Bestrafung zu rechnen.

Ein ›Lösungsweg‹ liegt häufig darin, sich ausschließlich in hermetischen Kontexten unter ›Gleichgesinnten‹ aufzuhalten, in Gruppierungen, die sich in einem gleichgepolten Verlangen nach ›Unterwerfung‹ der Welt verbünden, so dass uneingestandene peinvolle Kränkungsgefühle in Aggressivität transformiert werden können. Solche ›Echokammern‹ erlauben vielleicht Formen der ›Resonanzsimulation‹ bzw. der ›ideologischen Resonanz‹, unterwandert werden indes die Konstitutionsbedingungen für echte responsive Resonanzbeziehungen, die aus Andersartigkeit, Fremdheit und Dissens erwachsen, die mithin ›unverfügbar‹ sind. Falls Einzelne gegen die mehr oder weniger subtilen Zwänge solcher Vereinigungen aufbegehren und beschließen, ihre Zugehörigkeit zu beenden, ist das in der Regel mit erheblichen Schwierigkeiten verbunden: mit Stigmatisierungen, Schmähungen, Bedrohungen oder auch mit Erfahrungen der sozialen Isolation bis hin zur Vereinsamung.

Angesichts dieser Phänomene wird augenfällig, in wie hohem Maße das persönliche Lebensglück von der Qualität unserer Sozialbeziehungen abhängt. Auf lange Sicht gehört zum Glücklichsein, sich selbst im jeweiligen Moment (sowie auch generell) nicht nur eingedenk persönlicher Nutzenbilanzen, sondern zugleich immer auch im Blick auf das menschliche Beziehungsgefüge zu überdenken, zu relativieren und neu auszurichten. Es kommt aber darauf an, in dieser Selbstreflexion sowohl ein Recht auf Autonomie zu wahren als auch von allgemeiner Menschenliebe getragen zu werden. Tieferes Glück, Selbstachtung und kosmopolitische Wertschätzung sind eng verwoben. Darin ist den Stoikern zweifellos recht zu geben. Wenn wir diesen Zusammenhang draufgängerisch, erfolgsversessen oder auch nur scheuklappenmäßig ignorieren, was oft passiert, mindern wir aufs Ganze gesehen unsere Glückschancen. Vor allem gelangen wir dann niemals zu jenen kontemplativen Ruhemomenten, in de-

6. Wieviel Stoizismus brauchen wir?

nen sich unser Leben unverhofft vor uns ausbreitet und wir uns insgesamt damit einverstanden erklären können, selbst wenn es Tiefpunkte und leidvolle Stunden gab.

Freund-Feind-Denken, mangelnde Umsicht, blindes oder gedankenloses Agieren sind dem Glück auf Dauer wenig zuträglich. Das erlaubt allerdings nicht, im Umkehrschluss von einer garantierten Direktverbindung zwischen moralischer Selbstreflexion und Glück auszugehen. Im Gegenteil, mit zahllosen Philosophen und Philosophinnen müssen wir einräumen, dass das Denken letztlich aus Uneinigkeit und Zerrissenheit entspringt und demnach seine existenzielle Wurzel im Unglücklichsein und in der Entbehrung hat.[47] So entfalten unberechenbare Schicksalsfaktoren ohne Ansehen der Person ihre destruktive Dynamik. Intensivierte Denkimpulse entstehen im Auseinanderfall von Individuum und Welt. Sie führen uns nicht selten in Dimensionen des Ergründens, die uns angesichts der Boden- und Erfolgslosigkeit all unserer Anstrengungen schwindeln lassen. Auch darum wussten die alten Vordenker der Gelassenheit.

Doch weitaus tiefgreifender und zerstörerischer ist die Desintegration, die ein Mensch erleidet, wenn – wie auch immer verursacht – das innere Selbstgespräch verebbt und die Gebrochenheit des Bewusstseins in einen dauerhaften Zwiespalt aufbricht. Angesichts der metaphysischen Obdachlosigkeit der Moderne ist diese Gefahr heute besonders groß geworden. Das Schwinden übergeordneter Wahrheiten begünstigt einen Modus der Beliebigkeit und Willkür, eine Gesamtlage, die durch soziale Verwerfungen und Benachteiligungen immer häufiger zur Eskalation gebracht wird. Wer aber nicht umsichtig und vorausschauend nachdenkt, verliert die Möglichkeit, sich unter Menschen eine Heimstätte zu schaffen, d. h. vertrauensvolle Beziehungen aufzubauen und wechselseitige Verständigung zu realisieren. Er verliert, wenn er auch fortgesetzt betriebsam sein mag oder der grölenden Kumpanei verfällt, die elementare Kraft zu lieben und zu handeln, wie Arendt es ausdrücken würde. So mag er zwar möglicherweise sogar in Saus und Braus leben, umringt von Neidern oder Followern, letztlich wird es ihm aber an der oben umrissenen Tiefe des Glücks mangeln. Entbehrt werden vor allem gelingende Beziehungen, in denen Isolation temporär aufgehoben ist und das Gebrochenheitsempfinden zurücktritt, so dass der Horizont sich für ein Augenblicksgeschenk des Seins zu öffnen vermag.

II. Besonnenheit und Gelassenheit – zwei herausragende Tugenden

Für die meisten Menschen gilt, dass sich das Glücksverlangen nicht stückweise befriedigen lässt, sondern nur aufs Ganze gesehen. Wer darauf hinarbeitet, am Ende seines Lebens sagen zu können, er sei glücklich gewesen, benötigt dazu die Bereitschaft und Weitsicht, jedes Glücksversprechen genau abwägend zu prüfen. Hannah Arendt wählt für diese Haltung den Begriff der ›Gravitation‹ auf das Glück hin. Es geht dann nicht darum, aus jeder Lebenslage den größten Ertrag an Befriedigung oder Selbstgewinn herauszupressen, sondern es geht um die Aufrechterhaltung persönlicher Integrität bei allem Genuss und Wohlgefühl. Darauf wollte im Übrigen auch Immanuel Kant hinaus mit der Forderung, man müsse des Glückes würdig werden.

Hannah Arendt – Personsein und Pluralität

Für Hannah Arendt als Denkerin des 20. Jahrhunderts ist immer die Person selbst angesprochen. Das heißt, es gibt letztlich keine Instanz, auf die sich der Einzelne berufen kann, um sein Handeln zu entschuldigen. Folgt er einer späteren Einsicht, indem er sich von einer fragwürdigen Tat distanziert, zeigt er mithin Reue, so ist Verzeihung möglich, ja sie spielt sogar eine ungemein wichtige Rolle im Hinblick auf das zwischenmenschliche Weiterkommen. Das Auftauchen des ›Jemand‹ – also desjenigen, der sich verantwortlich zeigt – an der Stelle des ›Niemand‹ – also desjenigen, der sein Gewissen ausschaltet –, ist hierfür Voraussetzung. Verzeihen ist ein »Heilmittel gegen die Unwiderruflichkeit« des Getanen, während das Versprechen die »chaotische Ungewißheit des Zukünftigen« mindert, schreibt Arendt. (Arendt 1981, S. 231f.) Beide Akte, die an den Zuspruch der Anderen gebunden bleiben, sind wesentliche Voraussetzungen sowohl für die Ausreifung der Person als auch für die Befreiung der Menschen aus einem Teufelskreis aus rachsüchtiger Verstrickung und Vergeltung: »Könnten wir einander nicht vergeben, d. h. uns gegenseitig von den Folgen unserer Taten wieder entbinden, so beschränkte sich unsere Fähigkeit zu handeln gewissermaßen auf eine einzige Tat, deren Folgen uns bis an unser Lebensende im wahrsten Sinne des Wortes verfolgen würden. (...) Ohne uns durch Versprechen für eine ungewisse Zukunft zu binden und auf sie einzurichten, wären wir niemals imstande, die eigene Identität durchzuhalten; wir wären hilflos der Dunkelheit des menschlichen Herzens, seinen Zweideutigkeiten und Widersprüchen, ausgeliefert, verirrt in einem Labyrinth einsamer Stimmungen, aus denen wir nur erlöst werden können durch den Ruf der Mitwelt, (...)«, so Arendt. (Ebd., S. 232). Allein diese sozial verbundene Person, die sich dem Konflikt öffnet und zugleich ihrer Mitwelt versprechend und verzeihend begegnet, die alle herstellenden und schöpferischen Aktivitäten stets auch zu unterbrechen weiß, um das eigene Tun nachdenkend zu begleiten, wäre – so muss man aus Arendts Philosophie schließen – letztlich dem gewachsen, was man ein tieferes Glück nennt. Allein eine solche Person erkennt, dass eine gemeinsame Welt nicht durch Einschwörung auf *eine* Sichtweise entsteht, sondern »überhaupt nur in der Vielfalt ihrer Perspektiven«. (Ebd., S. 57) Anderen Menschen nicht objekthaft, sondern dialogisch zu begegnen, verbietet es, in der Welt des Miteinanderhandelns verallgemeinernd von *einem Menschen überhaupt* zu sprechen, also *eine* Norm wahren Menschseins zu etablieren. Die tatsächliche Vielfalt der Menschen darf, wie Arendt sagt, nicht als »unendlich variierbare(n) Reproduktion eines Urmodells« angesehen werden. »Das Handeln bedarf der Pluralität, in der zwar alle dasselbe sind, nämlich Menschen, aber dies auf die merkwürdige Art und Weise, daß keiner dieser Menschen je einem anderen gleicht, der einmal gelebt hat oder lebt oder leben wird.« (Ebd. S. 15)

Arendts politisch-ethisches Denken, das sich der Pluralitätsidee verpflichtet sieht, »weil Menschen, und nicht der Mensch, die Erde bewohnen«, begegnet dem Stoizismus und der hier verfolgten Einheitsidee mit nachdrücklicher Kritik. Der Irrtum der Stoiker liege in einer »Gleichsetzung von Souveränität und Freiheit«. Dies habe gewissermaßen die gesamte Überlieferung des politischen und philosophischen Denkens in »verhängnisvoller« Weise beeinflusst. Ein solch hochfliegendes Freiheitsverständnis widerspreche der tatsächlich immer gegebenen Eingebundenheit des Einzelnen in soziale Gefüge, in denen unweigerlich unterschiedliche Perspektiven eine Rolle spielen. Pluralität, die Vielfalt menschlichen Seins, werde von den Stoikern aber primär als eine »Schwäche« betrachtet, die es zu »überwinden« gelte. Zu diesem Zweck sei hier ein philosophisches Konzept entwickelt worden, das einen »Abstand« zwischen den »Weisen« und den »zwischenmenschlichen Bereich« lege. Dies habe schwerwiegende Konsequenzen, denn wer dem folgt, »entschließt sich (...), die wirkliche Welt für eine eingebildete einzutauschen, in der man sich einrichtet, als existierten andere Menschen schlechterdings nicht«. (Ebd. S. 230)

In der Tat zeigt sich in vielen Textpassagen, dass Vertreter des Stoizismus sich dezidiert von der breiten Masse abgrenzen, und zwar indem sie mehr oder weniger explizit für sich selbst einen privilegierten Zugang zum vernunftdurchwirkten Kosmos beanspruchen. Solche Abwertungen finden sich immer wieder und stehen im Widerspruch dazu, dass ›rein theoretisch‹ *alle* Menschen als Teile dieses Weltganzen betrachtet werden. Diese kosmopolitische Grundidee wird durch das stets durchscheinende Credo konterkariert, dass im Prinzip nur Ausnahmemenschen eine rigorose Zurückweisung des emotionalen Bereichs zu realisieren vermögen (wenn überhaupt!). Die meisten bleiben emotional in die Welt verstrickt, unterliegen ihren ›falschen Meinungen‹ und können/sollten deshalb keinen maßgeblichen Einfluss auf das Gemeinwesen nehmen.

Tragend ist hier ein Vernunftverständnis, das jede Form subjektiver Weltverwicklung für restlos aufhebbar erachtet. Darin offenbart sich eine Verkennung der eigentlichen Natur des Menschen, weil unsere Denkweise stets in hohem Maße durch je spezifische Weltbezüge (mit)beeinflusst ist. Wir – und jede(r) Andere – leben sozial und kulturell geprägt in emotionaler Verbundenheit, was sich in konkreten Situationen auf vielfältige Weise bemerkbar macht. Erkennen wir dies an, akzeptieren wir dies als unhintergehbare Faktizität, so sind wir aufgefordert, respektvoll mit den Empfindungen, Sichtweisen und Wertmaßstäben anderer umzugehen. Wer unter Berufung auf die *eine einzige* Vernunft nur den *einen* (eigenen) Standpunkt gelten lässt, wer die immer notwendigen Prozesse argumentativer Überzeugungsarbeit durch wechselseitige Verständigung und rückversicherndes Sprechen ausschlägt, läuft Gefahr, einseitig, inhuman und damit höchst irrational zu agieren. Ein zweites, mindestens ebenso großes Risiko liegt darin, in Verkennung der eigenen emotionalen Antriebe und Bindungen einem vermessenen illusionären Selbstbild zu verfallen. Eine Person, die sich über das niedrige Gerangel der vielen erhaben wähnt und einen Sonderstatus für sich beansprucht, vermeidet es, sich selbst wirklich kennen zu lernen. Im Extremfall setzt sie, wie Arendt es ausdrückt, jedes Handeln in der Welt dem Verdacht einer aussichtslosen Verstrickung in ein ›prädeterminiertes Bezugsgewebe‹ aus. Freiheit kann dann nur derjenige erlangen, der sich von anderen möglichst fernhält, sich bestenfalls sogar »des Handelns enthält«. (Ebd. S. 229)

Temporäres Absondern wird auch von Arendt unbedingt empfohlen. Denn gedankliche Klärungen fallen oft leichter, wenn man sich vorübergehend dem direkten Einfluss anderer entzieht, in diesem Fall allerdings nicht, um ihre Anwesenheit, ihren Einfluss und ihren ›Eigensinn‹ zu leugnen, sondern im Gegenteil, um im ruhigen Überdenken mehr Klarsicht zu gewinnen und Fairness walten zu lassen. Vernunft agiert hier nicht im Verweis auf eine immer schon gegebene Wahrheitswelt, sondern zielt auf intersubjektiv zu gewinnende Einigungen, wobei die Vielfalt des Menschlichen Anerkennung findet.

Man möchte einwenden: Dieses Sich-Einlassen, dieser dem Redlichen abverlangte Zustand einsamer Zwiesprache stehen aktuell nicht allzu hoch im Kurs. Wohl deshalb, weil viele instinktiv fürchten, dass das gelassene Zur-Ruhe-Kommen und Heraustreten aus der Geschäftigkeit letztlich abgründigen Erfahrungen existenzieller Einsamkeit und Gottverlassenheit Einlass verschafft – Erfahrungen, für die es im nachmetaphysischen Zeitalter weder Antwort noch Trost gibt. Warum also sollte man angesichts des Verlustes einer übergeordneten Sinnsphäre, das Leben nicht lieber nach den Erfolgsleitlinien der Geschäftswelt und Genusskultur einrichten? Warum irgendwelchen Skrupeln Gehör schenken, die nichts als der kraftlose Nachhall eines abgedankten Gottes sind? – Zu antworten wäre: Die Sinnorientierung des Menschen ist unhintergehbar, sonst würden wir die Abwesenheit des Sinns nicht betrauern und Kontingenzerfahrungen in der Einsamkeit nicht fürchten. Der Absurdität des Daseins durch Flucht in Exzesse und wilde Betriebsamkeit zu entfliehen, ist nicht besonders heldenhaft und aller Voraussicht nach weniger trostspendend und wirkungsvoll als erhofft. Viel ratsamer erscheint es, die uns gegebenen Möglichkeiten innerweltlicher Sinnstiftung auszuschöpfen, um das Leben in einer menschlichen Welt lebbarer zu machen. Demnach müssen wir uns der Komplexität wirklicher Gegebenheiten stellen, diese immer wieder neu mit vorbehaltloser Aufmerksamkeit betrachten und erforschen. Auch Luckner hebt heraus, dass das Glück nicht durch Abwehr der Erfahrung von Absurdität zu erlangen ist. Erst durch das radikale Heranlassen von Kontingenz kann eine Nähe zu den Dingen gefunden werden: »Der Weg zum Glück – (...) verstanden als Aufgehen in der eigenen

II. Besonnenheit und Gelassenheit – zwei herausragende Tugenden

Tätigkeit – führt mitten durch die Sinnlosigkeit des Daseins hin zu Aneignung der eigenen Situation.« (Luckner 2005, S. 74)

So bewirkt gründliches Nachdenken zwar temporär Vereinzelung und Irritation, doch es führt uns stets vor Augen, wie sehr wir als fühlende Wesen auf alles uns Umgebende und insbesondere auf andere Menschen bezogen leben. Wer sich hingegen in eifriger Nachfolge stoischer Überstrenge systematisch gegen alle Einflüsse und Versuchungen des menschlichen Miteinanders abschirmt, wird zwar womöglich seine individuellen Abwehrkräfte kultivieren, doch letztlich unterliegt er einer gedoppelten Illusion: Zum einen glaubt er, sich dem Strom der Ereignisse vollständig entziehen und seine Gefühle dauerhaft stillstellen zu können, was, wenn überhaupt, nur Heiligen gelingt; zum anderen aber erachtet er diese rigide Vorgehensweise als zielführend und moralisch gut, wobei er verkennt, wie fundamental unser Mitgefühl für alles innerweltliche Gelingen ist. Es ist also aufs Ganze gesehen keinesfalls ratsam, Gefühle ausschalten zu wollen. Sie sind unsere Leitdrähte, die uns mit der Welt verbinden, die aus zerstörerischer Isolation herausführen und zu Glücksmomenten verhelfen. Worauf es aber sehr wohl ankommt, ist ein aufmerksamer und nachdenkender Umgang mit unseren Emotionen. Denn wir kennen zweifellos eine Reihe von Gefühlen, die die Macht besitzen, unsere Seele zu vergiften, gleichwohl auch sie aus sozialer Verflochtenheit mit anderen hervorgegangen sind: Rivalitätsdenken, Neid, Eifersucht, Zorn und Hass gehören dazu.

Umgang mit intensiven Impulsen – Emotionen und Vernunft

Senecas Erläuterungen zum Zorn können uns bis heute viele hilfreiche Anregungen bieten. Es finden sich hier bereits Maßnahmen, deren Wirksamkeit mittlerweile durch psychologische Studien untermauert wird, z. B. das bewusste Distanznehmen durch Sich-Abwenden oder Überschlafen, Reflexionen zur Selbstrelativierung angesichts des Fehlverhaltens anderer sowie auch erhellende Betrachtungen zu Beschaffenheit und Auswirkung der Emotion im Selbstverständnis der Person. Gerade dieser letzte Punkt wäre in Anbetracht aktueller Erkenntnisse nochmals eigens herauszuheben. Inzwischen wurde nachgewiesen, dass die Fähigkeit, verschiedene emotionale Verfassungen gegeneinander abzugrenzen und sprachlich präzise zu benennen, ein sehr wirksames Mittel ist, um souveräner mit der eigenen Gefühlswelt umzugehen. Lernen Kinder es z. B., verschiedene Arten und Abstufungen der Wut genau zu versprachlichen, so hat dies messbar positive Effekte: Sowohl ihr Sozialverhalten als auch ihre schulischen Leistungen verbessern sich. Ebenfalls wurde festgestellt, dass Menschen mit Depressionen oder Angststörungen ihre negativen Emotionen häufig nur ungenau zu beschreiben und in Kontexte einzuordnen wissen. Auch hier ist die Verbalisierung innerer Verfassungen ein wichtiges Element persönlicher Weiterentwicklung.[48]

All diese Befunde zeigen, wie zentral es ist, eine eigene Sprache zu finden. Dies kann durch die Lektüre von Songtexten und Gedichten angeregt werden oder durch das Eintauchen in Romanszenen, die einem spezifischen Erleben kunstvoll Ausdruck verleihen. Schon Herder legte dar, dass das Sichbesinnen und Erkennen von Strukturen eng mit dem Erwerb des Sprachvermögens verwoben sind. Indem wir für die Welt und ebenso auch für unser Innenleben Namen und Metaphern (er)finden, rücken wir zwar ab vom unmittelbaren Geschehen, ziehen aber aus der präzisierenden Erfassung des Erlebten einen besonderen Zugewinn an Klarheit und Freude. In mitteilender Verständigung werden zudem Nähe-Empfindungen möglich, die dem Erlebten neue Qualität verleihen.

Die soldatische Strenge stoischer Lehren erklärt sich vor dem Hintergrund einer Zeit, in der das menschliche Leben auf Schritt und Tritt durch unbezähmbare Krankheiten, Kriege, Naturkatastrophen und Tod bedroht war. Im Laufe der letzten beiden Jahrhunderte vollzogen sich grundlegende Wandlungsprozesse, die eine Verbesserung der Lebensbedingungen nach sich zogen – vornehmlich in der westlichen Welt, aber in vielerlei Hinsicht auch weltweit. Immer mehr Menschen erfahren schulische und berufliche Bildung, sind wirtschaftlich abgesichert und profitieren von sozialen und medizinischen Versorgungsleistungen.[49] Wie Böhme unterstreicht, geschieht all dies, insbesondere der ökonomische Fortschritt, um den Preis einer zunehmenden Abrichtung und Instrumentalisierung des Körpers sowie einer umfangreichen Disziplinierung aller Lebensvollzüge. Die moderne Arbeitswelt treibt diese Prozesse noch weiter, indem nun auch das Gefühlsleben gewinnbringend in die ökonomische Produktivität einbezogen wird. Über die bloße Bezähmung überschüssiger Energien hinaus entwickelte man unter dem Label ›emotionale Intelligenz‹ neue Strategien einer erfolgsorientierten Nutzung emotionaler Potentiale, wobei man sich zunehmend auch auf den Stoizismus bezieht. (Siehe: Bennent-Vahle 2013, Kap.II.2.) Nicht nur im Silicon Valley ist derzeit der ›New Stoizism‹ en vogue. Empathie als ›Superkraft‹ und ›Geheimwaffe‹ ist hier zu einem allgegenwärtigen Slogan geworden. Ausgeklügelte Strategien emotionaler Einflussnahme werden entwickelt, wobei das wohlklingende Etikett ›Empathie‹ offenbar primär manipulative Haltungen salonfähig machen soll, und zwar solche, die darauf aus sind, andere ›emotional intelligent‹ für eigene Zwecke einzuspannen. Demnach scheint es kein Problem zu sein, wenn Einfühlung in andere primär mit egoistischen Absichten verknüpft wird. Oft wird regelrecht angeraten, Anteilnahme vorzugaukeln, um das Gegenüber gefügig zu machen und in die gewünschte Spur zu bringen.

Indem man Gefühle zu Objekten einer psychologisch versierten Strategie macht, werden sie ihrer eigentlichen Funktion beraubt, welche darin liegt, geöffnete Schleusen zur Welt und zum anderen Menschen zu sein. So hat sich ein Habitus etabliert, nach dem Gefühle reflexartig – nur mehr nutzenorientiert – kontrolliert und gesteuert werden. Es geht gerade nicht darum, die Mitteilung der Gefühle aufmerksam auszuloten und zu verstehen, sondern primär darum, ihre Wirkkraft im Hinblick auf einen feststehenden Zweck abzuchecken und auszubeuten. Das heißt, es geht trotz der vermeintlichen Hochhaltung des Emotionalen in der Regel genau nicht darum, Gefühlsbotschaften wahrlich ernst zu nehmen, um im Weiteren einen angemessenen und umsichtigen Umgang mit ihnen anzustreben.

Es liegt auf der Hand, dass mit derartigen Entwicklungen gravierende Probleme emotionaler Selbstentfremdung verknüpft sind. Das rein zweckorientiertes Abchecken und Modellieren emotionaler Tatsachen ist auf äußerliches Verfügen fixiert und bleibt dem kalkulierenden ›rechnenden‹ Denken verhaftet. Jede tiefergehende Sensibilisierung für die eigene innere Verfasstheit wird so im Grunde genommen verhindert. Man übt sich gerade nicht in gelassenem Innehalten, nicht in der ruhigen Betrachtung sich zeigender Vorgänge. Weder ringt man um eine selbsttätige Versprachlichung noch um eigenständige Bewertungen und selbstverantwortete Lösungskonzepte für den adäquaten Umgang mit Gefühlsaufwallungen. Erfolgsverheißende Verfahren oder Techniken leiten stattdessen dazu an, das

6. Wieviel Stoizismus brauchen wir?

Gefühlsleben anderer abzuchecken, um es sich zunutze zu machen, nicht selten, indem man Empathie gekonnt simuliert. Entsprechend werden sinnlich-emotionale Weltbezüge zweckgerichtet zerschlagen, Emotionen effektiv ruhiggestellt, transformiert oder kanalisiert. All dies mag als neuer Stoizismus firmieren, hat aber wenig zu tun mit einer tugendgelenkten Einfügung in das Gemeinschaftliche oder gar in ein kosmisches Gesamtgefüge. Im Vordergrund stehen der Ausbau persönlicher Erfolge, Optionenvermehrung sowie die Maximierung wirtschaftlicher Profite.

Angesichts derartiger Praktiken, die das Geschäftsleben beherrschen, wird die bewusste und ernsthaft ergründende ›Kontaktaufnahme‹ mit der menschlichen Gefühlssphäre, wie sie heute von PsychologInnen und Philosophischen PraktikerInnen angeleitet wird, zu einer dringenden Notwendigkeit. In Dialogen, therapeutischen Gesprächen und Workshops wird versucht, den psychischen und sozialen Problemen entgegenzuwirken, die sich angesichts der virulenten gesellschaftlichen Erfolgsgeheiße ergeben und kontinuierlich verschärfen. Symptomatiken der Selbstüberforderung und Selbstausbeutung, das Erleben von Selbstentfremdung und schließlich sogar gravierende Selbsttäuschungen haben im Kontext der modernen, hyperaktiven, wachstumsfixierten und zudem hochtourig digitalisierten Gesellschaft ein bedenkliches Ausmaß angenommen. Personen, die sich in der eigenen Gefühlswelt nicht auskennen, sind ihren aufkommenden Erregungen und hervorschnellenden Impulsen hilflos ausgeliefert. Oft geht es nur noch darum, Zustände emotionaler Verunsicherung schnellstmöglich loszuwerden, abzuwehren oder wenigstens doch geschickt zu kaschieren. Angstattacken in Krisensituationen oder heftiges Schamempfinden angesichts persönlicher Misserfolge werden reflexartig zurückgewiesen, nicht selten auch in Ressentiment und aggressive Energien umgewandelt. Wütend begehrt man gegen vermeintliche Bedrohungen auf und zimmert sich ein passendes Wirklichkeitsbild zurecht. Mit Hilfe von Einzelfakten, die aus ihren Kontexten herausgelöst werden, konstruiert man eine Welt aus Unterstellungen und Halbwahrheiten. Besonders in emotional aufgeladenen Krisensituationen haben Verschwörungstheorien Hochkonjunktur, weil sie einfache Erklärungen bieten und Schuldige ausmachen, über die man seinen Zorn ergießen kann. So werden Angst und Scham abgewehrt und das Gefühl von Handlungsmacht zurückzugewonnen. (Siehe: Gess 2021)

II. Besonnenheit und Gelassenheit – zwei herausragende Tugenden

Zorn ist eine Emotion, die jeder kennt. Wenn wir Anstoß nehmen, ergreift uns ein Fühlen, das wir je nach Intensität als rasende Wut, Entrüstung, Ärger oder Groll bezeichnen. Normalerweise ist die Zornige immer überzeugt, richtig zu liegen, und folgt blindlings ihren Handlungsimpulsen. Es bedarf eingehender Unterweisungen à la Seneca, um die Gesamtlage sorgfältig und selbstkritisch unter die Lupe zu nehmen und einen gemäßigten Kurs einzuschlagen. Auch Henri Bergson schreibt: »Schöpfung des Selbst durch sich selbst (...) ist umso vollkommener, je besser man das durchdenkt, was man tut (...).« (Bergson 1912, S. 13) Doch gegenwärtig liegt es nicht unbedingt im Trend, sich in kontinuierlichen Wandlungs- und Reifungsprozessen nachdenkend zu erschaffen. Stattdessen zelebrieren viele Menschen den unmittelbaren, vermeintlich authentischen Ausdruck ihrer Gefühle, vielfach im Rückgriff auf fragliche Freiheits- und Autonomievorstellungen. Lange bevor von Tugenden die Rede sein kann, lässt man jenes Mindestmaß an Rücksichtnahme und Selbstkontrolle vermissen, welches ehemals in konventionelle Höflichkeitsformen eingeschmolzen war. Schnaubend verschafft man sich Luft, um nach außen hin ein Bild der Stärke und Unbeirrbarkeit abzugeben. Verbindlichkeiten existieren allenfalls der eigenen Bezugsgruppe gegenüber, mit der man – ideologisch aufeinander eingeschworen – den Kampf gegen korrupte Autoritäten antritt. Ein brodelndes Emotionen-Gemisch mündet in alle möglichen Varianten von Furor.

Unter gewissen Voraussetzungen ist Zorn durchaus wünschenswert, etwa wenn man lernt, im Sinne Gandhis Wut konstruktiv für das Gute zu nutzen. (Siehe: Gandhi 2017). Ein solcher ›rechtschaffener Zorn‹ ist nun aber ohne gründliche Überprüfung und relativierende Selbstreflexion in dialogischer Aufgeschlossenheit, mithin ohne Gelassenheit und Besonnenheit, nicht erreichbar. Immer wieder kommt es vor, dass Zorn über einen Vorfall auch nach eingehender (Selbst)Prüfung nur allzu berechtigt erscheint. Will man diesen *legitimen* Zorn nun aber für positiven Wandel nutzen, dann wird man ihn im Blick auf eine gelingende Praxis lindern und dämpfen müssen. Man wird ein ›gelassenes‹ Anstoßnehmen anstreben müssen – einen Modus, in dem die Emotion zwar noch weiter als motivierende Kraft wirkt, aber dennoch so weit als möglich aller aggressiven Dynamik entledigt ist.

6. Wieviel Stoizismus brauchen wir?

Mit Gefühl denken – eine libidinöse Moral

Heute wissen wir, dass Emotionen unsere eigentlichen Vitalkräfte und Antriebskräfte sind. Durch sie allein sind wir lebendig in die Welt einbezogen, erleben freudige Anmutungen, nehmen Gefahren und Risiken wahr, vor allem aber benötigen wir unsere sympathetische Verbundenheit mit anderen Lebewesen, um ein humanes Handeln entfalten zu können. Denken ohne Fühlen ist kraftlos und unwirksam, ein Fühlen ohne umsichtiges Nachdenken aber bleibt einseitig und blind. Das immer notwendige Zusammenspiel beider Seiten beleuchtet Albert Schweitzer mit folgenden Worten: »Das Gefühl, das sich dem Denken entzieht, verfehlt seine Bestimmung. Das Denken, das meint, am Gefühl vorbeigehen zu können, kommt von dem Wege ab, der in die Tiefe führt. Wo das Gefühl in das Denken hinaufreicht und das Denken in das Gefühl hinabreicht, ist unser ganzes Wesen an dem Gestalten der Überzeugungen, die wir in uns tragen.« (Schweitzer 1999, S. 28)

Sobald wir wertend in der Welt stehen, sind Emotionen im Spiel. Diese werden allerdings kaum spürbar, wenn wir uns weitgehend im Rahmen geteilter Hintergrundannahmen austauschen. Das heißt: Solange keine fundamentalen Wertkonflikte auftreten bzw. solange keine gravierenden Normverletzungen erfolgen, die unseren persönlichen Wertvorstellungen entgegenstehen, sind Verständigungen ohne merkliche Gefühlsbeteiligung realisierbar. Doch, was sich da als scheinbar neutrales Vernunfturteil darstellt, basiert nichtsdestotrotz auf ruhigen Gefühlsregungen. Schon David Hume schrieb, dass Vernunfturteile »ruhiger wirken und keinen Aufruhr in der Gemütsverfassung hervorrufen« und fügte dem hinzu: »Diese Ruhe verleitet uns zu einem Irrtum über ihr Wesen, d. h. sie läßt uns dieselben als reine logische Leistungen (...) unserer intellektuellen Vermögen erscheinen.« (Hume 1978, S. 176)

Ein Vernunftanspruch, der das Gefühlsleben übergeht oder ausblendet, tendiert dazu, äußerst irrational zu sein. Er läuft Gefahr, sich von emotionalen Quellen zu nähren, ohne es zu bemerken bzw. bemerken zu wollen. Erst auf diese Weise werden Gefühle zu blinden, unerkannten Antrieben. So argumentiert ein kühler Kopf scheinbar sachlich und neutral, übersieht bzw. unterschlägt dabei indes eigene Wünsche und Wertsetzungen – Wertsetzungen, welche zunächst immer als subjektiv anzusehen sind. Wer z. B. in persön-

II. Besonnenheit und Gelassenheit – zwei herausragende Tugenden

lichen Angelegenheiten ganz vernünftig sein will und darunter versteht, alle Emotionen außen vor lassen zu können, ist vermutlich vor allem von einer Emotion beherrscht: der Angst vor der Beunruhigung des Gefühls, das uns gnadenlos in die Einzelheiten des Lebens hineinzieht, das unseren Horizont verengt, uns partikular, abhängig und instabil erscheinen lässt. Aber es nützt nichts: Wir können nur dann wirklich vernünftig oder besser vernünftiger werden, wenn wir uns bewusst mit unseren Gefühlen beschäftigen. Tun wir dies nicht, beherrschen sie uns in jedem Fall. Damit können wir uns selbst gegenüber sogar sehr unfrei werden.

Das Spektrum *aller* Emotionen ist latent in uns vorhanden, im Verborgenen ist es also eigentlich stets gegenwärtig und ›abrufbar‹. Verschiedene Gefühlsfarben fließen unablässig ineinander und schaffen einen begleitenden, noch wenig prononcierten Zustand ›gemischter‹ Gefühle. Erst wenn einzelne Intensitäten hervortreten und das Geschehen dominieren, erlebt eine Person sich im eigentlichen Sinne als emotionalisiert und wird auch so wahrgenommen. In solchen Momenten gilt es innezuhalten und in die Untiefen der eigenen Seele abzutauchen, um die hier ineinanderfließenden Ströme zu erkennen und zu sondieren – getragen von der Absicht, ein möglichst ehrliches Selbstbild zu gewinnen. Erst auf der Grundlage realitätsnaher Selbsterkenntnis ergibt sich eine Chance, Idealen und Überzeugungen ›wahrhaft‹ zu entsprechen. Doch auch unter dieser Voraussetzung wird es noch hinreichend Gelegenheiten geben, dem letztlich unbezwingbaren ›Wildwuchs‹ in uns und anderen mit Nachsicht und Humor zu begegnen. Beide Haltungen sind fester Bestandteil jener Art von Tugendorientierung, die sich nicht bloß über Anpassung an vorab fixierte Normen realisiert, sondern den schwierigen Weg vernunftgetragener und zugleich empfindungsoffener Selbstbestimmung einschlägt.

Ziel ist, die verschiedenen, oftmals divergierenden Seelenteile (Vernunft, Mut/Antrieb und Affekt/Verlangen) gemäß den dynamischen Anforderungen des Lebens in ein angemessenes Verhältnis zu setzen. Ziel ist nicht die Unterdrückung der Gefühle durch Vernunftstrenge, sondern eine wohlüberlegte harmonisierende Zusammenführung innerer Bestrebungen, in der sich Freude mit Ernst sowie Vergnügen mit tugendgemäßer Zurückhaltung durchmischen. Die hier entfaltete Idee des guten Lebens gewährt hinreichend Raum für Zerstreuung und Kurzweil. Von Fall zu Fall ist abzuwägen, wel-

6. Wieviel Stoizismus brauchen wir?

che Einflussmacht wir den unterschiedlichen – in ständiger Wechselwirkung stehenden – Impulsen jeweils zubilligen können und wollen. Geschieht dies, so wird zwischen dem gelingenden persönlichen Leben und dem verantwortlichen Agieren in der Öffentlichkeit eine tiefe, unlösliche Verbindung entstehen – ein Lebensmodus, der allen starren Dualismen entgegentritt.

In eine ähnliche Richtung zielen auch die Empfehlungen Epikurs, der Leitfigur einer anderen antiken Philosophieschule. Epikur legte seinen Lehren eine unlösliche Verwobenheit von Tugend und Lustempfinden zugrunde. So empfiehlt er: »Man muss das Edle, die Tugenden und dergleichen Dinge schätzen, wenn sie Lust verschaffen; tun sie dies nicht, dann soll man sie fahren lassen.« (Epikur 1991, S. 115) Anders als im Stoizismus rückt hier die Gefühlssphäre in den Mittelpunkt aller menschlichen Bemühungen. Da wir »mit der Empfindung als Maßstab jedes Gut beurteilen« (Ebd., S. 103), muss dieses Richtmaß auch das Tugendstreben regulieren. Offenkundig ist, dass wir uns von Geburt an »dem Schmerze naturgemäß und ohne Überlegung« (Ebd., S. 114) widersetzen, folglich müssen wir uns gezielt um all das kümmern, »was die Glückseligkeit schafft«. (Ebd., S. 100) Ist diese nämlich da, »so besitzen wir alles, wenn sie aber nicht da ist, dann tun wir alles, um sie zu besitzen«. (Ebd.)

Auch für Epikur ist Gelassenheit der Idealzustand der Seele. Nachdrücklich empfiehlt er, die unterschiedlichen Arten von Lust mit Sorgfalt abzuwägen und auf ihre Zuträglichkeit hin zu überprüfen. »Eine unverwirrte Betrachtung dieser Dinge weiß jedes Wählen und Meiden zurückzuführen auf die Gesundheit des Leibes und die Beruhigung der Seele; denn dies ist die Erfüllung des seligen Lebens.« (Ebd., S. 102) Es ist demzufolge keineswegs gleichgültig, wie es uns als leiblich-emotional in die Welt eingebundenen Wesen ergeht. Auch dieser Bereich kann und muss mit Bedacht untersucht und gestaltet werden. Denn ob wir uns um unsere Gesundheit kümmern bzw. ob wir aktiv zu unserem leiblichen Wohlbefinden beitragen, hat wesentliche Effekte auf unsere seelisch-geistige Verfassung. Im Unterschied zum Stoizismus sehen die Epikureer durchaus Spielräume für eine konstruktiv-gestaltende Einflussnahme auf Sinnlichkeit und Gefühl. Der Idealzustand der Gelassenheit ist hier kein Produkt abgehobener, realitätsfremder Verstandesoperationen, sondern er baut sich im angemessenen Umgang mit unserer leiblich-seelischen Bedürftigkeit auf.

II. Besonnenheit und Gelassenheit – zwei herausragende Tugenden

Ohne dies noch weiter vertiefen zu wollen, lässt sich sagen, dass der epikureische Ansatz sich vor diesem Hintergrund sehr viel mehr als der Stoizismus dazu eignet, eine moderne Form der Tugendorientierung – eine Art libidinöse Moral – zu inspirieren. Dass dies aktuell nicht der Fall ist und viele Menschen sich stattdessen als neue StoikerInnen definieren, erscheint mir Symptom einer Zeit zu sein, in der wir dem Widerfahrnischarakter der menschlichen Existenz (immer noch) nicht adäquat zu begegnen suchen. Stattdessen ringen wir um Auswege, entweder indem wir unsere Verfügungsmacht und -berechtigung überdimensionieren oder indem wir uns gegen das bedrohliche Außen abschotten und für andere unerreichbar machen. Im Zuge dessen büßt stoisches Denken, wie zu beobachten ist, häufig seine ethische Relevanz ein und tritt in den Dienst pragmatischer und ökonomischer Interessen.

Im Unterschied zu den Stoikern rät Epikur dazu, sich von Politik und öffentlicher Tätigkeit so weit wie möglich fernzuhalten. ›Halte dich im Verborgenen‹ lautet seine Lehre und dementsprechend befürwortete er ein Leben im privaten Bereich, einzig umgeben von Freunden und Familienmitgliedern. Es ist gewiss ein Fehlurteil, in Epikurs Betonung der menschlichen Lustorientierung einen kruden Hedonismus zu erblicken, wie es immer wieder geschieht. Wie weit aber die epikureische Ethik auch da trägt, wo es um die Gestaltung größerer menschlicher Gemeinschaften geht, konnte an dieser Stelle nur in einigen Ansätzen dargelegt werden. Zweifellos liegt insbesondere in dieser Frage die zentrale Herausforderung für ein zeitgemäßes Tugendverständnis.

III. Abschließende Überlegungen – Wege zur Gelassenheit

Weder soll der Jüngling zögern zu philosophieren noch der Greis müde werden zu philosophieren; denn man ist weder zu jung noch zu alt für die Gesundheit der Seele.
Wer jedoch sagt, es sei entweder noch nicht Zeit zum Philosophieren oder die Zeit sei vorbei, der gleicht dem, der sagt, die Zeit zur Glückseligkeit sei entweder noch nicht oder nicht mehr da.
(Epikur, 341 – 270 v. Chr.)

Das philosophisch angeleitete Nachdenken ist wesentlich für die Ausbildung zentraler Charaktertugenden wie Gelassenheit und Besonnenheit ist. Als unzureichend erweist sich hier allerdings ein rein theoretisches Philosophieren, das abgelöst von tatsächlichen Lebensvollzügen stattfindet. Vielmehr sind wir mit der Aufforderung konfrontiert, uns in allen lebenspraktischen Abläufen und alltäglichen Verrichtungen kontinuierlich wachsam zu begleiten, wobei wir uns auch das Schwierige und Unangenehme ehrlich vor Augen führen. Introspektion wird ein zentraler Bestandteil der Welterfahrung. Dies bedeutet auch, ungeschönt an uns heranzulassen, wie die Welt in uns und außerhalb von uns ›tatsächlich‹ beschaffen ist, womit wir also jederzeit zu rechnen haben.

»Philosophisches Denken besteht nur darin, dass man das um eine Stufe bewusster macht, was alle wissen«, sagt Gadamer. (Gadamer 1993, S. 175) Dies beinhaltet verschiedene Aufforderungen: zum einen die Bereitschaft, die Überlegungen und Beobachtungen anderer ernst zu nehmen, sich also nicht auf eigene Überzeugungen zu versteifen; zum anderen auch, Gefühle und vage Anmutungen oder Ahnungen nicht einfach wegzuschieben, sondern ihnen nachzugehen und ihren Aussagegehalt zu prüfen, erst recht, wenn es ungemütlich zu werden droht; und dies verweist zuletzt auf ein aktives Zulassen schwieriger existenzieller Themen wie Einsamkeit, Krankheit und Vergänglichkeit. Für jedes gelingende Engagement in Kooperation mit anderen ist es zudem wesentlich, dass wir uns nicht im entscheidenden Augenblick als willenlose Spielbälle äußerer Faktoren oder biografischer Determinanten verstehen, womit wir uns gleichsam (an uns selbst) ausliefern würden, um der Verantwortung zu entgehen. Auch im Blick auf uns selbst müssen wir das Fragen unermüdlich aufrechterhalten.

Auf diesem Wege haben wir die Chance, Irrtümern und Selbsttäuschungen entgegenzuwirken, und nur so können wir realistische Handlungsspielräume ausloten und sinnvolle Selbstkorrekturen vornehmen. Vor diesem Hintergrund sind Lösungsstrategien fraglich, die ausgehend von fertigen Wissensbeständen dezidiert zweckgerichtet über äußere Umstände bzw. innerseelische Prozesse verfügen wollen. Vielmehr ist entscheidend zu erkennen, dass sich die thematisierten Tugenden in hohem Maße jeder zweckorientierten Machbarkeit entziehen. Deshalb ist es quasi unmöglich, Besonnenheit und Gelassenheit jenseits tatsächlicher Herausforderungen – allein im Workshop – anzutrainieren. Natürlich können wir uns in Seminarkontexten vieles klar machen und hilfreiche Aufmerksamkeits- und Selbstberuhigungstechniken kennen lernen und einüben. Im eigentlichen Sinne aneignen können wir uns diese Haltungen aber nur inmitten der komplexen Lebensrealität, eben dann, wenn es ernst wird und tatsächlich etwas Unerwartetes passiert. Es macht durchaus Sinn, unsere Aufmerksamkeit durch Meditation und mentale Übungen zu verbessern, am besten fortdauernd flankiert von einer Revision unserer anthropologisch-ethischen Grundüberzeugungen. Ja, wir sollten sogar, um auf reale Widerfahrnisse vorbereitet zu sein, jenseits der ›freien Wildbahn‹ sogenannte »Metaaufmerksamkeitszimmer« einrichten (Ekman 2009, S. 286). Als solche bezeichnet der Dalai Lama Räume, in denen wir uns ohne konkreten Handlungsdruck auf uns selbst besinnen können, um die Tugenden des Abstandnehmens näher kennen zu lernen. Derartige Räume wären vornehmlich in allen Bildungskontexten für Kinder und Heranwachsende zu etablieren. Bei all dem kommt es stets darauf an, uns selbst trotz der hochgesteckten Ziele nicht zu viel abzuverlangen, noch wichtiger aber ist es, anderen mit Nachsicht zu begegnen, indem wir uns z. B. vor Augen führen, wie oft wir (in der Vergangenheit) selbstgesetzten Standards nicht genüg(t)en. Das gelingt am besten – ich wiederhole mich hier ganz bewusst –, wenn wir unser Mitgefühl kultivieren und eine ordentliche Portion Humor ins Spiel bringen, um nicht in einen moralisierenden Überernst zu verfallen. Doch

III. Abschließende Überlegungen – Wege zur Gelassenheit

auch dies will zweifelsohne gelernt sein. (Siehe: Bennent-Vahle 2022, Kap. V-VII)

Gelassenheit hat einen hohen Allgemeinheitsbezug. Mit ihr überblickt man – jedenfalls der Tendenz nach – das Leben als Ganzes. Da sie im Wesentlichen auf Lebenserfahrung und Übung basiert, wird man sie bei Kindern und Jugendlichen vermissen. Vielerorts wird hingegen von der besonderen Gelassenheit des Alters gesprochen. Nur am Rande sei bemerkt, dass demgegenüber durchaus auch eine besondere ›Ungelassenheit‹ des Alters zu beobachten ist, dann nämlich, wenn eine Person die philosophische Reflexion eigener Belange zeitlebens außer Acht ließ. Wahrscheinlicher sind dann versteinerte Haltungen der Bitterkeit, eine habitualisierte Rastlosigkeit, ein Hang zum Allotria oder aber quälende Zustände hochgradiger Empfindlichkeit, was oftmals schroffe und abweisende Verhaltensweisen nach sich zieht. Allein im Fall einer bewussten, selbstregulierenden Lebensführung vertieft sich im Durchlaufen verschiedener Altersstufen das Vermögen, komplexe Lebensherausforderungen zu meistern. Auch dann kann es niemals ein abschließendes, rüttelfestes Wissen geben – nicht zuletzt deshalb, weil sich die Zeiten rasant wandeln. Sofern ein bewusster, reflektierter Modus gefunden wird, vermag Gelassenheit als Tugend zu wachsen und mündet allmählich in eine weise oder wenigstens doch halbwegs weise Grundeinstellung, die sich auch mit eigenen Unzulänglichkeiten versöhnt.

Man baut Tugenden als ›Gewohnheiten des Herzens‹ auf, welche die Lebenspraxis ganz unwillkürlich lenken. So lernt man, mit Lust, Freude und Schmerz wachsam umzugehen, um nicht in die Räderwerke einer hedonistischen Steigerungslogik zu geraten, die in Suchtverhalten, emotionale Auszehrung oder Skrupellosigkeit mündet. Vor allem aber weiß man mehr als alles andere den Wert zwischenmenschlicher Verbundenheit in Liebe und gewachsenen Freundschaften zu schätzen, man überwindet Verfeindungstendenzen, setzt zuversichtlich auf Einigung und Kompromiss. Bescheiden bemerkt Wilhelm Schmid: »Schön und voller Sinn ist das Leben immer dann und bis zuletzt, wenn da wenigstens einer ist, an dessen Dasein ich Freude habe und der seinerseits Freude daran hat, dass ich da bin, wenngleich vielleicht nicht jeden Tag.« (Schmid 2014, S. 81) Vieles kann gewonnen werden, wenn Intervalle für Gelassenheit als Zwischenräume der Stille und Kontemplation eingerichtet werden.

III. Abschließende Überlegungen – Wege zur Gelassenheit

Im Älterwerden, wenn keine Berufsziele mehr anzusteuern sind, fällt das Abstandnehmen von erfolgsorientierten Strategien vermutlich leichter. Doch, wie gesagt, schützt auch das Alter vor Torheit nicht. Es hat vermutlich seine ganz eigenen Fallstricke, seine spezifischen Eitelkeiten, die eine gelassene Haltung verhindern. So mögen Ängste vor dem nahenden Tod Irritationen und Reuegefühle im Rückblick auf ein (vielleicht falsch) gelebtes Leben mit sich bringen. Der Verlust nahestehender WegbegleiterInnen ist unweigerlich von tiefgreifender Trauer und Beunruhigung begleitet. Auch der, der stets um Selbstreflektion und Selbstveränderung bemüht war, muss irgendwann seine Grenzen anerkennen und zugestehen, dass jedem Menschen eine prägende Vergangenheit unwiderruflich anhaftet, dass es ›Erbschaften‹ gibt, von denen man sich niemals vollends hat lösen können. Gemütsruhe ist ein enorm hohes Ziel, das uns vor allem abverlangt, auch unser Scheitern daran einzugestehen und auszuhalten.

Am Ende wird man einräumen müssen: Wir können uns keinesfalls frei vom Nullpunkt aus neu erfinden, sondern lediglich ein paar ›handwerkliche‹ Reparaturen und Modifikationen erreichen; wir können eine ehrliche Haltung gegenüber unseren Unzulänglichkeiten einnehmen, wobei gerade dies in der heutigen Zeit eine besondere Herausforderung darstellt.[50]

Zu Recht fragen wir, ob es dieses in sich ruhende Selbst, von dem in unterschiedlichen Traditionen immer wieder gesprochen wird, innerhalb der säkularisierten, hypermodernen Welt überhaupt geben kann. Wo diese hohe geistige Forderung erfüllt scheint, wo Gelassenheit nach außen getragen ist, gibt es oft keine letzte Sicherheit. Der Verdacht einer hochtrabenden Selbstinszenierung ist kaum endgültig auszuräumen, weil uns kein Einblick in den tiefsten Grund der menschlichen Seele gewährt ist. Man kann nur auf allgemeiner Ebene konstatieren, dass Gelassenheit dann ihr eigentliches Wesen einbüßt, wenn sie zum Produkt effektiver – bzw. effekthascherischer – Selbstoptimierung transformiert wird. Sie ist, woran schon erinnert wurde, im Wesentlichen eine Tugend der Heiligen, weil es vermutlich nur solchen glaubhaft gelingt, mit selbstlosem Gleichmut auf Krankheit, Kräfteverfall und selbst den Tod zu blicken.

III. Abschließende Überlegungen – Wege zur Gelassenheit

Heraustreten aus der Enge

Was aber liegt für uns Normalsterbliche heute im Kern dieser Tugend? Gelassenheit als Tugend steht *nicht* im Gegensatz zu einem fühlenden Weltzugang, sondern sie setzt einen solchen genau genommen unbedingt voraus. Da wir fühlende, leicht erregbare Wesen sind, begünstigen wir die innere Wandlung zu Gelassenheit deshalb am besten, indem wir in ruhige Atmosphären und Stimmungen eintauchen. Dies erlaubt Prozesse seelischer Weitung, bahnt den Weg in eine gleichsam ›physische Welterkundung‹, die uns Lebensvollzüge unumwunden zu spüren gibt. Aufenthalte in der Natur ermöglichen Erfahrungen, die tief in uns eindringen, um Wandlung und Entwicklung anzustoßen.[51] Durch Ausweitung des Horizontes, etwa am Meer oder im Gebirge, verlassen wir das einengende ›Gehäuse‹ des Gewohnten und Bequemen, wir nähern uns den Elementen, spiegeln in ihnen unsere eigene Kreatürlichkeit. In der Dunkelheit unter einem weit umspannenden, übervollen Sternenhimmel werden wir sensibel für unsere tatsächliche Lage, gewinnen den Blickwinkel der Ewigkeit, wie ihn die Philosophie seit jeher lehrt. Wir erkennen die Begrenztheit und Vergänglichkeit aller Lebensprozesse, denen wir angehören. Die unbestimmbare Ferne der Phänomene, ihr sanft leuchtendes oder blendend strahlendes Fluidum bietet Teilhabe am unerschöpflichen und doch unerreichbaren Geheimnis des Naturganzen. Entrücktheit und magische Präsenz verbinden sich zu einem Schweberaum, in den wir für unbestimmbare Zeit eingehüllt sind – eine ergreifende ›Lebensverliebtheit‹ jenseits der Frage nach Trugbild oder Wahrheit.

In all dem geht es um die Fähigkeit, etwas anzunehmen und auszuhalten, abzulassen von den Ansprüchen grenzenloser Machbarkeit, die unser modernes Bewusstsein beherrschen und den Widerfahrnischarakter des Lebens verleugnen. Ich erinnere nochmals an Heideggers Ausführungen zur Gelassenheit. Er verweist darin auf einen grundlegenden Mentalitätswandel, der aus seiner Sicht zur ›Rettung‹ der modernen Welt zwingend erforderlich ist. Gelassenheit wird hier zur wesentlichen Voraussetzung für ein erneuertes Weltverhältnis, durch das ein veränderter, zukunftsweisender Umgang mit technischen Mitteln möglich wird. Ohne einen fundamentalen inneren Wandel nach Maßgabe der Gelassenheit können wir uns kaum ernsthaft eine Verbesserung der aktuellen Weltlage

III. Abschließende Überlegungen – Wege zur Gelassenheit

erhoffen. Technisches Know-how allein reicht nicht aus, so lautete der Appell Heideggers, ein Appell, der heute angesichts von Erderwärmung, Klimawandel und Rückgang der Artenvielfalt dringender denn je Gehör finden müsste. Unverzichtbar sind neue Formen der Genügsamkeit, ein gelassenes Zurücktreten von Besitzdenken und ungebremstem Verfügenwollen – ein weitreichender Bewusstseinswandel mithin, der neben technischer Innovation vonstattengehen muss. Es ist also keinesfalls falsch, auf der grundlegenden Ebene des Denkens anzusetzen.

Soll Gelassenheit mehr als eine Kompetenz temporärer zweckgebundener Beruhigung sein, so benötigt man ein besonderes Weltvertrauen, eben jene unbegründete Zuversicht, von der zuvor die Rede war. Seit jeher gilt bewusste Todeskonfrontation hier als Prüfstein. Doch nichts fällt uns Heutigen schwerer als dies. Religiöses Vertrauen und Festigkeit des Hoffens – mitunter auch als »Hochgemutheit« bezeichnet (Begemann u.a. 2015, S. 42) – fehlen den meisten von uns. Wenn überhaupt, so vermag sich ein verborgener Sinn menschlichen Seins primär auf der Ebene fühlender Welterfahrung zu erschließen. In mystischen und erhebenden Momenten der Verbundenheit kann ein solches Sinnbewusstsein erwachen – etwa in kontemplativer Versenkung, im Übermaß überraschender Freude, in der Ergriffenheit durch Schönheit, vor allem aber in liebender Hingabe und hier nicht zuletzt im siegreichen Durchbruch menschlicher Großmut, welche – Verletzung, Eifersucht und Feindseligkeit überwindend – zu Versöhnung und Verzeihung gelangt. Plessner spricht von »Peripetien«, in denen wir die Welt gerade *nicht* mehr als widerständig und undurchdringlich erleben. In solchen Momenten des Umschwungs von angespannter zu gelöster Haltung, »in dem Gefühl der entschwindenden Last«, wächst trotz des Zugewinns an Freiheit paradoxerweise gerade nicht unser Tatendrang. Vielmehr kapitulieren wir vor der Größe des Augenblicks – im Zauber eines Kunstwerks oder einer Landschaft, im Anblick menschlicher Freundschaft und Sanftmut, vor »der stillen Gewalt der gewaltlosen Einfachheit des Daseins«, wie Plessner es ausdrückt. (Plessner 1982, S. 354) Auf solche Momente müssen wir hinwirken, gleichwohl wir niemals über sie verfügen können.

Wenn permanente Hast unser alltägliches Leben beherrscht, wird derartiges Erleben immer seltener und droht schließlich ganz auszubleiben. Blicken wir auf unsere alltäglichen Routinen, so zeigt sich: Auf eine Flaute, auf das freie Flottieren der Gedankenströme lassen die meisten es eher nicht ankommen, stattdessen greifen sie in jeder Wartesituation zum Handy und begegnen einander mit angespannter Ungeduld. Manche fahren regelmäßig aus der Haut, wenn es ihnen nicht schnell genug geht. Wie man mittlerweile weiß, verhindern Rastlosigkeit und Hetze nicht nur das Gegenwärtigsein, das erhebende Auskosten besonderer Momente, sondern sie stellen echte Hindernisse für unsere persönliche Entwicklung dar. Die Biografien herausragender Persönlichkeiten und viele psychologische Untersuchungen zeigen: Wer spontane Impulse zurückzustellen vermag und im Blick auf selbstgesteckte Ziele auch Durststrecken und Wartezeiten in Kauf nehmen kann, hat letztlich höhere Chancen, Erfüllung in Beruf und persönlichen Beziehungen zu finden. Auf lange Sicht zahlen sich Ausdauer und Beharrlichkeit in der Regel mehr aus als ein leidenschaftlich-ungestümes Vorpreschen, dem es um möglichst postwendende Erfolge geht. »Die Ungeduld verlangt das Unmögliche, nämlich die Erreichung des Ziels ohne Mittel«, schrieb einst Hegel (Hegel 1986, S. 33), der nicht wirklich ahnen konnte, in welchem Ausmaß das Verlangen nach dem Unmöglichen einmal die Welt beherrschen würde.

Heranwachsende verfallen dem Irrglauben, Wunschziele, für die sie brennen, ohne mühseliges Lernen und öde Routinen erreichen zu können; Paare gehen bald auseinander, wenn Verliebtheit abnimmt und erste Schwierigkeiten sich einstellen. Paradoxe Entwicklungen nehmen überhand: Rapide Kommunikation durch E-Mails verspricht Zeitersparnis, führt am Ende aber dazu, dass wir mehr und mehr Informationen zu verarbeiten und Korrespondenz zu erledigen haben; Navigationssysteme, die uns Stress ersparen sollen, treiben uns in Anbetracht unvorhergesehener Straßensperrungen schier in den Wahnsinn, weil wir es nicht mehr verstehen, uns ›konstruktiv‹ zu verlaufen. Kennt man heute überhaupt noch jene bereichernden Missgeschicke, die in entlegene Winkel führen, wo es zu denkwürdigen Begegnungen mit hilfsbereiten Unbekannten kommen kann? Kennt man noch diese ausgebremste Zeit, die uns auf langen Zugreisen zum Träumen animiert, indem wir – auf Wohnstätten und Landschaften blickend – phantasievoll das Leben unbekannter Menschen ausmalen? Kennen wir noch dieses unwiderstehliche Lachen als einzigen Ausweg, wenn man sich hoffnungslos im Matsch festgefahren hat und kein Handy verfügbar ist? – Sicher eine missliche Lage, von der wir noch lange erzählen werden, erst recht, wenn schließlich der Traktor eines freundlichen Bauern zur Hilfe kommt.

Gesellschaftliche Neuausrichtung

Auch unsere Auffassung des gesellschaftlichen Lebens bedarf der Korrektur durch ein ›Ablassen‹ von eingefahrenen Sichtweisen, die das bestehende System tragen und zunehmende Verwerfungen nach sich ziehen. Weltweit erleben wir auch im Politischen problematische Tendenzen der Radikalisierung durch eine einseitige, primär polemisierende Interessenpolitik. Populisten sind auf dem Vormarsch und haben zunehmend leichtes Spiel, weil immer mehr Menschen durch eine vom Markt angetriebene Globalisierung ins soziale Abseits gedrängt werden und keine Anerkennung finden. Die mittleren Einkommen sinken und der soziale Aufstieg aus der Armut ist nahezu unmöglich geworden. Maßgeblich ist seit geraumer Zeit ein Prototyp des neuen Arbeitnehmers, der umfassend ausgebildet ist und hohe Leistungsbereitschaft zeigt. Als enthusiastischer Marktteilnehmer avanciert er vom passiven Angestellten zum Selbstunternehmer, zeichnet sich durch Teamfähigkeit, kommunikatives Talent, Enthusiasmus, Leidenschaft und Ehrgeiz aus. Dieser ›neue Geist des Kapitalismus‹[52] erfasst die gesamte Persönlichkeit und führt zur Ausbreitung des Marktprinzips in die Innenwelt des Menschen. Die Gewinner der neuen Wissensgesellschaft schreiben sich ihre Erfolge selbst zu, wobei sie spezifische Glücksfaktoren und günstige Ausgangsbedingungen außer Acht lassen. Vielfach blicken sie selbstgefällig auf die Verlierer der ökonomischen Umwälzungen herab und geben unmissverständlich zu verstehen, dass diese sich ihr Scheitern selbst zuzuschreiben haben. Wie vor allem Michael Sandel erläutert, ist diese Überheblichkeit Ausdruck einer meritokratischen Denkweise, die vieles verkennt, insbesondere die Bedeutung von Wohlstand und Privilegien schon am Anfang einer jeden erfolgreichen Bildungsbiografie.

Aus Sicht der Eliten verwehren sich viele Arbeiter dagegen, ihre Aufstiegschancen zu nutzen und sich selbst neu zu erfinden. Dies erweist sich kaum als realistische Einschätzung, hat aber den Effekt, die Würde der Arbeit zu zersetzen und in zahllosen Menschen Gefühle der Unzulänglichkeit wachzurufen. Da der Beruf zunehmend ins Zentrum des individuellen Seins getreten ist, sind die Folgen gravierend. Es entstehen Gefühlsdynamiken, die populistischen Politikern in die Hände spielen. Laut Sandel sind die Eliten »blind für die Rolle, die sie selbst bei der Entstehung des Unmuts gespielt haben, der zu dieser populistischen Gegenreaktion geführt hat«. (Sandel 2020, S. 32) Wir benötigen folglich jenseits der Phrasen von Chancengleichheit, Aufstieg und Selbstverantwortung einen grundlegenden Bewusstseinswandel, ein Sich-Besinnen – *vor allem in den Reihen der Gewinner*.

Im Sinne der Philosophinnen Simone Weil und Iris Murdoch müssten wir jenen Teil in uns aktivieren und schulen, der gängige Vorannahmen bereitwillig zurückstellt und sich mit gesteigerter Aufmerksamkeit der Realität zuwendet. Erst ein geduldiger, wachsamer Blick, der ausdauernd bei einer Sache verharrt und wirkliches Hinschauen praktiziert, trainiert den Gerechtigkeitssinn. Wollen wir soziale Verbesserungen bewirken, so verlangt uns dies mehr ›Selbstlosigkeit‹ ab – einen Prozess des ›unselfing‹, der allein es ermöglicht, die tatsächliche Welt zu sehen und adäquat zu reagieren. Moralische Fortschritte liegen demzufolge nicht in der Verfolgung plakativer Ziele und glasklarer Absichten, sondern sie vollziehen sich gebunden an eine aufmerksam-gelassene Hinwendung zu Individuen und individuellen Realitäten. Es geht um die Bereitschaft, umsichtig, ehrlich und geduldig wahrzunehmen, was tatsächlich der Fall ist. Ein solches Sehen verlangt Innehalten und Lassen-Können, eben auch in zeitweiliger Zurücksetzung des Selbstinteresses. Erst über eine Verlangsamung des Schritts kann der Wettlaufmodus, der allerorten Rivalitäten und Verfeindungsdynamiken nach sich zieht, allmählich überwunden werden. Dies erscheint unumgänglich, wenn uns auch angesichts aktueller Herausforderungen am Erhalt freiheitlicher Demokratien gelegen ist.

Wir leben im Beschleunigungszeitalter, in dem selbst die Suche nach Gelassenheit etwas Angestrengtes bekommt. Während der Meditation erfolgt ein verstohlener Blick auf die Uhr und in der Yogastunde sorgen klimpernde Handys für Unruhe. Den Stress noch im Nacken hetzt die Managerin (aber nicht nur diese) durch die Wellnessoase und absolviert ›diszipliniert‹ das verordnete Entspannungsprogramm. Die Zeit still stehen zu lassen, in den Moment hineinzusinken, halbwach und selbstvergessen vor sich hinzudämmern, will kaum noch gelingen. Oft liegen hinter solchen Verhaltensweisen unbewältigte Probleme im Umgang mit persönlichen Unzulänglichkeiten oder mit den Verlusten des Älterwerdens. Ein atemloses Leben in engmaschiger Taktung dient dem Zweck, von existenziellen Tatsachen abzulenken, die eigene Sterblichkeit und den daran gemahnenden Kräfteabbau zu ignorieren oder auch eine anwachsende Leere innerhalb der privaten Lebenswelt nicht zur Kenntnis nehmen zu müssen. Yaloms Buch über die menschliche Schwierigkeit, sich der eigenen Sterblichkeit zu stellen, bietet viele aufschlussreiche Fallbeispiele für diese Symptomatiken. (Yalom 2008, z. B. S. 221ff.)

Angesichts der Schnelllebigkeit unserer Zeit, die uns Freiheit, Vielseitigkeit und Weltgewandtheit verheißt, fühlen wir uns de facto immer häufiger in die Enge getrieben und immer weniger vertrauensvoll und weltgewandt. Wir meistern zwar virtuos eine digitale Logistik, sind aber zunehmend ungeübt darin, spontan zu improvisieren, uns etwas einfallen zu lassen oder ganz einfach abzuwarten. Die Verfügbarkeit aller Dinge, die umgehende Bedürfnisbefriedigung, die inzwischen von klein auf vermittelt wird, lässt rastlos, ratlos und schließlich auch glücksunfähig werden. Am Ende ihres bereichernden Buches *Die geschenkte Zeit* schreibt Andrea Köhler: »Wer alles hat und sofort bekommt, wird um das Glück der Erfüllung gebracht. Kairos, der glückliche Augenblick, braucht das Warten im Rücken: die manchmal quälende, manchmal selig vertrödelte, die wie auch immer, geschenkte Zeit.« (Köhler 2007, S. 101)

Kleine Kinder haben ein ausgeprägtes Talent zur Muße oder, wie man früher sagte, zu Trödelei und Saumseligkeit, was ihnen allerdings mittlerweile ziemlich schnell ausgetrieben wird. Am ersten Tablet lernen sie, per Knopfdruck die Welt zu regieren, ein strammes Kursprogramm optimaler Bildung tritt an die Stelle des freien Spiels mit Gleichaltrigen in der Natur. Neben Sport und Musik stehen heute schon früh Fremdsprachenkurse und fachbezogenes Lernen auf der Agenda der Kleinen. Das ist nicht per se negativ zu bewerten, man sollte Heranwachsenden aber hinreichend Raum dafür lassen, sich immer auch in der zwecklosen Gegenwärtigkeit unbewachter Spiele zu verlieren, idealerweise in der Natur. Auf diese Weise lernen sie, sich mit sich selbst zu beschäftigen, durchlaufen vielleicht Phasen der Langeweile, in denen etwas Neues und Eigenes entstehen kann. Vor allem aber findet die kindliche Seele den Sinn für die

III. Abschließende Überlegungen – Wege zur Gelassenheit

Langsamkeit aller wesentlichen Dinge. In ›unbehelligten‹ Momenten, im zwecklosen Einlassen des Unmittelbaren entsteht ein Gespür für jene »verweilende Weite« der Gelassenheit, von der Heidegger spricht. Hierin liegt ein ›Ansichhalten des Daseins‹ (Heidegger 1959, S. 40)[53], ein Warteraum ohne spezifische Funktion, in dem tieferes Fragen möglich wird. Alle grundlegenden Sinnfragen, das Herausfinden des eigenen Weges und damit verbunden das stets weitläufige, langwierig-auslotende Durchdenken unserer Gefühlsanmutungen benötigen Zeit, oder besser gesagt einen Umgang mit der Zeit, der das Ungewisse und Offene aller Zukunftsperspektiven aushält, der Ungewissheit nicht sogleich mit hektischer Betriebsamkeit auszuschalten sucht. Besser als in den Worten Rilkes, die diesem Buch vorangestellt sind, lässt sich der Wert gelassenen Abwartens wohl nicht beschreiben. Sie seien nochmals wiederholt:

Über die Geduld
Man muss den Dingen
die eigene, stille
ungestörte Entwicklung lassen,
die tief von innen kommt
und durch nichts gedrängt
oder beschleunigt werden kann,
alles ist austragen – und
dann gebären ...
Reifen wie der Baum,
der seine Säfte nicht drängt
und getrost in den Stürmen des Frühlings steht,
ohne Angst,
dass dahinter kein Sommer
kommen könnte.
Er kommt doch!
Aber er kommt nur zu den Geduldigen,
die da sind, als ob die Ewigkeit
vor ihnen läge,
so sorglos, still und weit...
Man muss Geduld haben
Mit dem Ungelösten im Herzen,
und versuchen, die Fragen selber lieb zu haben,
wie verschlossene Stuben,
und wie Bücher, die in einer sehr fremden Sprache
geschrieben sind.
Es handelt sich darum, alles zu leben.

III. Abschließende Überlegungen – Wege zur Gelassenheit

Wenn man die Fragen lebt, lebt man vielleicht allmählich,
ohne es zu merken,
eines fremden Tages
in die Antworten hinein.

Die Aufforderung, den Dingen Zeit zu geben, mag in persönlichen Angelegenheiten noch auf Akzeptanz stoßen und so der obsessiven Ungeduld des Zeitgeistes entgegenwirken. Doch wie stellt sich die Lage angesichts von Erderwärmung und rasant grassierenden Pandemien dar? Müssen wir nicht zügig handeln, um zu schnellen, effektiven Lösungen gelangen? – Gewiss müssen wir das. Aber auch hier bedarf es der Gelassenheit, denn ein durchdachtes Tun, welches – anders als bisher in der technikversessenen Moderne geschehen – auch ›das stabile Massiv des Unverfügbaren‹, die schwer durchschaubare Eigendynamik natürlicher Prozesse, adäquat in Rechnung stellt, welches überhaupt den Eigenwert der Natur erstmals in den Fokus politisch-ökonomischer Entscheidungen stellt, braucht Zeit. Ein solches Tun verlangt ein gründliches Abwägen aller Faktoren und kann, auch wenn die Zeit drängt, nicht übers Knie gebrochen werden, am wenigsten, sofern es um nachhaltige Wirkungen und Veränderungen in den Köpfen der Menschen geht. Viele verlangen nach schnellen Lösungen, weil sie Phasen der Ungewissheit nicht aushalten. Hieraus geht leicht ein überstürztes Handeln hervor, das neue Schwierigkeiten schafft und die Lage insgesamt immer auswegloser erscheinen lässt. Das aktuelle Dilemma liegt darin, dass die sich zuspitzende Klimakrise nur durch einen Mentalitätswandel zu bewältigen ist, der angesichts der mentalen Verfassung vieler Menschen vermutlich lange Zeiträume beanspruchen wird.

Insbesondere eine neue gemeinwohlorientierte Vernunft kann sich nur allmählich einen Weg bahnen und gegen das ungeduldige, selbstherrliche Freiheitsbegehren postmoderner EinzelkämpferInnen durchsetzen. Diese Entwicklung bedarf, um Substanz zu gewinnen, der dargelegten Tugenden, die aber, wie ich zu zeigen suchte, nicht aufgezwungen werden können, sondern langsam, am besten von Jugend an, heranwachsen müssten. Hauruck-Lösungen bieten wenig Aussicht auf dauerhaften Erfolg. Um das Gute und Angeratene im Politischen zu realisieren, brauchen wir einen Veränderungswillen, der vor allem auch im Bildungs- und Kultursektor neue Kräfte mobilisiert und neue Akzente setzt. Ein wichtiger Schwerpunkt muss dabei fraglos der Ausbau einer neuen, freiheitlichen

III. Abschließende Überlegungen – Wege zur Gelassenheit

Tugendkultur sein. Dieses Buch will nicht mehr und nicht weniger sein als ein hilfreiches Element auf diesem Wege.

Tugendkultur meint ein sukzessives Hineinwachsen in die Einsicht, dass unser Weltverstehen fragmentarisch und in vielem unsystematisch bleiben muss, dass wir als Einzelne Vertrauen in die Belehrungen ausgewiesener ExpertInnengruppen setzen sollten, die wissen, wovon sie reden und was sie tun. Immer schon gestalten wir unseren Alltag, indem wir auf das Know-how derjenigen vertrauen, die unsere Häuser und Brücken bauen, die uns Nahrungsmittel und Medikamente bereitstellen. Angesichts der Flut marktgängiger Produkte, z. B. technischer Neuerfindungen, ist es sicher ratsam geworden, genauer hinzusehen, um sinnvolle Angebote zu erkennen und nicht allen Trends und Moden blind zu folgen. Doch auch als kritische Konsumenten müssen wir auf seriöse Beratung setzen und Kenntnis davon gewinnen, wo solche zu finden ist. Gewiss nicht in jenen bewusstseinsverengenden Echokammern, die ihr Prestige primär aus einer pauschalisierten Frontstellung gegenüber allen öffentlich-rechtlichen Medien und etablierten Einrichtungen ziehen.

Der Mensch definiert sich seit jeher als Gegenüber dessen, was er Welt nennt, und ist geneigt, seine subjektive sinnlich-emotionale Verflochtenheit in dieses Ganze auszublenden. Immer schon haben wir als uns abgrenzende Subjekte einen Vorrangstatus beansprucht, haben ein Absondern, Ergreifen, Verfügen, Beherrschen installiert und ausgefeilt, mithin einen Modus verabsolutiert, der längst auch ins Zwischenmenschliche diffundiert. Demgegenüber schwindet die hörende, empfangende, aufmerkende Erfahrung des Wirklichen, in der Entgegentretendes, vom Anderen her Überbrachtes, uns noch beizukommen vermag. Das Verfügungsverlangen ist, wenn man so will, in ein neues Stadium eingetreten. Zunehmend tendieren Menschen dazu, sich gelenkt von ihren biografisch bedingten subjektiven Vorannahmen, die unreflektiert bleiben, ein passendes Weltbild zurechtzuzimmern. In den Filterblasen der neuen Medien stoßen sie auf das ihnen Gleiche, auf ›Gesinnungsgenossen‹, wodurch die Ignoranz gegenüber Andersdenkenden noch angekurbelt wird. Im eingeschworenen Verbund fällt es leicht, eigene Auffassungen absolut zu setzen und entsprechend unnachgiebig und kompromisslos zu agieren. Dies führt mittlerweile zu Extremformen sozialer Spaltung und Verwerfung.

III. Abschließende Überlegungen – Wege zur Gelassenheit

Gelassenheit hingegen meint das Einüben eines vernehmenden Weltbezuges, meint das Einschwingen auf ein sich neu besinnendes Denken, meint die Bereitschaft, sich auch in größere, vielgestaltige Zusammenhänge einzufügen, als deren Teil man sich vorfindet, sich also nicht verbissen auf Seinesgleichen zu beschränken. Gelassenheit meint auch das Annehmen von Ambivalenzen im Zusammenspiel von Glück und Enttäuschung, von Werden und Vergehen, von Wahrheit und Irrtum – eine Geisteshaltung, für die Ute Guzzoni folgende Worte findet: »Das Bauen, das Lachen und Glücklichsein, das Lieben scheinen in ihrer Jeweiligkeit ganz da zu sein. Ihr Weilen beruht in sich. Und doch liegt in ihnen zugleich der Keim ihres Anderen; ihr Ende ist ihnen schon mitgegeben.« (Guzzoni 2014, S. 117)

Im stetigen Wechsel aller Dinge sensibilisiert gelassene Wahrnehmung unser Bewusstsein für die Zusammengehörigkeit des (vermeintlich) Gegensätzlichen. So können etwa polarisierende Unterschiede nur in Bezug aufeinander beschrieben und definiert werden. Hieraus erwächst, wie ich meine, die Ermutigung, solche Bezugnahmen in modifizierter Weise zu realisieren: Anstelle stereotyper Fremdzuschreibungen können Zwischenräume des Gesprächs entstehen, so dass Abgrenzungskriterien genau überdacht und Verfeindungsstrukturen durchbrochen werden. Wir begreifen auf diese Weise, dass der Keim des Anderen auch in uns selbst liegt und jede resolute Ausschließlichkeit in die Irre gehen muss. Beredtes Beispiel hierfür ist die polarisierende Entgegensetzung der Geschlechtscharaktere im neuzeitlichen Denken, an deren Überwindung wir uns seit Jahrzehnten abarbeiten.

Deshalb verweist Gelassenheit auf eine »Ethik ohne Norm«, wie Emmanuel Lévinas sie bestimmte. Für diesen Philosophen liegt das Wesen der Moral nicht darin, vereinheitlichende Maßstäbe aufzubauen und diese argumentativ fest zu zementieren, es liegt vielmehr darin, Voreingenommenheit abzulegen und sich den Belangen des Anderen in der Begegnung radikal zu öffnen. Als ethisch ist diese Zugewandtheit vor allem dann zu bezeichnen, wenn das Anliegen anderer meinen eigenen Zwecken *nicht* dienlich ist, sich *nicht* gefällig in meine Pläne einfügt, sondern wenn es stört und herausfordert, wenn es meine Sorge um mich selbst unterbricht und mich nötigt, mich ›unbequemerweise‹ der Lage und dem Leid des Anderen zuzuwenden. Lévinas bezieht sich hier durchaus auf alltägliche Le-

III. Abschließende Überlegungen – Wege zur Gelassenheit

bensvollzüge und -verstrickungen, in denen uns abverlangt ist, mit anderen Personen angemessen umzugehen. Lange bevor wir normative Festlegungen vornehmen und gemeinsame Maßstäbe erzeugen können, sind wir immer schon Teil einer unauflöslichen Allianz. In seiner Ursprünglichkeit beruht das Ethische nicht auf fixen Reglements der Gegenseitigkeit, sondern es fordert den Einzelnen heraus zu entscheiden und zu handeln, während er *noch* auf sich selbst gestellt ist. Es ist diese moralische Innerlichkeit und singuläre Kraft des Einzelnen, auf die es ankommt, insbesondere dann, wenn die allgemeinen Verhältnisse sich verdunkelt haben.

Es geht um unmittelbare alltägliche Berührungen von Mensch zu Mensch, bei der jeder dem Anderen ein radikal anderer ist und ihm doch gleichzeitig zutiefst verwandt und verbunden bleibt. Die chronische Angestrengtheit der Selbstbehauptung weicht einem versöhnenden Loslassen, einer Gelassenheit, die den Gesprächsfaden wieder aufnimmt. Da aber, wo Verbundenheit in Uniformierung übergeht, erwachsen neue Gefahren. Es droht ein verschwörerisches Freund-Feind-Denken und eine damit einhergehend angespannte Alarmbereitschaft, die jedes ruhige Hinnehmen und Abwarten außer Kraft setzt. Schwinden Haltungen intersubjektiver Aufgeschlossenheit und verantwortungsbewusster Selbstrelativierung, so schwindet die Menschlichkeit selbst. In diesem Sinne gebührt das letzte Wort dieses Buches Emmanuel Lévinas, für den milde Gelassenheit das Herz der Ethik ausmacht: »Die Menschlichkeit des Bewusstseins liegt keinesfalls in seinem Vermögen, sondern in seiner Verantwortung. In seiner Passivität, in der Empfänglichkeit, in der Verpflichtung gegenüber dem Anderen: Der Erste ist der Andere, und damit ist die Frage meines souveränen Bewusstseins nicht mehr die vorrangige Frage. (...) In dieser Vorrangigkeit der Beziehung zum Anderen liegt der Bruch mit einer großen Tradition des Gedankens des höchsten Ranges der Einheit, gegenüber welcher schon die Beziehung einen Abfall darstelle (...).« (Lévinas 1995, S. 142f.)

Anmerkungen

1 Zu Adam Smiths Moraltheorie, siehe: Christel Fricke u. Hans-Peter Schütt 2005; Heidemarie Bennent-Vahle 2024.

2 Siehe hierzu: Philosophiemagazin – Sonderheft: Die Stoiker. Wege zur Gelassenheit. — Vielzitierter Autor im Kontext einer neoliberalen Aneignung des Stoizismus ist z. B. Ryan Holiday. Siehe: Ders. 2017.

3 Es darf nicht unerwähnt bleiben, dass Otto Friedrich Bollnow, dessen Tugendverständnis hier mehrfach herangezogen wird, über lange Zeit dem nationalsozialistischen Denken zugetan war, so wie es auch bei Heidegger der Fall war. Da Bollnows Situation immer noch nicht vollständig erforscht ist, liegen hierzu nur bruchstückhafte und ambivalente Befunde vor. Ein von der Bollnow-Gesellschaft in Auftrag gegebenes Gutachten gelangt zu einigen aufschlussreichen Feststellungen. Zu lesen ist, dass Bollnow »zumeist ›politikfern‹« agierte, sich aber klar zu Hitler bekannte, dass er ab 1938 einen Lehrstuhl innehatte und in damaligen »prominenten Publikumsorganen wie auch in Tageszeitungen« publizierte. Siehe hierzu: https://bollnow-gesellschaft.de/person/nationalsozialismus/? — Derartige biografische Tatsachen stehen in irritierendem Gegensatz zu Bollnows philosophisch-pädagogischem Konzept, welches auf den Geist der Verträglichkeit ausgerichtet ist, die Bedeutung des Zwischenmenschlichen akzentuiert und eine Kultivierung des Emotionalen im Tugendsinn anstrebt. Eine Gesamtbewertung dieses Konzeptes wird im Rahmen des vorliegenden Bandes allerdings nicht vorgenommen.

4 Hans-Georg Gadamer 1983, S. 136. — Schon bei Aristoteles findet sich ein ähnlicher Gedanke: »*Das freundschaftliche Verhalten zu Menschen, die uns nahestehen, und die bekannten Wesensmerkmale der Freundschaft stammen, wie man annimmt, aus dem Verhältnis des Menschen zu sich selbst.*« (Aristoteles 1969, S. 250).

5 Es soll hier nicht geleugnet werden, dass Nietzsches »Willen zur Unwissenheit« sich eventuell auch anders – und geradezu im entgegengesetzten Sinn – deuten ließe: als »naive«, die eigenen Glaubenssätze von vornherein bewusst nicht hinterfragende Unwissenheit, die unseren vitalen, lebenserhaltenden Energien uneingeschränkt Geltung zu verschaffen vermag, während diese durch eine die eigenen Irrtumsmöglichkeiten und Beschränktheiten bedenkende »Haltung des Nichtwissens« eher ›ausgebremst‹ würden.

6 Siehe: Peter Geach 1977; Kathi Beier 2001.

7 Zum emotionalen Kapitalismus, siehe: Bennent-Vahle 2013, Kap. II.

8 Siehe: Bennent-Vahle 2020; Bernd Bösel 2008, S. 135-140.

9   Auch wenn es im vorliegenden Zusammenhang nicht um einen vertieften Mensch-Tier-Vergleich geht, wäre dennoch anzumerken, dass gemäß dem heutigen Wissensstand eine scharfe Abgrenzung zwischen Mensch und Tier problematisch geworden ist. So lassen sich bei höher entwickelten Tieren durchaus Durchbrechungen des engeren Reiz-Reaktion-Schemas und Ansätze deliberativen Verhaltens feststellen. Siehe hierzu u.a.: Markus Wild 2008; ders. u. Dominik Perler 2005; Paola Cavalieri u. Peter Singer 1994. — Zu den empathischen Leistungen vieler Tiere, siehe z. B.: Frans de Waal 2011. — Siehe auch Hans-Johann Glock: https://www.srf.ch/play/tv/sternstunde-philosophie/video/hans-johann-glock---tiere-verstehen-aber-wie?urn=urn:srf:video:6176f289-5d84-492c-9543-df3fec7ddcd0. — Gleichermaßen kritisch wäre abzuwägen, inwiefern der Mensch tatsächlich befähigt ist, eine umfassend sachlich-neutrale, rein objektive Bestimmung und Beurteilung von Sachverhalten vorzunehmen. — Siehe hierzu: Bennent-Vahle 2020a u. 2022.

10 Bei den schottischen Sensualisten stoßen wir auf eine grundsätzlich andere Bewertung der menschlichen Affekte. Mitte des 18. Jahrhunderts konstatiert David Hume, dass die Vernunft »*niemals Motiv eines Willensaktes sein kann*«, ihr sei nurmehr eine dienende Funktion zuzumessen. So heißt es: »*Die Vernunft ist nur der Sklave der Affekte und soll es sein; sie darf niemals eine andere Funktion beanspruchen als die, denselben zu dienen und zu gehorchen.*« (David Hume 1978, S.153). — Zu Hume, siehe auch: Bennent-Vahle 2020a, S. 177ff. — Der Verhaltensphysiologe Gerhard Roth weist immer wieder darauf hin, dass Humes Werk eine Sicht auf den Menschen unterbreite, die im Zuge der modernen Verhaltensforschung zunehmend Bestätigung finde. — Siehe: Gerhard Roth 2007. — Zur Historizität der Gefühlsauffassung, siehe: Ute Frevert 2011 u. 2023; Jutta Stalfort 2013.

11 Erhellende Einblicke in das Verhältnis von Philosophie und Enthusiasmus als emotionale Grundhaltung innerhalb der abendländischen Philosophiegeschichte bietet folgende Studie: Bernd Bösel 2008.

12 Siehe: Max Weber 2017; Michael Sandel 2020, Kap. 2.

13 »*Hast du dich aber zurückgezogen, dann sorge nicht dafür, daß die Menschen über dich reden, sondern daß du selbst mit dir redest. Über ein Thema, das die Menschen gar zu gern behandeln, wenn es um andere geht: Über Kritik an dir selbst. So wirst du dich daran gewöhnen, die Wahrheit zu sagen, aber auch zu hören.*« (Seneca 1999a, S. 107).

14 Zum kosmopolitischen Denken der Stoiker, siehe: Katja Maria Vogt 2012.

15 Zur Logik der Emotionen, siehe insbes.: Aaron Ben Ze'ev 2009.

16 Leibliche Ergriffenheit ist typisches Merkmal aller Gefühle, sowohl der Stimmungen als auch der Emotionen, die einen eher distinkten Bezugspunkt haben. Dies betonen schon die gängigen Redewendungen der Alltagssprache. Wir sagen beispielsweise: die Nackenhaare sträuben sich, das Herz zerbricht, wir zittern und schwitzen vor Angst oder Anspannung, werden rot vor Wut oder Scham, Angst bewirkt Bauchschmerzen, Atemnot, einen Kloß im Hals, eine Faust im Magen etc. (zur leiblichen Dimension der Gefühle, siehe: Hermann

Schmitz 1997; Bernhard Waldenfels 2000) Außerordentliche Gefühlslagen von hoher Intensität, die sich der profanen Alltagswelt entziehen, lassen sich allein metaphorisch verdichtet ins Wort setzen, sie führen ins »*Zauberland der Poesie*« und regen die »*Musik des Denkens*« an (Georg Steiner 2011, S. 13). Im Blick auf tiefe Empfindungen ringen wir regelmäßig um Worte, die Un(mit)teilbarkeit des Erlebten drängt sich auf. Obwohl Gefühle ansteckend wirken, müssen wir einräumen, dass eine direkte Wahrnehmung der besonderen Gefühlsfarbe (›qualia‹) anderer schlichtweg unmöglich ist. Normalerweise führen wir in Anlehnung an sichtbare Signale und/oder Auskünfte, die wir erhalten, spontane Abgleiche mit eigenen Erfahrungen durch. Ob wir damit über Mutmaßungen, Projektionen oder nur sehr vage Feststellungen hinausgelangen, ist gerade hier eine Frage beharrlicher Kommunikationsbereitschaft. Fühlend treten wir in vitale Verbindung zu anderen. Doch wir erleben emotionale Einbettung trotz unserer Wesensverwandtschaft auf je einzigartige Weise, weil akute Emotionen von Dispositionen getragen sind, die früh in kulturellen, milieuspezifischen, individuell-biografischen Kontexten geprägt und tief in der Psyche verankert werden. Dispositionen, oft auch Hintergrundgefühle genannt, sind Ablagerungen vollzogener Lernprozesse. Sie stellen mithin unsere passive, verleiblichte Seite dar. Sie bestimmen Wertorientierungen und nehmen Einfluss auf situative Gefühlsreaktionen. Sie machen uns zu begrenzten Wesen, da wir trotz bzw. gerade wegen ihrer kulturellen Vermitteltheit nur bedingt über sie verfügen können. (Zur Kategorie ›Disposition‹ als dauerhafte Prägungen des Geistes, siehe Richard Wollheim 2001) Hier liegt der Grund für die Unzugänglichkeit mancher Emotion, die wir an anderen wahrnehmen. Doch auch an uns selbst erleben wir ähnliche Schwierigkeiten, insofern gedanklich angeleitete Modifikationen unerwünschter Emotionen langwierig, schwierig, oft unmöglich sind. Wir stoßen an Grenzen des Verfügbaren, weil wir so sind, wie wir sind. Deshalb müssen wir vor allem lernen, adäquat mit dieser Schwierigkeit zu leben. Doch immer gehen derartige Dispositionen aus dem Erleben von sozialer Bindung und Zugehörigkeit hervor. Insbesondere prosoziale Gefühle und moralische Haltungen formieren sich durch lustvolle Erfahrungen von Nähe und Bezogenheit. Im freudigen Auskosten des geselligen Miteinanders, in der Anerkennung durch andere liegen die Quellen der Moralität. Deshalb ist fraglich, wenn, wie in der abendländischen Tradition oft erfolgt, eine Abtrennung der Moral vom Lusterleben propagiert und eintrainiert wird. Hierzu: Felix von Cube 1998.

17 Zum Gefühl und Mitgefühl im Stoizismus, siehe: Anna Schriefl 2021, S. 119ff.; Ulrich Kronauer (Hg.) 1990, S. 43ff.; Catherine Newmark 2008, Kap. 3.; Bernd Bösel 2008, S. 126 – 135.

18 Siehe: Leon Winscheid 2021, S. 219f.

19 Hierzu: Thomas Strässle 2013, S. 35–43.

20 Hierzu: Meister Eckhart 1993. — Zu Meister Eckhart, siehe auch: Thomas Polednitschek 2010.

21 Siehe hierzu: Bennent 1985; Bennent-Vahle 2010.

22 Siehe: Adam Smith 2010, S. 116-123.

23 Das Hauptgewicht der Argumentation gegen das Mitleid liegt darauf, dass es »*als Spontanreaktion auf Leid und Klagen anderer kontraproduktiv und verwerflich sei, weil es am planvollen Handeln hindere und die Unterschiede zwischen schuldlos und schuldhaft Leidenden zudecke (...).*« Ein unschuldig Leidender verdiene »*wohlüberlegte, tätige Hilfe, statt dass man nutzlos mit ihm jammere, während etwa ein Opfer eigener Dummheit oder ein Sklave, der etwas angestellt habe, mit den Folgen seines Verhaltens streng konfrontiert werden müsse*« (Jörg Fündling 2008, S.XIV.)

24 Einen Überblick bietet: Martin Hubert 2006, insbes. Kap. 1–3.

25 Hier nochmal dieselbe Passage in anderer Übersetzung: »*Kann dich denn irgendein Schicksal hindern, gerecht zu sein, hochherzig, besonnen, klug selbständig in der Meinung, wahrhaft in deinen Reden, sittsam und frei in deinem Betragen, hindern an dem, was, wenn es vorhanden ist, doch recht dem Zweck der Menschennatur entspricht?*« (Marc Aurel 2018, S. 30)

26 Hierzu weiterführend: Thomas Bedorf 2011; Bennent-Vahle 2020.

27 Arendt soll diese scharfe Kritik an Heidegger später (in einem bisher unveröffentlichten Brief) relativiert haben. Warum und wie genau, muss hier offenbleiben. Siehe: de.wikipedia.org/wiki/Was_ist_Existenzphilosophie%3F. – Unbestreitbar ist dennoch die markante Differenz zwischen Arendt und Heidegger, die durch Arendts politisches Verständnis von Alterität und Pluralität gegeben ist. Die Widersetzlichkeit und Fremdheit des Anderen positioniert diesen bei ihr gleichsam jenseits der Sorge des Daseins um sich selbst.

28 In den Zitatsammlungen verschiedener Internetseiten findet sich häufig diese noch eingängigere Übersetzung der Textstelle aus dem 7. Buch der Selbstbetrachtungen: »*Denke lieber an das, was du hast, als an das, was Dir fehlt! Suche von den Dingen, die du hast, die besten aus und bedenke dann, wie eifrig du nach ihnen gesucht haben würdest, wenn du sie nicht hättest.*« — Marc Aurel Zitate (zitatezumnachdenken.com). Ein ähnlicher Impuls/Imperativ zur Wertschätzung derjenigen Dinge, die vorliegen und als gelungen gelten können, ergeht neben weiteren Anregungen auch im Rahmen der von Henning Ottmann entwickelten ›negativen Ethik‹. Siehe: Henning Ottmann (Hg.) 2005.

29 Das Prinzip der gleichen Freiheit von Immanuel Kant lautet: „»*Eine jede Handlung ist recht, die oder nach deren Maxime die Freiheit der Willkür eines jeden mit jedermanns Freiheit nach einem allgemeinen Gesetze zusammen bestehen kann etc.*' Wenn also meine Handlung, oder überhaupt mein Zustand, mit der Freiheit von jedermann nach einem allgemeinen Gesetze zusammen bestehen kann, so tut der mir Unrecht, der mich daran hindert; denn dieses Hindernis (dieser Widerstand) kann mit der Freiheit nach allgemeinen Gesetzen nicht bestehen.*« (Immanuel Kant 1982, S. 337) – Ein ähnlicher Gedanke findet sich auch schon in Adam Smiths Ausformulierung des Postulats, den Standpunkt eines neutralen Zuschauers einzunehmen. Smith beleuchtet zudem, wie eine solche ethische Haltung sich aus den emotionalen Naturanlagen des Menschen heraus realistischerweise entwickeln kann. – Zur Thematik des unvoreinge-

nommenen Beobachters bzw. des unparteiischen Zuschauers, siehe weiterhin: Adam Smith 2010, S. 124ff. sowie 6. Teil. – Hierzu: Christel Fricke 2005; Carola von Villiez 2005 sowie Georg Lohmann 2005.

30 Die Erinnerungsforschung zeigt, dass viele Erinnerungen unbewusst bleiben, eingeschmolzen in erlernte Gewohnheiten und Denkroutinen. Jenseits der 50 kommen wir durch Erfahrungen und eingeprägte Muster besonders schnell intuitiv zu Entscheidungen. Wir sind beherrscht durch ein schnelles Denken und müssen Anstrengungen unternehmen, auch ein langsames Denken zu praktizieren. Wie der Neurobiologe Martin Korte schreibt, sind Vorurteile das Verheerende im schnellen Denken/Gedächtnis: »*Sind Vorurteile einmal in unserem Gehirn abgespeichert, so können sie unser Verhalten gegenüber bestimmten sozialen Gruppen beeinflussen, und wir merken nichts. Wir leben ein Vermächtnis, sind Träger einer »sedimentierten Geschichte«, d.h. in jeder aktuellen Situation steuern uns »unexplizit gebliebene Erfahrungen«*. Korte empfiehlt: »*Machen wir uns unsere unbewussten Vorurteile bewusst (und gestehen uns auch ein, sie zu haben), können wir gegen sie angehen. Wer dagegen nur die Vorurteile anderer sieht, dem entgeht Wesentliches bei sich selbst.*« (Martin Korte 2017, S. 68–115).

31 Wie insbesondere Kai Haucke herausstellt, entwickelt Plessner sein Ethos in Anlehnung an Friedrich Schiller. — Kai Haucke 2003, S. 105f.; zum ›Ethos der Grazie und Leichtigkeit‹ bei Helmuth Plessner, siehe auch: Klaus-Michael Kodalle 2013, S. 141–146.

32 Siehe oben, S. 56ff.

33 Iris Murdoch 2023; Simone Weil 1987.

34 Plessner richtet sich dabei gegen unterschiedliche Varianten von Gemeinschaftsutopien, welche auf je eigene Weise eine ursprüngliche soziale Zusammengehörigkeit aller Menschen suggerieren — seien es Mythen der Verbundenheit in Blut und Boden (die im biologistischen Sinne auf eine gemeinsame Naturgrundlage verweisen) oder seien es Gemeinschaftsideologien im Rückgriff auf geteilte Sachorientierungen bzw. auf ein in der menschlichen Vernunftstruktur verankertes, untrügliches Kollektivanliegen. In derartigen Denkweisen, denen wir auch heute noch auf Schritt und Tritt begegnen können, liegen nach Plessner problematische Vereinnahmungstendenzen, welche den Einzelnen in der Masse aufzulösen suchen und ihm damit den zu selbsttätiger Entfaltung notwendigen Raum nehmen. Man beruft sich auf — vermeintlich — traditionelle Werte in ›gewachsenen‹ Gemeinschaften, man appelliert an Ordnung und Hierarchie und zielt unter Beschwörung einer vorgeblich urtümlichen Volksseele nicht selten auf radikale Umgestaltung der bestehenden gesellschaftlich-politischen Verhältnisse, wobei zudem in unheilvoller Weise Feindbilder aktiviert und Tatsachen verdreht werden. Leitend ist dabei das Ideal einer ›einhelligen‹ Existenzweise, gemäß der es darum geht, im gesellschaftlichen Zusammenhang jedwedes Erleben von Fremdheit zu überwinden. Dagegen wendet sich Plessner mit Nachdruck, wenn er sagt: »*Jedes Zusammenleben trägt den Keim des Aneinandervorbeilebens in sich. (…) Auf die Gnade völligen Einklangs der Wesen läßt sich Gemeinschaft nicht bauen.*« Soll eine

Sozialität Bestand haben, bedarf sie des Taktes und der Zurückhaltung, des Respektes und der Toleranz und schließlich sogar einer Form der Liebe, »*die auch verzeiht, wo sie nicht mehr versteht.*« (Helmuth Plessner 2002, S. 59f).

35 Ein Leitfaden zur Überprüfung der Angemessenheit von Emotionen findet sich in: Bennent-Vahle 2020, Kap. VI.

36 Siehe: Matthew Crawford 2016.

37 Viktor Frankl, der einige Jahre im Konzentrationslager verbrachte, hat über die hier gemachten Erfahrungen seinen eindrucksvollen Erlebnisbericht ›*... trotzdem Ja zum Leben sagen*‹ verfasst. Angesichts der leidvollen Herausforderungen der Lagersituation gelangt er zu der Feststellung, »*daß wir nicht mehr einfach nach dem Sinn des Lebens fragen, sondern daß wir uns selbst als die Befragten erleben, als diejenigen, an die das Leben täglich und stündlich Fragen stellt – Fragen, die wir zu beantworten haben, indem wir nicht Grübeln oder Reden, sondern nur durch ein Handeln, ein richtiges Verhalten, die rechte Antwort geben.*« (Viktor Frankl 1977, S. 125).

38 Zum Thema Vergänglichkeit, siehe: Ina Schmidt 2019.

39 Zur Zerstörung von Identitätsgefühlen durch den Tod des Partners, siehe auch: Herrad Schenk 1998.

40 Siehe z. B.: Paul Bloom 2014; Alison Gopnik 2009; Christian Keysers 2013. Zur Kultivierung der Gefühle siehe: Bennent-Vahle 2020a, Kap. III.-V. Zahlreiche empirische Studien erbringen Belege für eine intrinsische moralische Motivation des Kindes, das lange bevor es sein Empfinden begründen und regulieren kann, moralischen Intuitionen folgt, wobei zudem ersichtlich wird, dass ein Kind schon etwa in einem Alter von zwei/drei Jahren zwischen Moral und Konvention zu unterscheiden weiß. So verweist Jerome Kagan neben vielen anderen auf eine ursprünglich gegebene, intuitive Grundlage für moralische Unterscheidungen: »*Das Kind braucht nicht zu lernen, daß es böse ist, anderen weh zu tun – diese Einsicht kommt mit seiner moralischen Entwicklung von selbst.*« (Jerome Kagan 1987, S. 185).

41 Der im Menschen angelegte Gemeinschaftssinn ist zunächst auf die unmittelbaren Bezugspersonen/-gruppen limitiert. Hiermit ist das Risiko einer problematischen Gemeinschaftsorientierung verbunden, die nur die Interessen der ›eigenen Leute‹ verfolgt und folglich schnell einem Freund-Feind-Denken verfällt. Deshalb kommt es in den persönlichen Kontexten (Familie, Schule, Sport etc.) darauf an, der menschlichen Individualität hinreichend Raum zu gewähren, d.h. das kindliche/jugendliche Verlangen nach sozialer Zugehörigkeit nicht mit rigiden Konformitätszwängen zu belasten, sondern das gemeinsame Interesse mit aufkeimenden Individualansprüchen in angemessener Weise zu verbinden. Dies gelingt da besonders gut, wo ganz unterschiedliche Menschen miteinander agieren. Auf diese Weise kann ein Sinn für Pluralität heranreifen, der unverzichtbar ist, wenn der Radius sozialer Anteilnahme und Fairness allmählich über den Nahbereich hinausreichen soll. Auch wenn wir uns stets primär mit *bestimmten* Menschen und Gruppen im Nahbereich verbunden fühlen, vermag sich in einem solchermaßen aufgeschlossenen Milieu dennoch

ein solidarisches Bewusstsein zu entwickeln, welches sich sozial weitreichend engagiert und für eine gerechte Gesellschaft einsetzt — ein universalistisches Bewusstsein, wenn man so will. Siehe hierzu: Bennent-Vahle 2020a, Kap. IV.; Paul Bloom 2014.

42 Zu Smith moraltheoretischen Überlegungen, siehe Fußnote 1 u. 29.

43 Siehe: Christel Fricke 2005.

44 Zu Hannah Arendt, siehe auch: Bennent-Vahle 2008 u. 2020a.

45 Siehe: Michael Sandel 2020; Andreas Reckwitz 2019.

46 Den Gedanken einer Kultivierung unserer instinktiven prosozialen Verhaltensweisen hin zu einer soziätren Moral, die sich auszudehnen über die eigene Bezugsgruppe hinaus auf die gesamte Menschheit auszudehnen vermag, entwickelt der Erziehungswissenschaftler Felix de Cube. Er betont allerdings, dass dies uns einen Transformationsprozess abverlangt, bei dem wir »*tatsächlich über unseren evolutionären Schatten springen*« müssen, wozu wir nach seiner Aussage als entscheidungsfreie Wesen durchaus befähigt sind. (Felix von Cube 1998, S. 14ff.) In ähnlicher Weise bemerkt Hans Mohr: »*Unsere Prosozialität ist zwar in verwandtschaftlich verbundenen Gruppen entstanden, sie bleibt aber nicht notwendigerweise auf sie beschränkt. Wir sind durchaus in der Lage, den anderen per definitionem zum Sippenangehörigen zu machen: Zum Freund, Bluts-, Glaubens- und Waffenbruder.*« (Hans Mohr 1998, S. 11).

47 Siehe: Georg Steiner 2006, auch: Bennent-Vahle 2007.

48 Siehe: Leon Winscheid 2021, S. 92f.

49 Hans Rosling u. a. 2018.

50 Eine beeindruckende Lebensbilanz, die mit ehrlichen Worten auch auf Fehltritte und Irrtümer Bezug nimmt, bietet Noberto Bobbios Altersschrift. Der erfolgreiche Hochschuldozent legt ein Lebensbekenntnis ab, das ohne Beschönigung und Selbstbeweihräucherung existenziellen Gegebenheiten und vornehmlich der sterblichen Lebensbewegung ins Auge blickt: »*Mir schwindelt, wenn ich daran denke, wie viele Aufstiege und Niedergänge, wie viele strahlende Auftritte, auf die jähe Abstürze folgten, wie viele unvermutete Umschwünge vom Gedanken in das Vergessen ein Mensch in meinem Alter schon erlebt hat. Du kannst sie nicht alle verfolgen. Irgendwann bist Du gezwungen keuchend anzuhalten, und dann tröstest Du Dich und sagst Dir: ›Es lohnt nicht‹.*«; »*Um jetzt noch all das zu verstehen, was ich hätte verstehen wollen, ist es mittlerweile zu spät. Ich habe den größten Teil meines Lebens mit Lesen zugebracht, habe unendlich viele Bücher und Papiere studiert und dafür seit meiner Jugend auch die kleinsten Zeiträume im Tagesablauf genutzt, um ›keine Zeit zu verlieren‹ (eine wirkliche Manie, wie mir meine Freunde, die mich gut kennen, oft scherzhaft vorgeworfen haben). Jetzt bin ich zu der klaren, aber deprimierenden Überzeugung gelangt, erst am Fuß des Baumes der Erkenntnis angekommen zu sein. Ungeachtet aller Ehrungen und Preise, ungeachtet der öffentlichen Würdigungen, die mir zwar willkommen waren, die ich aber nicht angestrebt und benötigt habe, wurden mir die dauerhaftesten Freuden meines Lebens keineswegs aus den Früchten meiner*

Arbeit zuteil. Sie wurden mir durch mein Leben in menschlichen Beziehungen geschenkt, durch die Lehrer, die mich unterrichtet haben, durch die Menschen, die ich geliebt habe und die mich geliebt haben, durch all jene, die mir immer nahe gestanden haben und mich jetzt auf dem letzten Abschnitt des Weges begleiten.«; »Du bist am Ende des Lebens angekommen und hast doch den Eindruck, am Ausgangspunkt stehengeblieben zu sein, was das Wissen um Gut und Böse betrifft. Alle großen Fragen sind unbeantwortet geblieben. Nachdem du immer versucht hast, dem Leben einen Sinn zu geben, erkennst du jetzt, dass es keinen Sinn hat, sich die Frage nach dem Sinn zu stellen, und dass das Leben in seiner Unmittelbarkeit angenommen und gelebt werden muss, wie es die allermeisten Menschen tun.« (Noberto Bobbio, S. 29; S. 64f.; S. 94)

51 Zum Thema ›kindliche Entwicklung und Natur‹, siehe u.a.: Ulrich Gebhard 2013; Andreas Weber 2011; Richard Louv 2013.

52 Siehe: Luc Boltanski u. Ève Chiapello 2006.

53 Zu dieser Begrifflichkeit, vertiefend: Martin Heidegger 2004

Literaturliste

Adorno, Theodor W.: *Probleme der Moralphilosophie.* Frankfurt/Main 1997.
Arendt, Hannah: *Vita Activa. Oder vom tätigen Leben.* München 1981.
Dies.: *Über das Böse. Eine Vorlesung zu Fragen der Ethik.* München/Zürich 2006.
Dies.: *Vom Leben des Geistes.* München 1998.
Dies.: *Was ist Existenzphilosophie?* Frankfurt/Main 1990.
Aristoteles: *Nikomachische Ethik.* Stuttgart 1969.
Bachmann, Ingeborg: *Alle Tage.* In: Elisabeth K. Paefgen u. Peter Geist (Hg.): *Echtermeyer. Deutsche Gedichte.* Berlin 2005. S. 603f.
Bauer, Joachim: *Selbststeuerung. Die Wiederentdeckung des freien Willens.* München 2015.
Bedorf, Thomas: *Andere. Eine Einführung in die Sozialphilosophie.* Bielefeld 2011.
Beier, Kathi: *Selbsttäuschung.* Berlin/New York 2010.
Dies.: *Was ist und wozu brauchen wir die Tugend der Tapferkeit?* In: Johannes L. Brandl, Daniel Messelken, Sava Wedman (Hg.): *Denken, Reden, Handeln / Thinking, Talking, Acting: Nachträge zum Salzburger Kolloquium mit Georg Meggle.* eBook 2021, S. 661 – 682.
Begemann, Verena u.a.: *Sterben und Gelassenheit. Von der Kunst, den Tod ins Leben zu lassen.* Göttingen 2015.
Bennent-Vahle, Heidemarie: *Adam Smith – Von den Gefühlen zur Moral.* In: Vierteljahreszeitschrift ›Aufklärung und Kritik‹. Heft 1/2024, Wulf Kellerwessel u. Rudolf Lüthe (Hg.): *Materialismus, Sensualismus, Atheismus und Republikanismus in der Aufklärung,* S. 89 – 106.
Dies.: *Weltverflochtenheit, Verletzlichkeit und Humor. Ethisch-anthropologische Überlegungen zur Philosophischen Praxis mit Helmuth Plessner.* Baden-Baden 2022.
Dies.: *Das Weinen — Über Humor und Verletzlichkeit.* In: Thomas Gutknecht, Heidemarie Bennent-Vahle, Dietlinde Schmalfuß-Plicht (Hg.): *Humor — eine ernste Angelegenheit.* Jahrbuch der IGPP, Band 9 (2019). Berlin 2020b, S. 19 – 47.
Dies.: *Besonnenheit — eine politische Tugend. Zur ethischen Relevanz des Fühlens.* Freiburg 2020a.

Literaturliste

Dies.: »*Das Ohr ans Herz der Dinge gelegt*« – *Moderne Weisheitslehrerinnen und die philosophische Praxis*. In: Thomas Gutknecht, Heidemarie Bennent-Vahle, Dietlinde Schmalfuß-Plicht (Hg.): *Fürsorge und Begegnung*. Jahrbuch der IGPP, Band 8 (2016/2017). Berlin 2018, S. 5 – 37.

Dies.: *Hannah Arendt und Martha Nussbaum: Denkerinnen der Pluralität.* In: *Nachlese. Philosophische Miszellen.* Hg. v. Karin Farokhifar und Hans-Gerhard Neugebauer. Rheinbach 2020c, S. 65 – 92.

Dies: *Weiblichkeitsbilder der Romantiker und Lebensphilosophen: Schlegel, Nietzsche, Simmel.* In: VII. Jahrbuch für Lebensphilosophie (2014/2015). *Lebensdenkerinnen.* Heidemarie Bennent-Vahle, Ute Gahlings und Robert Josef Kozljanič (Hg.). München 2014, S. 76 – 105.

Dies.: *Zwei große Plädoyers für die Frauenbildung im bayrischen Raum: Johann Christoph Mayers Abhandlung Vernünftige Gedancken von den Gerechtsamen des Frauenzimmers, philosophische Wissenschaften zu erlernen (1758) und die anonyme Abhandlung Der Vorzug des philosophischen Frauenzimmers vor anderen von ihrem Geschlecht, welche die Weltweisheit nicht verstehen.* (1740). In: Sabine Koloch (Hg.): *Frauen, Philosophie und Bildung im Zeitalter der Aufklärung.* Berlin 2010, S. 109 – 142.

Dies.: *Die Frage des guten Lebens unter besonderer Einbeziehung der Philosophie der Emotionen.* In: *Mitteilungen – Fachverband Philosophie. Philosophieunterricht in Nordrhein-Westfalen. Glück und Gutes Leben.* Stefan Ochs (Hg.). Heft 53, 2017, S. 70 – 108.

Dies.: *Einsamkeitsfähigkeit und Wirstärke.* In: Thomas Gutknecht, Heidemarie Bennent-Vahle, Dietlinde Schmalfuß-Plicht (Hg.): *Philosophische Praxis und Existenzmitteilung.* Jahrbuch der IGPP, Band 6 (2015). Berlin 2015b, S. 11 – 36.

Dies.: *Mit Gefühl denken. Einblicke in die Philosophie der Emotionen.* Freiburg 2013.

Dies.: *Warum das traurigmachende Denken dennoch das Leben lebenswerter macht.* In: Thomas Gutknecht, Beatrix Himmelmann und Thomas Polednitschek (Hg.): *Philosophische Praxis und Psychotherapie. Gegenseitige und gemeinsame Herausforderungen.* Jahrbuch der IGPP, Band 3 (2007). Berlin 2008, S. 159 – 192.

Bennent, Heidemarie: *Galanterie und Verachtung. Eine philosophiegeschichtliche Untersuchung der Stellung der Frau in Gesellschaft und Kultur.* Frankfurt/Main – New York 1985.

Ben Ze'ev, Aaron: *Die Logik der Gefühle. Kritik der emotionalen Intelligenz.* Frankfurt/Main 2009.

Bergson, Henri: *Schöpferische Entwicklung.* Jena 1912.

Ders.: *Denken und schöpferisches Werden: Aufsätze und Vorträge.* Meisenheim 1948.

Bloom, Paul: *Jedes Kind kennt Gut und Böse. Wie das Gewissen entsteht.* München 2014.

Bobbio, Noberto: *Vom Alter. De senectute.* München 1999.

Boesel, Bernd: *Philosophie und Enthusiasmus. Studien zu einem umstrittenen Verhältnis.* Wien 2008.

Böhme, Gernot: *Einführung in die Philosophie. Weltweisheit – Lebensform – Wissenschaft.* Frankfurt/Main 1984.

Ders.: *Ethik leiblicher Existenz.* Frankfurt/Main 2008.

Ders.: *Leibsein als Aufgabe – Leibphilosophie in pragmatischer Hinsicht.* Kusterdingen 2003.

Bollnow, Otto Friedrich: *Wesen und Wandel der Tugenden.* In: Ders.: Schriften Band II. Studienausgabe in 12 Bänden. Ursula Boelhauve, Gudrun Kühne-Bertram, Hans-Ulrich Lessing u. Frithjof Rodi (Hg.). Würzburg 2009, S. 123 – 282.

Ders.: *Neue Geborgenheit. Das Problem einer Überwindung des Existenzialismus.* In: Ders.: Schriften Band V. Studienausgabe in 12 Bänden. Ursula Boelhauve, Gudrun Kühne-Bertram, Hans-Ulrich Lessing u. Frithjof Rodi (Hg.). Würzburg 2011.

Ders.: *Das Wesen der Stimmungen.* Frankfurt/Main 1995.

Boltanski, Luc u. Ève Chiapello: *Der neue Geist des Kapitalismus.* Konstanz 2006.

Boss, Medard: *Vorwort.* In: Martin Heidegger. *Zollikoner Seminare. Protokolle – Zwiegespräche – Briefe.* Hg. v. Medard Boss. Frankfurt/Main 1987.

Breyer, Thiemo: *Empathie und ihre Grenzen.* In: Ders. (Hg.): *Grenzen der Empathie. Philosophische, psychologische und anthropologische Perspektiven.* Übergange Bd. 63. München 2013, S. 13 – 42.

Buber, Martin: *Das dialogische Prinzip.* Gütersloh 2006.

Ders.: *Reden über Erziehung. Rede über das Erzieherische Bildung und Weltanschauung. Über Charaktererziehung.* Gütersloh 2005.

Bucej, Johannes: *Seelenruhe. Philosophisch zur inneren Mitte finden.* München 2014.

Cavalieri, Paola u. Peter Singer: *Menschenrechte für die Großen Menschenaffen. »Das Great Ape Project«.* München 1994.

Crawford, Matthew C.: *Die Wiedergewinnung des Wirklichen. Eine Philosophie des Ichs im Zeitalter der Zerstreuung.* Berlin 2016.

Dalai Lama: *Rückkehr zur Menschlichkeit. Neue Werte in einer globalisierten Welt.* Köln 2011.

Damalis, Anna-Maria: *Das Vierkaiserjahr in Rom. Der Anfang vom Ende der stoischen Opposition.* Norderstedt 2010.

Decher, Friedhelm: *Das gelbe Monster. Neid als philosophisches Problem.* Hannover 2005.

Literaturliste

Dehner, Klaus: *Lust an Moral. Die natürliche Sehnsucht nach Werten.* Darmstadt 1998.

De Waal, Frans: *Das Prinzip Empathie. Was wir von der Natur für eine bessere Gesellschaft lernen können.* München 2011.

Didion, Joan: *Das Jahr des magischen Denkens.* Berlin 2008.

Dollase, Rainer: *Rahmungen von Gewalt. Erziehung.* In: *Gewalt. Ein interdisziplinäres Handbuch.* Christian Gudehus u. Michaela Christ (Hg.). Stuttgart 2013, S. 17 – 24.

Dorn, Thea: *Trost. Briefe an Max.* München 2021.

Dornes, Martin: *Die Modernisierung der Seele. Kind-Familie-Gesellschaft.* Frankfurt/Main 2012.

Ekman, Paul: *Gefühl und Mitgefühl. Emotionale Achtsamkeit und der Weg zum seelischen Gleichgewicht. Ein Dialog zwischen dem Dalai Lama u. Paul Ekman.* Heidelberg 2009.

Epiktet: *Wege zum glücklichen Handeln.* Frankfurt/Main – Leipzig 1992.

Epikur: *Brief Menoikeus.* In: Ders.: *Philosophie der Freude.* Frankfurt/Main — Leipzig 1988, S. 53 – 60.

Ders.: *Von der Überwindung der Furcht.* Olof Gigon (Hg.). München 1991.

Frankl, Viktor: *Bergerlebnis und Sinnerfahrung.* Innsbruck 2013.

Ders.: *Der Mensch vor der Frage nach dem Sinn.* München 1989.

Ders.: *… trotzden Ja zum Leben sagen – Ein Psychologe erlebt das Konzentrationslager.* München 1977.

Freud, Sigmund: *Zeitgemäßes über Krieg und Tod.* Ders: *Gesammelte Werke* Bd. X. Frankfurt/Main 1915, S. 323 – 355.

Frevert, Ute: *Vergängliche Gefühle.* Göttingen 2013.

Dies. u. Monique Scheer (Hg.): *Gefühlswissen. Eine lexikalische Spurensuche der Moderne.* Frankfurt/Main 2011.

Fricke, Christel u. Hans Peter Schütt (Hg.): *Adam Smith als Moralphilosoph.* Berlin – New York 2005.

Fricke, Christel: *Genesis und Geltung moralischer Normen — ein Gedankenexperiment von Adam Smith.* In: Dies. u. Hans-Peter Schütt (Hg.): *Adam Smith als Moralphilosoph.* Berlin – New York 2005, S. 33 – 63.

Fündling, Jörg: *Einleitung* zu: Marc Aurel: *Selbstbetrachtungen.* Stuttgart 2008.

Gadamer, Hans-Georg: *Lob der Theorie.* Frankfurt/Main 1983.

Ders.: *Behandlung und Gespräch.* In: Ders.: *Über die Verborgenheit der Gesundheit.* Frankfurt 1993, S. 159 – 175.

Gahlings, Ute: *Selbstsorge und Fürsorge aus leibphänomenologischer Sicht.* In: Thomas Gutknecht, Heidemarie Bennent-Vahle, Dietlinde Schmalfuß-Plicht (Hg.): *Fürsorge und Begegnung.* Jahrbuch der IGPP, Band 8 (2016/2017). Berlin 2018, S. 147–168.

Gandhi, Arun: *Wut ist ein Geschenk. Das Vermächtnis meines Großvaters Mahatma Gandhi.* Köln 2017.

Geach, Peter: *The Virtues.* Cambridge 1977, S. 162.

Gebhard, Ulrich: *Kind und Natur. Die Bedeutung der Natur für die psychische Entwicklung.* Wiesbaden 2013.

Gess, Nicola: *Halbwahrheiten. Zur Manipulation von Wirklichkeit.* Berlin 2021.

Glock, Hans-Johann: https://www.srf.ch/play/tv/sternstunde-philosophie/video/hans-johann-glock---tiere-verstehen-aber-wie?urn=urn:srf:video:6176f289-5d84-492c-9543-df3fec7ddcd0.

Goleman, Daniel: *Dialog mit dem Dalai Lama — Wie wir destruktive Emotionen überwinden können.* München 2003.

Gopnik, Alison: *Kleine Philosophen. Was wir von unseren Kindern über Liebe, Wahrheit und den Sinn des Lebens lernen können.* Berlin 2009.

Grosser, Florian: *Variationen auf das Thema Gemeinschaft.* In: *Heidegger-Handbuch. Leben — Werk — Wirkung.* Hg. v. Dieter Thomä. Stuttgart/Weimar 2023.

Guzzoni, Ute: *Im Raum der Gelassenheit: die Innigkeit der Gegensätze.* Freiburg/München 2014.

Haubl, Rolf: *Neidisch sind immer die anderen. Über die Unfähigkeit, zufrieden zu sein.* München 2001.

Haucke, Kai: *Das liberale Ethos der Würde. Eine systematisch orientierte Problemgeschichte zu Helmuth Plessners Begriff menschlicher Würde in den Grenzen der Gemeinschaft.* Würzburg 2003.

Hegel, Georg Wilhelm Friedrich: *Phänomenologie des Geistes.* In: Ders.: Werke Bd. 3. Frankfurt/Main 1986.

Heidegger, Martin: *Die Grundbegriffe der Metaphysik.* Frankfurt/Main 2004.

Ders.: *Was heisst Denken?* Tübingen 1997.

Ders.: *Gelassenheit.* München 2014.

Ders.: *Zur Erörterung der Gelassenheit. Aus einem Feldgespräch über das Denken.* Pfullingen 1959.

Ders.: *Die Technik und die Kehre.* Stuttgart 1962.

Ders: *Vorträge und Aufsätze.* Pfullingen 1954.

Ders. u. Erhart Kästner: *Briefwechsel 1953-1974.* Hg. v. Heinrich W. Petzet. Frankfurt/Main 1986.

Heintel, Peter: *Innehalten. Gegen die Beschleunigung, für eine andere Zeitkultur.* Freiburg 2007.

Herder, Johann, Gottfried: *Abhandlung über den Ursprung der Sprache.* In: Ders.: *Sprachphilosophische Schriften.* Erich Heintel (Hg.). Hamburg 1964.

Höffe, Otfried: *Lebenskunst und Moral: oder macht Tugend glücklich?* München 2009.

Holiday, Ryan: *Dein Ego ist dein Feind: So besiegst du deinen größten Gegner. Mehr Erfolg durch das richtige Mindset. Mit den Strategien von Ryan Holiday die Herausforderungen des Lebens meistern.* Berlin 2017.

Holzhey-Kunz, Alice: *Emotionale Wahrheit. Der philosophische Gehalt emotionaler Erfahrungen.* Basel 2020.

Horn, Christoph: *Wieviel Individualismus erlaubt die antike Ethik der Lebenskunst?* In: *Philosophie als Lebenskunst.* Hg. v. Gerhard Ernst. Berlin 2016, S. 259 – 282.

Hubert, Martin: *Ist der Mensch noch frei? Wie die Hirnforschung unser Menschenbild verändert.* Düsseldorf 2006.

Hume, David: *Ein Traktat über die menschliche Natur. Buch II und III. Über die Affekte. Über Moral.* Hamburg 1978.

Hutcheson, Francis: *Über den Ursprung unserer Ideen von Schönheit und Tugend.* Hamburg 1986.

Kagan, Jerome: *Die Natur des Kindes.* München 1987.

Kahl, Paul: *Otto Friedrich Bollnow in der NS-Zeit.* Erstellt im Auftrag der Otto-Friedrich-Bollnow-Gesellschaft. Erfurt 2019. https://bollnow-gesellschaft.de/getmedia.php/_media/ofbg/202008/885v0-orig.pdf

Kambartel, Friedrich: *Über die Gelassenheit. Zum vernünftigen Umgang mit dem Unvernünftigen.* In: Ders.: *Philosophie der humanen Welt.* Frankfurt/Main 1989, S. 90 – 99.

Kant, Immanuel.: *Kritik der praktischen Vernunft.* In: Wilhelm Weischedel (Hg.) Werkausgabe, Band VII: *Kritik der praktischen Vernunft. Grundlegung zur Metaphysik der Sitten.* Frankfurt/Main 1996.

Ders.: *Grundlegung zur Metaphysik der Sitten.* Stuttgart 1961.

Ders.: *Die Metaphysik der Sitten.* In: Wilhelm Weischedel (Hg.): Werkausgabe, Band VIII. Frankfurt/Main 1982.

Keysers, Christian: *Unser empathisches Gehirn. Warum wir verstehen, was andere fühlen.* München 2013.

Kierkegaard, Sören: *Der Begriff Angst.* Stuttgart 1992.

Ders.: *Der Liebe Tun.* In: Ders. Gesammelte Werke. Emanuel Hirsch u. Hayo Gerdes (Hg.), Bd. 2. Köln/Düsseldorf 1983.

Kodalle, Klaus-Michael: *Verzeihung denken.* München 2013.

Köhler, Andrea: *Die geschenkte Zeit. Über das Warten.* Frankfurt/Main, Leipzig 2007.

Korte, Martin: *Wir sind Gedächtnis, Wie unsere Erinnerungen bestimmen, wer wir sind.* München 2017.

Kranner, Kai und Antje Scheibe: *Sei dir selbst zärtlich. Ein philosophisches Übungsbuch für stürmische Zeiten.* Wien 2021.

Kronauer, Ulrich (Hg.): *Vom Nutzen und Nachteil des Mitleids. Eine Anthologie.* Frankfurt/Main 1990.

Lévinas, Emmanuel: *Philosophie, Gerechtigkeit und Liebe.* In: Ders.: *Zwischen uns. Versuche über das Denken an den Anderen.* München 1995.

Lohmann, Georg: *Sympathie ohne Unparteilichkeit ist willkürlich, Unparteilichkeit ohne Sympathie ist blind. Sympathie und Unparteilichkeit bei Adam Smith.* In: Fricke u. Schütt (Hg.). Berlin – New York 2005, S. 88 – 99.

Louv, Richard: *Das letzte Kind im Wald. Geben wir unseren Kindern die Natur zurück.* Freiburg 2013.

Luckner, Andreas: *Klugheit.* Berlin/New York 2005.

Marc Aurel: *Wege zu sich selbst.* München – Zürich 2003.

Ders.: *Selbstbetrachtungen.* Stuttgart 2019.

Ders.: *Selbstbetrachtungen.* Bern 2018.

Marcus Aurelius: *Selbstbetrachtungen.* E-artnow 2015.

Mayer, Verena: *Tugend und Gefühl.* In: Sabine A. Döring u. Verena Mayer (Hg.): *Die Moralität der Gefühle.* Deutsche Zeitschrift für Philosophie, Sonderband 4. Berlin 2002, S. 125 – 149.

Meckelburg, Ernst: *Das geheime Leben der Tiere: Von ihren unglaublichen Fähigkeiten, Leistungen, Intelligenz und magischen Kräften.* München 2003.

Meister Eckhart: *Werke.* 2 Bde. Niklaus Largier (Hg.). Frankfurt/Main 1993.

Mohr, Hans: *Evolution – Moral – Erziehung.* Einleitung zu Klaus Dehner: *Lust an Moral. Die natürliche Sehnsucht nach Werten.* Darmstadt 1998, S. 9 – 14.

Moritz, Karl Philipp: *Werke.* Bd. 3. Horst Günther (Hg.). Frankfurt/Main 1981.

Murdoch, Iris: *Die Souveränität des Guten.* Berlin 2023.

Newmark, Catherine: *Passion – Affekt – Gefühl. Philosophische Theorien der Emotionen zwischen Aristoteles und Kant.* Hamburg 2008.

Niehaus, Michael u. Roger Wisniewski: *Management by Sokrates. Was die Philosophie der Wirtschaft zu bieten hat.* Berlin 2009.

Nietzsche, Friedrich: *Zur Genealogie der Moral.* In: Sämtliche Werke. Kritische Studienausgabe. Giorgio Colli u. Mazzino Montinari (Hg.), Bd. 5. München, Berlin 1988a.

Ders.: *Menschliches, Allzumenschliches.* In: Sämtliche Werke. Kritische Studienausgabe. Bd. 2. München, Berlin 1988b.

Ders.: *Götzen-Dämmerung.* In: Sämtliche Werke. Kritische Studienausgabe. Bd. 6. München, Berlin 1988c.

Ders.: *Jenseits von Gut und Böse.* In: Sämtliche Werke. Kritische Studienausgabe. Bd. 5. München, Berlin 1988d.

Ders.: *Nachgelassene Fragmente 1884–1885.* In: Sämtliche Werke. Kritische Studienausgabe. Bd. 11. München, Berlin 1988e.

Nussbaum, Martha C.: *Zorn und Vergebung. Plädoyer für eine Kultur der Gelassenheit.* Darmstadt 2017.

Dies.: *Politische Emotionen.* Berlin 2014.

Dies.: *Nicht für den Profit. Warum Demokratie Bildung braucht.* Überlingen 2012.

Dies.: *Emotionen als Urteile über Wert und Wichtigkeit.* In: Christoph Fehige, Georg Meggle und Ulla Wessels (Hg.): *Der Sinn des Lebens.* München 2000, S. 144 – 150.

Dies.: *Gerechtigkeit oder Das Gute Leben.* Frankfurt/Main 1999.

Ottmann, Henning (Hg.): *Negative Ethik.* Berlin 2005.

Ostaseski, Frank: *Die fünf Einladungen. Was wir vom Tod lernen können, um erfüllt zu leben.* München 2017.

Pessoa, Fernando: *Das Buch der Unruhe.* Frankfurt/Main

Philosophiemagazin – Sonderheft: *Die Stoiker. Wege zur Gelassenheit.* Berlin 2021.

Platon: *Der Staat.* Stuttgart 2017.

Ders.: *Charmides.* In: Ders.: Sämtliche Werke. Bd. 1. Reinbek 2002a.

Plessner, Helmuth: *Grenzen der Gemeinschaft.* Frankfurt/Main 2002.

Ders.: *Die Stufen des Organischen und der Mensch. Einleitung in die Philosophische Anthropologie (1928).* In: Ders.: Gesammelte Schriften. Bd. IV. Frankfurt/Main 1981.

Ders.: *Macht und menschliche Natur.* In: Gesammelte Schriften. Günter Dux, Odo Marquard u. Elisabeth Ströker (Hg.). Bd. V. Frankfurt/Main 2003.

Ders.: *Lachen und Weinen. Eine Untersuchung der Grenzen menschlichen Verhaltens (1941).* In: Ders.: Ausdruck und menschliche Natur. Gesammelte Schriften, Bd. VII. Frankfurt/Main 1982. S. 201 – 387.

Polednitschek, Thomas (Hg.): *Philosophisch Leben.* Freiburg – Basel- Wien 2010.

Proust, Marcel: *Auf der Suche nach der verlorenen Zeit. In Swanns Welt I.* Frankfurt/Main 1978.

Reckwitz, Andreas: *Das Ende der Illusion. Politik. Ökonomie und Kultur in der Spätmoderne.* Frankfurt/Main 2019.

Rosling, Hans, Anna Rosling Rönnlund und Ola Rosling: *Factfullness. Wie wir lernen, die Welt so zu sehen, wie sie wirklich ist.* Berlin 2018.

Rosa, Hartmut: *Resonanz. Eine Soziologie der Weltbeziehung.* Berlin 2016.
Ders.: *Unverfügbarkeit.* Wien, Salzburg 2019.
Ders.: *Beschleunigung. Die Veränderung der Zeitstrukturen in der Moderne.* Frankfurt/Main 2005.
Roth, Gerhard: *Persönlichkeit – Entscheidung und Verhalten. Warum es so schwierig ist, sich und andere zu ändern.* Stuttgart 2007.
Sandel, Michael J.: *Vom Ende des Gemeinwohls. Wie die Leistungsgesellschaft unsere Demokratien zerreißt.* Frankfurt/Main 2020.
Schenk, Herrad: *Das Haus, das Glück und der Tod.* München 1998.
Scherer, Martin: *Der Gentleman. Plädoyer für eine Lebenskunst.* München 2003.
Schiller, Friedrich: *Über Anmut und Würde.* In: Sämtliche Werke, Bd. 5, München 1962.
Schmidt, Ina: *Über die Vergänglichkeit. Eine Philosophie des Abschieds.* Hamburg 2019.
Schmitz, Herrmann: *Höhlengänge: Über die gegenwärtige Aufgabe der Philosophie.* Berlin 1997.
Schopenhauer, Arthur: *Über die Grundlage der Moral.* Hamburg 2007.
Ders.: *Aphorismen zur Lebensweisheit.* Frankfurt/Main, Leipzig 1976.
Schriefl, Anna: *Stoische Philosophie. Eine Einführung.* Ditzingen – Stuttgart 2019.
Schweitzer, Albert: *Die Weltanschauung der Ehrfurcht vor dem Leben. Kulturphilosophie III. 3. u. 4. Teil.* München 1999.
Seel, Martin: *111 Tugenden – 111 Laster. Eine philosophische Revue.* Frankfurt/Main 2011.
Seneca: *De ira. Über die Wut.* Stuttgart 2007.
Ders.: *Von der Gelassenheit.* München 2013.
Ders.: *Moralische Briefe an Lucilius.* In: Ders.: *Mächtiger als das Schicksal. Ein Brevier.* Hg. v. Wolfgang Schumacher. Zürich 1999a, S. 26 – 176.
Ders.: *Die Trostschrift an Marcia.* In: Ders.: *Mächtiger als das Schicksal. Ein Brevier.* Hg. v. Wolfgang Schumacher. Zürich 1999b, S. 184 – 193.
Ders.: *Über die Milde.* In: L. Annaeus Seneca: *Philosophische Schriften.* Bd. 5. Hg. v. Manfred Rosenbach. Darmstadt 1989.
Simmel, Georg: *Fragmente und Aufsätze aus dem Nachlaß.* München 1923.
Simon, Coen: *Warten macht glücklich! Eine Philosophie der Sehnsucht.* Darmstadt 2015.
Sloterdijk, Peter: *Kritik der zynischen Vernunft.* Frankfurt/Main 1983.
Smith, Adam: *Theorie der ethischen Gefühle.* Hamburg 2010.
Staemmler, Frank-M.: *Das Geheimnis des Anderen – Empathie in der Psychotherapie.* Stuttgart 2009.

Literaturliste

Ders.: *Resonanz und Mitgefühl: Wie Trost gelingt.* Stuttgart 2021.

Stalfort, Jutta: *Die Erfindung der Gefühle. Eine Studie über den historischen Wandel menschlicher Emotionalität (1750–1850).* Bielefeld 2013.

Steiner, George: *Warum das Denken traurig macht. Zehn (mögliche) Gründe.* Frankfurt/Main 2006.

Steiner, George: *Gedanken dichten.* Berlin 2011.

Strässle, Thomas: *Gelassenheit. Über eine andere Haltung zur Welt.* München 2013.

Tauler, Johannes: *Predigten.* Hg. v. Georg Hofmann. Freiburg – Basel – Wien 1961.

Thoreau, Henry David: *Walden. Oder Leben in den Wäldern.* Hamburg 2016,

Tillich, Paul: *Der Mut zum Sein.* Stuttgart 1962.

Villiez, Carola von: *Sympathische Unparteilichkeit: Adam Smiths moralischer Kontextualismus.* In: Fricke u. Schütt (Hg.). Berlin – New York 2005, S. 64 – 87.

Vogt, Katja Maria: *Law, Reason, and the Cosmic City: Political Philosophy in The Early Stoa.* Oxford 2012.

Von Cube, Felix: *Die Urmotive der Moral.* Einleitung zu Klaus Dehner: *Lust an Moral. Die natürliche Sehnsucht nach Werten.* Darmstadt 1998, S. 14 – 20.

Waldenfels, Bernhard: *Das leibliche Selbst: Vorlesungen zur Phänomenologie des Leibes.* Frankfurt/Main 2000.

Weber, Andreas: *Mehr Matsch! Kinder brauchen Natur.* Berlin 2011.

Weber, Max: *Die protestantische Ethik und der Geist des Kapitalismus.* Stuttgart 2017.

Weil, Simone: *Aufmerksamkeit für das Alltägliche. Ausgewählte Teste zu Fragen der Zeit.* Otto Betz (Hg.). München 1987.

Wellershoff, Dieter: *Blick auf einen fernen Berg.* Köln 2006.

Wild, Markus: *Tierphilosophie zur Einführung.* Hamburg 2008.

Ders. u. Dominik Perler (Hg.): *Der Geist der Tiere. Philosophische Texte zu einer aktuellen Diskussion.* Frankfurt/Main 2005.

Winscheid, Leon: *Besser fühlen. Eine Reise zur Gelassenheit.* Hamburg 2021.

Wollheim, Richard: *Emotionen. Eine Philosophie der Gefühle.* München 2001.

Yalom, Irvin D. und Marilyn Yalom: *Unzertrennlich. Über den Tod und das Leben.* München 2021.

Yalom, Irvin D.: *In die Sonne schauen. Wie man die Angst vor dem Tod überwindet.* München 2008.